KB037599

**전쟁은 어떻게 기술을 발전시켰나?**

# 전쟁은 어떻게 기술을 발전시켰나?

**초판 1쇄 인쇄** 2023년 10월 22일
**초판 1쇄 발행** 2023년 10월 30일

**지은이** 김영서
**펴낸이** 박세현
**펴낸곳** 팬덤북스

**기획 편집** 김상희 곽병완
**디자인** 김민주
**마케팅** 전창열
**SNS 홍보** 신현아

**주소** (우)14557 경기도 부천시 조마루로 385번길 92 부천테크노밸리유1센터 1110호

**전화** 070-8821-4312 | **팩스** 02-6008-4318
**이메일** fandombooks@naver.com
**블로그** http://blog.naver.com/fandombooks

**출판등록** 2009년 7월 9일(제386-251002009000081호.)

**ISBN** 979-11-6169-266-1 03900

# 전쟁은 어떻게 기술을 발전시켰나?

팬덤북스

# 세계대전은 어떻게 신기술을 낳았나?

제1차 세계대전은 인류사 최초의 대전쟁이며 이전에 볼 수 없던 양상들이 대거 등장한 전쟁이었다. 19세기 중반부터 서서히 개발되던 기술은 1914년 제1차 세계대전에서 실전에 투입되면서 새로운 가능성의 지평을 보여줬다. 한편 이 신기술은 한계역시 명확하게 보여주면서, '만능이 아닌 가능성의 기술'로 평가받기도 했다. 그래도 1914년부터 1918년까지 4년이라는 짧은 시간 안에 이룩한 기술들은 세계사에서 긍정적이든 부정적이든 엄청난 영향을 끼쳤다. 이는 당장 적에게 굴복해서는 안 되었기에, 각국 정부가 과학기술에 전폭적인 투자를 했던 결과다.

제1차 세계대전은 신기술의 무대가 되면서 전쟁의 패러다임을 완전히 바꾸어 놓았다. 장교들은 사관학교에서 교육받은 전술과 교리는 예전 구식산물이 되었고, 새로운 패러다임에 대항할 새로운 전술과 교리를 개발해야 했다. 장교들은 새로운 것들을 시도했는데, 수많은 실패를 겪으면서 새로운 패러다임을 완성해갔다. 물론 그 대가는 너무도 비참했다. 실제로 제1차 세계대전 동안 완성된 패러다임은 후대로 전해져 제2차 세계대전과 냉전시대의 전쟁에 그대로 적용되었다.

제1차 세계대전 이후 한동안 무기만 정교해지고 발전해졌을 뿐, 전쟁 패러다임은 그대로 계승됐으며 보급과 물량의 싸움이라는 틀 안에서 전쟁이 일어났다. 전쟁 동안 발전한 기술은 전쟁이 끝난 후 인류에게 편익을 제공했다. 전쟁 동안 별의별 기술이 개발되었으며, 새로운 기술을 개발하는 과정에서 뜻밖의 이익을 찾아냈다. 이는 평화기에는 사업성이 없다는 이유로 투자도 받지 못했으며 심지어 사장될 위기에 처하기도 했다. 하지만 이런 기술들은 전쟁시기에 투자를 받으면서 혁신적인 무기를 개발하고 전쟁물자를 개발하는 과정에서 나왔다. 그래서 역설적으로 인류에게 필요하고 편익을 제공하던 기술은, 평화기에는 무시당하다 전쟁 때에 그 진가를 드러내는 경우가 많았다. 제1차 세계대전은 그동안 자본가들에게 외면당한 기술이 전쟁 덕분에 연구가 재개되면서 인류에게 유익한 기술을 제공한 시기였다.

1914년부터 1918년까지 이어진 제1차 세계대전은 근대와 현대를 구분한 역사적 전환기며, 전쟁 전후는 모든 면에서 완전히 달라졌다. 에너지 측면에서 제1차 세계대전은 석탄 동력시대가 종결되면서, 석유가 세상을 책임지는 동력으로서 본격적인 전략 자산이 되는 전쟁이었다. 19세기 산업혁명 동안 유럽은 풍부한 산지에서 석탄을 캐내어 에너지를 자급자족했다. 이는 유럽이 에너지 안보에서 우위를 차지함을 의미했으며, 석탄으로 공장을 가동하며 높은 산업력을 유지하고 강한 국력을 유지하는 원동력이 되었다. 하지만 19세기 말부터 서서히 등장하던 엔진은 석유를 주요 에너지원으로 사용하면서, 석탄만 나는 유럽이 에너지 강국에서 밀려났다. 반면 석유가 나는 미국, 러시아, 아라비아, 이란이 세계 질서를 주도하게 되었다. 실제로 제2차 세계대전 당시 유럽은 석유 에너지 부족에 시달렸고, 석유 산유지를 보유한 미국과 소련은 에너지를 자급자족하여 전쟁을 승리로 이끌면서 냉전시기로 접어들었다. 그리고 신생국가인 아랍 역시 석유파동이라는 사건을 일으키면서, 세계에 목소리를 내게 되었다. 결론적으로 제1차 세계대전은 석탄으로 돌아가는 근대를 넘어서 석유로 돌아가는 현대를 연 전쟁이었다.

이 책에서 다루는 '전쟁은 어떻게 기술을 발전시켰나'라는 주제는 정말 할 이야기가 많다. 그래서 몇 가지 작은 주제들로 나눠서 설명하겠다. 크게 제1차 세계대전 전 급격하게 발전한 기술에 관해 이야기하고, 기술력이 곧 국력이 된 세계에서 국가별로 국력상승을 위한 노력을 먼저 다루겠다. 그리고 국가 간 국력 대결을 벌인 제1차 세계대전에 대해 간단하게 짚고, 전쟁 동안 어떤 기술적 패러다임이 등장했는지를 알아볼 것이다. 마지막으로 제1차 세계대전 동안 빛을 발한 기술을 살펴보겠다.

### Chapter 1 근대 기술의 대혁신

1914년 발발한 제1차 세계대전 전 1800년대는 산업혁명이 태동하고 갑자기 기술발전이 폭등하던 시기였다. 그래서 우리가 누리는 기술의 대부분은 1800년부터 개발되었다. 그리고 19세기 이전 향신료 무역으로 성장한 자본주의가 기술의 도움을 받아 엄청난 속도로 발전했다. 이 시기가 '국가 기술력 = 국가 경제력 = 국력' 등식이 성립한 1800년대, 다시 말해 19세기다. 19세기 기술 대혁신의 특징은 그 전에 인력으로 해야 했던 일을 자동기관이 수행하는 자동시대를 열었다는 점이다.

19세기 기계들이 등장해 24시간 365일 노동이 가능해지자 노동생산성이 비약적으로 증가하면서 잉여자본 덕분에 자본주의는 미친 듯이 성장했다. 더불어 자동화 기계의 등장은 인간의 노동력에 대한 수요를 송두리째 바꾸었다. 결국 노예들이 농장에서 노동하는 시대에서 노동자들이 공장에서 일하는 시대로 바뀌었다. 더불어 그동안 신이 주관하는 일이라고 생각했던 자연현상을 사람이 통제하는 것이 가능해졌다. 전기로 인간이 낮과 밤이라는 시간을 통제할 수 있게 되자 무한한 가능성이 열렸다.

19세기 전 인간은 과학을 탐구하면서 스스로 신의 뜻을 알아가는 과정이라고 생각했다. 그러나 19세기 과학기술로 인간이 원하는 대로 통제할 수 있게 되자, 인간은 스스로 신과 동격의 권능을 가졌다고 판단했다. 인간이 자연을 다스리는 기술은 인간의 능력을 신의 그것으로 끌어올렸던 셈이다. 사람들은 인간 그 자체를 신의 능력을 보유한 우수한 존재로 자화자찬했다. 또 새로운 기술이 나오면 그 기술을 판매해 막대한 부를 창출했으니, 기술력을 보유한 개인과 기업, 국가는 매일같이 쏟아지는 돈더미 위에 앉았다. 그래서 기술력을 보유한 유럽 사람들은, 인간이 자연을 통제하게 되었으니 조금만 기술이 더 발전한다면 유토피아 세상이 열릴 것이라고 낙관했다. 이 장에서는 19세기에 어떤 기술이 등장해 어떤 새로운 가능성의 지평을 넓혔는지를 알아보고, 그것이 사람들의 사고방식에 미친 영향을 살펴보겠다.

## Chapter 2  생존을 위한 군사경쟁

유럽 자본가와 시민 들은 기술이 인류에게 가져다줄 유토피아를 상상했지만, 그들은 19세기 자본주의가 식민지의 자원을 수탈하고 식민지인들에게 제품을 강매하는 식민지 자본주의 방식으로 돈을 벌어들인다는 사실을 애써 부정했다. 다시 말해 19세기는 식민지가 존재해야 돈을 버는 구조의 시기였다. 이미 16세기 대항해시대 때부터 식민지 자본주의가 자리 잡았으며 이는 19세기까지 이어졌다. 그래서 서유럽 강대국들은 식민지 확보경쟁에 뛰어들었으며, 식민지 전쟁에서 식민지군의 저항을 분쇄하고자 군사기술을 발전시켰다.

하지만 무엇보다도 위태한 것은 유럽에 너무 많은 국가가 존재하고 앙숙관계라는 점이었다. 그래서 외교적 해결법이 보이지 않으면 전쟁이 일어났기에, 유럽 국가들은 항상 적의 침입에 대비해야 했다. 그래서 자국을 보호하기 위해 적보다 더 질이 좋고 양이 많은 병기를 개발하고 배치했다. 여러 나라가 옹기종기 모여 있는 지형적 특성상 유럽 대륙은 예로부터 강한 국가가 등장하면 협심해 그 국가를 공격했다. 그래서 강대국이 등장하면 서로 외교전으로 아군을 확보하고 패싸움을 했다. 제1차 세계대전 역시 유럽이 늘 그리했듯이 여러 세력이 양분되어 버리는 전쟁이었다. 그리고 언젠가 일어날 전쟁을 대비하기 위해 군사기술력을 발전시켰다. 이 장에서는 유럽 국가들이 언젠가 벌어질 전쟁에 대비해 발전시킨 군사기술에 대해 알아보겠다.

## Chapter 3  달라진 전쟁 패러다임

사소한 사건 하나로 결국 제1차 세계대전이 발발했다. 초창기 전쟁은 이전 전쟁과 별반 다를 것이 없었다. 그러나 1914년 9월 10일 서부전선에 참호선이 생기고 연이어 동부전선과 중동전선에 참호선이 생기면서, 점차 전쟁은 이전과 다른 참호전으로 나아갔다. 게다가 새롭게 등장한 병기는 이전과 전혀 다른 양상을 보였다. 특히 제1차 세계대전에는 땅과 바다에서만 전투가 벌어졌지만, 제1차 세계대전은 하늘과 바다 속에서도 전투가 벌어졌다. 그동안 발전한 기술은 제1차 세계대전을 이전과는 전혀 다른 양상의 전쟁으로 만들었으며, 군사관계자들은 새로운 개념에 당황하며 이를 해결할 패러다임을 찾아야만 했다. 결국 제1차 세계대전은 전쟁 패러다임 자체를 바꾼 전쟁이라고 할 것이다. 이 장에서는 발전한 기술이 바꾼 전쟁 패러다임과 그 패러다임에 대항해 등장하고 완성된 또 다른 패러다임을 살펴보겠다.

## Chapter 4 전쟁이 낳은 기술

제1차 세계대전은 이전과 다른 거대하고 파괴적인 전쟁이었다. 아이러니하게도 이 거대하고 파괴적인 전쟁은 인간존중 사상을 강화했다. 19세기 산업혁명 시기 동안 인간을 기계가 못하는 일을 보완하는 존재로 여겨지면서 인권존중이 낮은 시기였다. 그러나 제1차 세계대전이라는 지옥을 겪으면서 사람을 살리고, 사람에게 유익한 기술에 관한 관심과 수요가 증가했다. 또 이전에는 수요가 없던 기술이 갑자기 수요가 생기면서 발전해서 지금 현재 우리에게 편리함을 제공하기도 한다. 혹은 그동안 별다른 주목을 받지 못하다 제1차 세계대전 동안 여러 연구와 실험을 통해서 새로운 청사진으로 발전한 기술도 존재한다. 이처럼 제1차 세계대전 동안 많은 기술이 앞다투어 빛을 발했다. 이 장에서는 이처럼 인간에게 유익한 기술, 그리고 제1차 세계대전 동안 주목받으면서 발전한 기술을 소개하겠다. 의외로 제1차 세계대전 동안 주목받은 기술이 정말 많다.

차례

# Chapter 2 ── 생존을 위한 군사경쟁

# Chapter 3 ── 달라진 전쟁 패러다임

# Chapter 4 ─── 전쟁이 낳은 기술

# 근대 기술의 대혁신

## Chapter 1

# 19세기,
## 급성장한 과학기술

우리는 르네상스 이후로 과학이 빠른 속도로 발전했다고 배웠다. 르네상스는 신에게 의지하고 모든 현상을 신의 뜻으로 해석하는 것에서 벗어나, 자연현상 그 자체를 수학적으로 증명하려고 한 시기다. 르네상스의 의의는 신의 뜻으로 일축하던 자연현상을 수학적으로 계산해 원리를 파악하고, 이 원리를 이용하려고 한 것이다. 지동설이 대표적인 사례이며, 르네상스 이후 지구에 있는 것들을 모아 분류하고 특징을 정리하는 박물학, 하늘 천체를 관찰하는 천문학, 자연언어를 이해하려는 수학이 발전했다. 특히 수학과 순수과학이 르네상스 이후 급격히 발전했다.

17세기 갈릴레오 갈릴레이가 신학 중심에서 과학 중심으로 사고의 패러다임을 바꾼 후, 고트프리트 빌헬름 라이프니츠, 아이작 뉴턴, 카를 프리드리히 가우스, 레온하르트 오일러 등 역사적 발전을 이끈 수학자와 과학자 들이 대거 등장했다. 이들은 수학과 순수과학의 발전에 큰 공을 이뤘으며, 이 인재를 배출한 유럽은 이슬람과 중국의 순수과학에 대한 업적을 추월했다. 그런데도 17~18세 동안 순수과학은 여전히 자연을 과학적으로 설명한다는 개념에 머물렀다. 그리고 학문도 수학, 박물학, 천문학,

17세기 이후 급성장한 과학이론

원예학 등 포괄적인 개념에 머물렀으며, 과학발전을 이끈 자들은 후원을 받는 천재급 인재이거나, 부유해서 취미로 수학과 과학을 공부하는 사람들이었다.

여전히 유럽 사람들은 수학과 과학을 고급스러운 취미 정도로 생각하며 실용성에 대해 깊이 고민하지 않았다. 그러나 수학과 과학이 발전하고 지식이 누적되어 갈수록, 한 사람이 큰 분야의 개념을 모두 습득해지는 것이 불가능해지게 되었다. 그러자 사람들은 과학이 수많은 세부적 학문으로 이뤄져 있다는 것을 깨닫게 되었다. 대표적인 사례가 박물학이다. 돌과 동물, 식물 등 지구에 있는 모든 것을 수집하고 특징을 분류하던 박물학은, 연구할수록 암석, 광물, 화석, 동물, 식물 분야로 깊이 들어갔다. 한편 한 사람이 전체 지식을 거의 아는 것이 불가능해지자, 광물학과 생물학으로 분리되었다. 18세기 말 과학이 세분되었으며, 한 세기가 지나자 과학발전은 대폭발을 이뤘다.

1769년 제임스 와트가 개량하여 상용화한 증기기관은 유럽인에게 큰 충격을 주었다. 그 전에는 기계란 인간의 일을 단지 보조하는 것으로 인간이 작동시켜야 하는 보조물에 불과했다. 하지만 증기기관은 연료만 공급하면 24시간 스스로 일을 했으며, 심지어 능률이 인간을 압도했다. 당장 눈앞에서 수십 명의 일을 순식간에 해내는 증기기관을 본 자본가와 발명가, 과학자, 정치인에게 기술발전이 경제력이고 국가경쟁력이었다. 더불어 19세기는 민족주의가 발전한 시기로 국가 개념이 확립되었으며,

증기기관을 개발한 제임스 와트

나폴레옹 전쟁은 국가가 부강해야 잘 산다는 생각을 유럽인 전체에 심어주었다.

그래서 순수하게 연구와 공부만 하던 대학교는 국가를 부강하게 만드는 인재를 양성하는 곳이 되었다. 대학교는 공부에 재능이 있는 사람들을 영입하고 학자들을 초빙해 과학기술 발전을 꾀했다. 선진 과학기술력의 보유는 국가안보였다. 대학교는 학자들에게 전문 실험실을 만들어 제공했다. 또한 정기 학계간행물을 출판하고 판매하여 이익을 얻었으며, 세미나를 열어 학계 사이의 연구결과를 공유하면서 과학이론을 발전시켰다. 그 결과 19세기에 물리학, 전기학, 화학, 지질학, 천문학, 대기학, 식물학, 생물학동물학 등 순수과학 분야가 확장됐으며, 기계공학, 화학공학, 전기공학, 토목공학 등 공학이 세분화·전문화되면서, 특정 기술 분야가 계속 성장했다. 또한 의학 등 다른 과학 관련 학문도 폭발적으로 성장했다.

과학과 공학의 폭발적 발전은 일반인과 전문가를 구분했으며, 국가와 대학은 전문가를 양성해 빠른 과학과 공학의 발전속도를 꾸준히 유지했다. 대학들은 경쟁적으로 인재를 양성했으며, 18세기에 과학기술과 학문지식은 그 전에 누적된 지식보다 더 다양한 지식을 쌓았다. 그리고 이는 그동안 원인을 몰랐던 자연현상을 규명하면서, 이를 이용할 기회가 더 많아진다는 것을 의미했다. 그래서 19세기 유럽인들은 인간이 자연을 곧 정복할 수 있다고 기대했으며, 인간의 이성은 자연을 이기는 위대한 무기라고 생각했다. 그래서 이성을 극찬했을 뿐만 아니라, 이성을 아름다운 세상을 만드는 해결책으로 보았다.

새로운 세대들은 이성주의를 배웠으며, 이성을 만능이라 생각하면서 이성을 발휘하는 과학과 공학의 발전에 더욱 이바지했다. 이성에 기반으로 한 과학과 공학의 발전은 전과 비교할 수 없을 정도로 빨라졌다. 이는 생활에 바로 적용되어 이전과 비교할 수 없는 편안함을 선사했다. 과학과 기술이 준 편익에 사람들은 즐거워하면서, 그것이 가져올 장밋빛 미래를 기대했다. 이것이 벨 에포크Belle Époque이다. 하지만 과학과 기술은 좋은 방향, 나쁜 방향을 가리지 않은 채 그저 묵묵히 가능성의 지평선을 향해 달려가면서 이전에는 불가능했던 것을 가능하게 만들었을 뿐이었다. 이것이 과학의 본질이었지만 당장 편의에 눈이 먼 사람들은 이를 애써 부정했으며, 아직 과학기술 발전사의 초창기라는 사실도 부정했다. 이들은 곧 과학이 좋고 나쁨을 가리지 않으며, 아직 발전하려면 한참 남았다는 사실을 외면한 대가를 치러야 했다.

사실 제1차 세계대전이 발발하기 전 서유럽 강대국들은 항상 낙관과 환희에 가득 차 있었다. 심지어 고된 삶을 사는 노동자들도 부르주아처럼 사치스럽게 살지는 못해도, 사회투쟁 덕분에

● 19세기 프랑스 대학교
화학과

●● 19세기 평온한 파리 거리
카미오 피사로의 <몽마르트
거리>(1897)

18세기 산업혁명 초기보다는 어느 정도 먹고 살만 하다고 위안했다. 새로운 것이 발명되어 세상이 바뀌는 현상을 보면서, 조금만 더 있으면 창조주와 같은 능력을 갖춰 모두가 행복하게 잘 사는 유토피아가 될 것이라는 믿음을 가졌다.

실제로 우리 일상생활에서 사용하는 대부분의 물건은 19세기와 20세기 초에 나온 것들이 많다. 의외로 17세기 유럽은 겉으로는 아시아 국가들이나 우리 조선과도 별반 차이가 없었다. 정확히 말하면, 유럽이 신대륙 식민지에서 끌어모은 자원을 투입해 중국, 인도, 오스만과 열심히 경쟁하던 시기였다. 하지만 19세기부터 유럽과 미국에 획기적인 기술과 발명이 쏟아져 나오면서, 유럽이 다른 지역을 초월하면서 압도하기 시작했다. 또한 19세기 제국주의가 급물살을 타면서 갑자기 전 세계가 유럽 제국의 식민지가 되었으며, 다양한 기술을 기반으로 한 물건들이 탄생하게 되었다. 그럼 대체 어떤 기술이 쏟아져 나왔기에 19세기가 대혁신 시기였으며, 유럽이 다른 대륙이나 국가들을 압도하기 시작했는지, 유럽인들 스스로 창조주의 능력을 갖게 될 것이라고 낙관했는지를 알아보자.

# 기관,
## 자동동력원의 등장

    유목생활을 했던 인간이 안정적인 주거생활을 하면서, 농사를 짓기 위해서 동력이 필요하게 되었다. 대표적으로 방아를 움직여 곡식을 빻을 수 있었다. 농사를 짓고 곡식을 가공하고, 집과 건축물을 짓고, 베를 짜 옷을 만들어 입으면서 인간은 비로소 문명을 누릴 수 있었다. 하지만 문명을 이루는 노동은 매우 힘들고 고된 일이었다. 그래서 사람들은 누군가는 해야 했던 그 일을 신분제도를 만들어 하층신분의 사람들에게 시켰다. 다시 말해 노예가 대표적인 하층신분이었으며, 이들 노예들은 필수적이지만 고된 산업에 종사하면서도 제대로 된 대우를 받지 못했다. 근력이 더 우수한 가축이 고된 일을 대신하기도 했지만, 여전히 복잡한 일은 하층민들의 몫이었다.

하지만 인력과 마력은 크나큰 공통적 한계를 가지고 있었다. 그것은 사람과 가축 모두 생명체로 뭔가를 먹어야 힘을 내며 휴식을 취해야 한다는 점이었다. 그래서 능률을 발휘하는 시간이 한정되어 있었고, 하루에 몇 번씩 쉬어야 했으며, 내일 할 일을 위해서 잠을 자야만 했다.  이 때문에 사람들은 어떤 일을 할 때는 일주일에서 한 달, 길면 일 년을 기다렸다. 농사, 건축, 개발, 심지어 전쟁까지도 넉넉히 한 달 단위에서 일 년 단위로 계획을 세웠으며, 그것이 미뤄져도 별로 신경 쓰지 않고 그대로 실행하

아프리카 노예들의 작업풍경

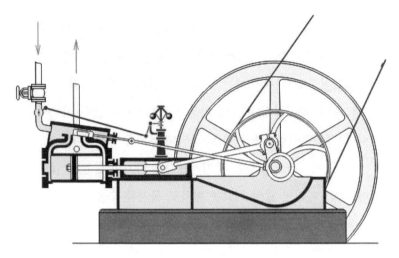
증기기관의 작동 원리

는 것에 익숙했다. 하지만 이를 답답하게 여긴 사람들은 새로운
동력원을 찾으려고 노력했으며, 이러한 노력은 수 세기 동안 이
어졌다.

때마침 냄비에 물을 넣고 뚜껑을 덮어 끓이면 수증기가 뚜껑
을 밀어낸다는 사실을 안 사람들은 수증기를 동력원으로 이용
하려고 시도했다. 1551년 타키 알딘에 의해 그 동력원 아이디어
가 개발되었고 여러 발명가의 혁신을 거쳐서, 드디어 1769년 제
임스 와트가 실용적인 증기기관 특허를 받아서 증기기관이 상
용화되었다. 증기기관은 물탱크에 물을 항상 넣어두고 물탱크
를 데워두기만 한다면 멈추지 않고 365일 하루 24시간 내내 스
스로 작동했다. 또한 개량을 거듭한 끝에 말의 힘인 마력보다 훨
씬 강한 능률을 보여주면서, 인간이나 가축과 달리 멈추지 않고

작동하면서 힘도 더 강한 상위호환 동력원이 되었다. 따라서 자본가들은 증기기관을 기계에 연결해 기계를 작동할 동력원으로 사용했으며, 24시간 돌아가는 이 기계는 인력과 비교도 되지 않는 생산력을 가져왔다. 덕분에 자본가들은 상품을 짧은 시간에 대량생산할 수 있었으며, 이를 팔아 막대한 부를 축적했다.

한편 증기기관으로 만든 증기기관차는 마차의 능률을 압도했다. 여러 마리의 말이 이끄는 마차로 물자를 수송하려면, 그 말들을 통제할 숙련자 한 명을 고용해야 했으며, 말들이 먹을 건초도 갖춰야 했다. 그런데도 말이 수레를 못 끌면 짐을 덜어 다른 마차에 실어야 했으며, 마차로 이동한다 해도 중간중간에 쉬어야만 했다. 하지만 증기기관차는 물탱크와 불을 피워 물을 데울 석탄 저장고, 석탄을 태우면서 불의 세기를 조절하는 사람만 있다면, 얼마나 많고 무거운 물건이든 상관하지 않고 수송할 수 있었다. 심지어 속도 역시 마차보다 월등히 빨라 순식간에 목표지점에 도착했다. 이는 예전에는 상상도 못 하던 일로 증기기관의 등장으로 수송속도가 획기적으로 빨라졌다.

증기기관은 개량에 개량을 거쳐 크기는 작아지고 능률은 폭발적으로 향상되었다. 일자형 피스톤으로 움직이던 증기기관은 축차형 피스톤으로 움직이면서 회전축의 회전속도를 매우 빠르게 한 증기터빈으로 발전했으며, 그에 따라 동력원 효율은 더욱 높아졌다. 증기기관은 가벼운 공기를 가로지르는 기차를 넘어 바닷물을 헤치고 나아가는 배의 동력원으로 발전했다. 하지

최초의 내연기관 자동차, 벤츠 자동차

만 증기기관은 인력에서 자동화 시대로 넘어가게 한 주역이지
만 한계점도 갖고 있었다. 기관 밖에서 수증기를 만들어 기관으
로 수증기를 밀어 넣어야 했는데, 그 과정에서 증기가 다른 곳으
로 새 효율이 감소한다는 것이 증기기관의 태생적 한계였다. 이
를 해결하는 방법은 피스톤 안에서 직접 폭발 에너지를 전달해
서 피스톤을 밀어내는 것이었다.

　수많은 발명가가 그 아이디어로 내연기관을 만들어냈다. 처
음에는 석탄을 수증기를 만드는 내연기관 연료로 사용했지만,
효율이 낮아 다른 에너지원을 찾게 되었다. 그 대체제가 바로 석
유였다. 불이 붙으면 순식간에 폭발하는 석유는 내연기관에서
폭발적인 힘을 순간적으로 발휘하면서 피스톤을 힘껏 밀어냈다.
그 효율을 극대화한 결과, 1893년 독일제국 루돌프 디젤에 의해 디젤엔진이 탄생했다. 이렇게 내연기관 에너지원으로 석유가 사용되자, 그동안 등불을 밝히는 데에만 사용되던 석유가 새로운 에너지원으로 등장했다.

석유로 작동하는 내연기관은 독일과 오스트리아–헝가리 제국에서 집중적으로 연구·개발되었다. 내연기관의 큰 장점은, 기관도 크고 무거운 물탱크에 불을 피울 화로도 두고, 수증기를 축으로 보낼 실린더와 증기를 배출할 구멍도 마련해야 하는 증기기관과 달리, 크기가 작고 무게도 적다는 데 있었다. 게다가 물이 모두 증발하면 물을 다시 채워야 했기에 보조 물탱크와 석탄 저장고도 필요했던 증기기관에 비해, 작은 석유통만으로 작동하니 매우 효율적이었다. 이런 장점 덕분에 마차에 내연기관을 실은 자동차가 탄생하게 되었고, 글라이더에 내연기관을 실은 비행기가 탄생하게 되었으며, 보트와 잠수함에 내연기관을 달아 바다를 누비는 전쟁 무기가 탄생하게 되었다.

# 휘발유 엔진과 디젤엔진, 무한한 가능성의 지평으로

　전기시대가 도래하기 전 전 세계 사람들은 기름으로 등을 밝혀 어두운 밤을 지냈다. 많은 나라가 식물이나 동물에서 얻은 기름으로 등을 밝혔다. 그러나 식물성·동물성 기름 모두 한 번에 많은 양이 나오지 않아서 대량생산이 어렵다는 단점을 안고 있었다. 16세기 대항해시대를 연 유럽인들은 기름 문제를 해결하는 법으로 고래 기름을 사용했다. 그래서 16세기부터 18세기까지 포경산업이 발달하게 되었다. 고래는 한 번에 많은 기름을 얻을 수 있는 장점이 있지만, 큰 덩치에 걸맞게 성장속도가 느리

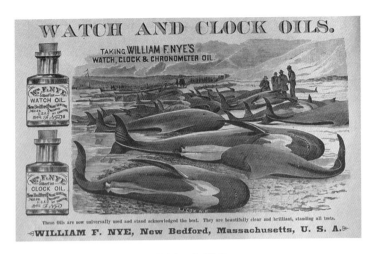

19세기말 고래 기름 광고

고, 새끼수가 많지 않아 개체수 복원속도가 너무 느렸다. 이 때문에 고래를 많이 잡을수록 그만큼 고래가 절멸될 확률이 매우 높았다. 결국 18세기 바다에 남은 고래들이 없게 되자, 등을 밝힐 다른 재료를 찾아야만 했다. 그 재료로 부상한 것이 아랍에서 사용하던 석유였다.

아랍인들은 예로부터 사막에서 나던 검은 기름을 등을 밝히는 원료로 이용했는데, 제국주의가 팽창하면서 유럽인들은 아랍인이 쓰는 검은 기름에 주목하게 되었다. 그렇지만 유럽에는 검은 기름이 없었으며, 검은 기름을 연구하려면 아랍까지 가야만 했다. 다행히 미국에도 검은 기름이 발견되면서 미국 과학자들은 검은 기름을 연구하다가, 1859년 시추공으로 석유를 시추하는 데 성공했다. 자연에서 나는 석유를 찾을 필요 없이 시추공으로 석유를 시추할 수 있게 되자, 석유를 원하는 만큼 시추하고 사용하는 게 가능해졌다.

기술자들이 석유를 연구하면서 온도에 따라 석유를 정제함으로써 석유를 보다 순수한 상태로 사용하는 단계로 접어들게 되었다. 석유를 낮은 온도부터 점진적으로 가열해 가스, 휘발유, 등유, 경유, 중유, 아스팔트와 기타 석유 부산물을 추출하는 데 성공했다. 그리고 미국인들은 석유정제로 얻은 등유는 등불연료로, 중유는 난방연료로, 아스팔트는 자갈과 섞어 도로를 까는 포장도로 재료로 사용했다. 그 과정에서 가스, 휘발유, 경유는 부산물로 버려졌다.

그러다 석유정제 과정에서 쉽게 사라지는 휘발유는 양이 꽤 되었기 때문에 버리기는 좀 아까웠다. 그래서 과학자들은 휘발유의 쓰임새를 찾았다. 1862년 프랑스 과학자 드로샤는 휘발유가 연소가 잘 된다는 점을 이용하여, 동력원으로 사용하려는

니콜라우스 오토가 발명한 휘발유 엔진

개념을 확립했다. 이어 1876년 독일 과학자 니콜라우스 오토가 4행정 내연기관을 발명하면서 휘발유를 에너지원으로 사용하게 되었다. 세계는 그가 발명한 동력 엔진을 오토엔진이라고 불렀고,

이 엔진 기술을 개량하여 본격적인 휘발유 엔진 개발이 이루어졌다.

휘발유 엔진은 직접 불을 붙여 휘발유를 폭발시키고 그 폭발에너지로 피스톤을 움직여 작동하는 엔진이기에, 증기엔진보다 더 높은 효율을 자랑했다. 무엇보다 휘발유는 물보다 매우 가벼워 물탱크보다 휘발유통이 더 가벼웠으며, 쓰는 휘발유량도 증기를 만드는 데 필요한 물의 양보다 획기적으로 적었다. 이 덕분에 휘발유 엔진은 증기엔진보다 더 정교하고 복잡한 기술이 들어갔으며 정비도 어려웠지만, 엔진과 연료통의 크기와 무게를 획기적으로 작게 만들어 사용할 수 있게 되었다.

엔지의 무게와 크기를 줄인다는 것은 매우 중요하다. 무거운 무게와 크기는 결국 동체를 크게 만들어야 작동한다는 것을 의미하기 때문에, 증기기관과 증기터빈은 큰 기차와 배에만 적용할 수 있었다. 발명가들은 작은 마차를 스스로 움직이게 하려고 증기기관을 설치했지만, 정작 물과 증기기관이 너무 무거워 마차가 움직이지도 못했다. 그런 와중에 작고 가벼운 휘발유 엔진이 등장하자, 기민하게 움직이는 마차가 개발되었는데 그것이 바로 자동차다. 물론 18세기에 증기로 움직이는 자동차가 등장했지만 너무 무거워 상용화되지 못했다. 그러다 1885년 독일에서 벤츠와 다임러 자동차가 처음으로 등장하여 사람들에게 놀라움을 안겼다. 이후 대영제국과 프랑스 제3공화국, 오스트리아-헝가리 제국도 자동차 개발에 뛰어들었으며, 휘발유 엔진을 자전거에 실은 오토바이도 이후 등장했다.

　하지만 휘발유는 쉽게 증발하는 기름으로 온도가 높으면 공기 중으로 증발하는 양이 많았으며, 불이 붙으면 바로 폭발해버리는 위험성을 가지고 있었다. 그래서 위험천만한 휘발유 대신 불을 붙여도 천천히 불타는 중유와 경유를 에너지원으로 하는 엔진에 관한 연구도 이어졌다. 이를 연구한 독일 공학자 루돌프 디젤은 1895년 불을 붙이지 않고 중유를 압축해 스스로 불이 붙게 한 후, 압축된 공기의 팽창을 동력원으로 활용하는 디젤 기관을 만들었다. 1895년 개발된 디젤엔진은 출력이 약했고, 개량을 거쳐 1903년 선박용 디젤엔진이 등장했고, 1906년 디젤엔진 자동차가 등장했다. 하지만 1913년 루돌프 디젤이 의문사하면서 디젤엔진 연구가 더뎌졌다. 근본적으로 디젤엔진은 휘발유 엔진보다 무거워 그 당시 자동차는 디젤엔진을 잘 버티지 못했다. 그래서 디젤엔진은 선박용으로 주로 사용하게 되었다.

　휘발유 엔진과 디젤엔진 모두 독일에서 개발되었으며, 이어 오스트리아-헝가리 제국, 프랑스 제3공화국, 대영제국, 이탈리아 왕국, 미국에서 개발되고 상용화되었다. 하지만 휘발유 엔진과 디젤엔진은 증기기관이나 증기터빈보다 에너지 효율과 적재성 등 모든 면에서 우수했음에도 불구하고, 여전히 당시로선 증기엔진을 대체하지 못했다. 그 이유는 유럽에 석유가 없기 때문이었다.

　유럽에서는 루마니아에만 석유가 조금 났으며, 당시 석유 대부분은 이란제국 아래 페르시아만과 러시아 남부 카스피해 일대에서 생산되었다. 아랍에도 석유가 있었지만 우선 너무 더워 그 당시 기술로 석유를 시추하다 불이 나기 쉬웠으며, 그 날씨에 노동하는 것이 힘들었기에 아랍에서의 석유생산은 외면을 받았다. 그래서 유럽 국가들은 우수한 석유기관 기술을 보유했음에도 불구하고 석유기관에 별다른 투자를 하지 않았다. 그나마 휘발유 엔진이 적용된 자동차는 부자와 귀족 들의 사치품에 지나지 않았다. 반면 미국은 석유가 풍부해 휘발유 엔진과 디젤엔진을 적극적으로 활용면서 기술을 개발했다. 덩달아 자동차 기술 역시 발전했는데, 1908년 포드자동차가 포드 T형 자동차를

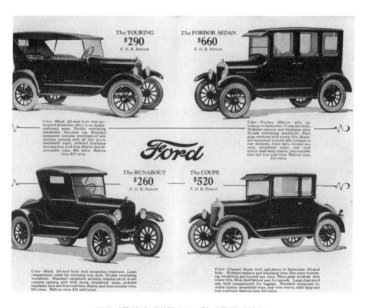

포드자동차가 개발한 포드 T형 자동차 카탈로그

대량생산하면서, 자동차의 가격이 저렴해지자 본격적인 자동차 시대가 열렸다. 석유가 나는 미국에 자동차들이 대중화되면서, 미국인들의 휘발유 엔진에 대한 이해도가 높아졌다. 이것이 휘발유 엔진의 또 발전 가능성을 보여주었다.

# 기차와 자동차,
## 말을 대체한 기계

증기기관이 개발된 이후 공학자들은 물탱크가 무겁다는 문제점을 발견했으며, 무거운 물탱크를 탑재하면서도 잘 이동하는 방법을 연구했다. 또한 본디 증기기관이 석탄을 캐는 광산에서 물을 잘 빼내려고 만들어진 기계인 만큼, 석탄을 광산 밖으로 운송하는 기계도 만들자는 동기가 있었다. 그래서 광산 안의 철로 위를 달리는 기계를 만들려고 했으며, 그렇게 증기기관차가 등장하게 되었다. 최초의 증기기관차는 물탱크 양옆에 터빈을 설치하고 터빈이 직접 바퀴를 돌려 작동하는 기계로 만들어졌다.

최초의 증기기관차

어차피 광산에서 출발하니 석탄은 충분히 있었기에, 증기기관차
는 증기기관용 물탱크와 물을 충전할 물탱크 단 두 가지만 갖추
고 있으면 되었다. 이 증기기관차는 성공적이었으며, 결국 도시
사이를 이동하는 데 사용되었다.

　공학자들은 먼저 도시 사이를 연결하는 철로를 부설하고 그
철로 위를 언제나 내달릴 증기기관차를 연구했다. 그래서 하나
의 바퀴만 돌리지 않고 여러 바퀴를 한 번에 돌려 출력을 극대화
하는 모델을 만들었다. 새로운 증기기관에 맞춰 물탱크에서 유
입되는 뜨거운 공기와 찬 공기 역시 잘 주입해야 했으며 그 양도
많아야 했다. 그래서 물탱크 크기를 우선 키우고 뜨거운 공기와
찬 공기를 교차 투입할 방법을 연구했다. 그 연구 결과, 증기기
관차용 물탱크 개념이 확립되었다. 우선 불을 피우는 아궁이 앞

으로 여러 작은 파이프들을 연결해 끝부분은 텅 빈 곳으로 만들었다. 그리고 수많은 파이프가 있는 곳에 물을 부어 위쪽만 남겨두고 물로 채웠다. 그러면 아궁이 열기가 파이프를 타고 가면서 보일러처럼 물을 데우고, 빈 윗쪽에 수증기가 생겨 증기기관으로 수증기가 이동한다. 그래서 증기힘으로 기관을 밀어내고 그 과정에서 찬 공기와 만나 차가워지고, 그 증기는 다시 위로 올라가 밖으로 배출된다. 이 원리로 거대한 물탱크 전체를 충분히 끌 수 있는 증기기관 시스템을 구축했다.

한편 1870년 오토가 발명한 디젤엔진은 가벼웠지만 정교한 공학기술을 요구했기에 응용이 쉽지 않았다. 그런데도 적은 에너지로 극한의 효율을 내는 디젤엔진은 매력적이었기에, 공학자들은 디젤엔진을 적극적으로 활용했다. 디젤엔진은 독일에서 자동차와 비행선에 먼저 활용되었으며, 공학자들은 더 큰 디젤엔진으로 더 좋은 효율을 내는 디젤 기관차를 꿈꿨다. 그러나 과연 거대하고 엄청난 효율을 내야 하는 디젤 기관차는 쉽지 않았다. 그러다 1912년 독일이 디젤 기관차를 개발하는 데 성공했다. 비록 증기기관차처럼 디젤 기관차 엔진이 거대해 한 칸 전체를 엔진과 조종사 좌석으로 사용해야 했지만, 뒤에 더 많은 승객칸을 늘리면 되었기에 큰 문제는 아니었다.

디젤 기관차의 가장 큰 장점은 증기기관차처럼 무거운 물과 석탄 탱크가 없으며, 가볍고 작은 석유통만 있으면 되었기에, 무게가 가벼워지고 출력은 몇 배로 향상되었다는 것이다. 속도 역

프랑스 니콜라 조제프 퀴뇨의 증기기관차

시 이전과 비교되지 않게 빨라졌다. 디젤 기관차는 바로 전 세계의 주목을 받았지만, 아쉽게도 디젤엔진 기술 자체가 어려워서 증기기관차를 즉각 대체하는 것이 불가능했다. 게다가 당시로선 무엇보다 석유 채굴량이 아직 충분하지 않았다.

18세기 증기기관차가 등장하자 공학자들은 철로 위 말고 어디든 다니는 기관차에 관심을 가지게 되었다. 1770년 프랑스 왕국의 니콜라 조제프 퀴뇨는 증기기관으로 작동하는 자동차를 개발하면서 세계 최초의 자동차를 발명했다. 그는 대포를 수송할 목적으로 증기자동차를 개발했지만, 프랑스 육군이 관심을 보였지만 너무 무거워 속도가 느리고 조종이 어려워 곧 관심에서 벗어났다. 특히 브레이크가 없어 언덕에서 내려가다 속도를 주체하지 못하고 건물과 부딪히면서 큰 화재를 내자, 프랑스 육군은 실망했다. 하지만 퀴뇨는 포기하지 않고 연구를 이어갔지만, 프랑스 혁명이 일어나면서 그의 연구도 끝이 나고 말았다.

그러다 19세기 전기기술이 발달하자 전기를 동력으로 사용하는 자동차도 개발되었다. 1824년 오스트리아제국 내 헝가리 과학자인 아이노스 예들리크는 세계 최초로 전기자동차 엔진을 개발했다. 이 엔진을 받아들여 전기마차와 전기차가 등장했지만, 동력 효율이 높지 않아 속도는 심지어 느리고 가격마저 너무 비싸 폐기되었다. 이내 휘발유 엔진과 디젤엔진이 등장하자 더 가볍고 출력은 더 큰 엔진에 관심을 보였다. 수많은 연구 끝에 독일 사업가인 카를 벤츠가 벤츠 파텐트 모터바겐을 개발하면서 세계 최초의 휘발유 자동차를 개발했다.

휘발유 차량은 가격이 싸고 속도도 빨라서, 곧 자동차의 표준 모델이 되었다. 이렇게 자동차 패러다임은 휘발유 자동차로 결론 지어졌으며, 전 세계에서 수많은 휘발유 자동차들이 연이어 등장했다. 1890년대에 디젤엔진이 개발되고, 1936년 벤츠사에서 메르세데스-벤츠 260D라는 세계 최초 디젤 자동차를 시장에 내놓았다. 디젤 자동차는 후륜구동이 주였던 휘발유 자동차와 달리 전륜구동이 주류였으며, 휘발유 엔진보다 가격이 비쌌기에 고급화 전략으로 출시되었다. 그런데도 디젤엔진의 큰 진동과 소음은 해결하지 못해 한동안 휘발유 엔진 자동차가 주류를 이루었다.

19세기 자동차는 즉각 마차를 대체하기 시작했다. 마차는 편

세계 최초의 디젤 자동차 메르세데스-벤츠 260D(1936)

리했지만, 말이 끄는 수레이다 보니 말이 휴식할 시간이 필요했으며, 말을 따로 길러야 했다. 무엇보다 말똥 등 말에서 나는 짐승 냄새가 탑승객을 불쾌하게 했다. 이제 자동차가 등장하면서 서서히 마차를 대체하기 시작했다. 물론 자동차 가격이 여전히 비싸 마차를 빠르게 대체하지는 못했지만, 부유층은 마차 대신 자동차를 애용하면서 자동차의 수요가 점진적으로 증가했다. 휘발유 자동차로 자동차 개발이 활성화되자 공학자들은 더 많은 사람의 탑승이 가능한 휘발유 자동차를 연구·개발했다.

1896년 독일 지겐에서 넷펜 데우츠라는 옴니버스가 최초로 노선운행을 하면서, 사람들에게 탑승 기회를 제공했다. 넷펜 데우츠는 그동안 말이 끌던 옴니버스를 대체했으며, 자동차로 옴니버스를 개발했다. 이어 사람 대신 화물을 수송하는 트럭도 등장했다. 본디 증기터빈인 트랙터 대신 휘발유 엔진을 탑재하자는 목적으로 개발된 트럭은, 트랙터보다는 큰 효율을 내지 못해 가벼운 화물만 수송 가능했다. 하지만 트랙터보다는 매연이 없었고 더 빠르게 이동할 수 있어 급한 화물수송에 유용했다. 한편 자동차회사들이 가장 주목한 분야가 택시회사다. 원래 본디 택시는 손님이 돈을 지급하고 급히 탑승하는 마차를 가리키는 표현이었다.

그러나 도시에서 말을 키우고 택시사업을 하기에 말 개체수의 제약이 있었기 때문에, 택시 수가 적어 손님들이 택시를 잘 이용하려고 하지 않았다. 또한 말 역시 식사를 하고 휴식을 취해야 했기에 낭비되는 시간이 많았다. 이를 해결하고자 1897년 미국 뉴욕에서 전기택시가 운용되었지만, 효율이 높지 않아 폐기되었다. 이에 독일 공학자 다임러가 1897년 다임러 빅토리아라는 휘발유 택시를 개발하여 세계로 판매했는데, 큰 호응을 얻으면서 택시 자동차가 곧바로 퍼졌다. 그래서 마차가 급격히 사라지고 휘발유 택시가 도시를 지배하게 되었다.

자동차 분야는 독일제국이 세계를 선도했으며, 미국이 독일제국을 열심히 뒤따랐다. 그리고 미국에서 자동차에 지대한 관심을 가진 천재가 나타났다. 그는 헨리 포드로 어머니 임종을 지키러 가는 도중 찾기 불편하고 느린 마차 때문에 임종을 지키지 못하자, 마차의 대체수단으로 자동차에 관심을 가지게 되었다. 함께 일하던 토머스 에디슨과 아내의 후원으로 자동차를 개발

독일 지겐의 넷펜          독일 다임러 빅토리아     미국 포드 모델 T 1908
데우츠 옴니버스

했다. 그는 다임러 기업과 벤츠 기업의 자동차를 그대로 생산했
지만, 대신에 컨베이어 벨트 공정 시스템을 개발하여 짧은 시간
에 자동차를 대량생하면서 자동차 가격을 획기적으로 낮추었다.
자동차산업에서 부진하던 미국에서 포드 기업의 포드 모델 T
1908 덕분에 거리에는 자동차들로 가득 찼으며, 중산층도 자동
차를 쉽게 구매하게 되었다.

# 05

# 비행선,
## 구름 위의 배

　인간은 오래전부터 하늘을 날고 싶다는 생각을 했으며, 결국 비행기를 만들어 하늘을 정복하려고 했다. 하지만 비행이 가능하려면 가벼운 몸체와 강한 운동 에너지가 필요했으며, 이를 구현하기가 쉽지 않았기에 비행기를 만드는 기술은 쉽사리 실현되지 못했다. 대신에 뜨거운 공기는 위로 올라간다는 성질을 이용해 하늘을 나는 것에 도전했다. 1783년 프랑스 왕국의 몽골피에 형제가 세계 최초로 열기구를 만들어 공기를 이용해 하늘을 나는 데 성공했다. 이후 수많은 과학자들이 열기구를 만들며 인

몽골피에 형제의 열기구 홍보 포스터

간은 비로소 하늘로 올라갈 수 있었다. 하지만 열기구는 수직이동은 잘해도 수평이동에는 제약이 많았다. 사람들은 수평으로 이동하기를 원했으며, 자유롭게 이동 가능한 열기구로 업그레이드하는 시도를 했다.

18세기에 인력이 아닌 기계의 힘으로 작동하는 기관이 상용화되었고, 곧 증기기관보다 혁신적으로 가벼운 석유기관도 등장했다. 이 덕분에 열기구에 동력기관을 달아 수평이동이 가능해졌다. 물보다 압도적으로 가벼운 석유 덕분에 석유기관도 가벼웠기에, 디젤엔진을 열기구에 달아 열기구를 조종할 수 있는 기술이 연구되었다. 석유기관이 나오기 전 공학자들은 증기기관을 시도했다. 하지만 증기기관은 무거운 탓에 큰 용량의 탑재가 불가능했으며, 증기기관 크기를 줄이면 대신 항속거리와 시간이 줄어들었다.

1852년 프랑스 왕국 과학자 앙리 지파르가 증기기관으로 작동하는 비행선을 최초로 개발하면서 비행선 패러다임을 제시했다. 이후 앙리 뒤퓌 드 롬은 프랑스 해군 정찰용 비행선으로 8인승 비행선을 만들어 군사작전에 활용했다. 이는 곧 유럽 전체

1852년 파리 상공을
비행하는 앙리 지파르
의 증기기관 비행선

브라질 산토스 뒤몽이
개발한 비행선

로 퍼지면서 프로이센 왕국도 이 비행선을 사용했다. 앙리 뒤퓌 드롬의 비행선은 말 그대로 작은 배가 모체로서, 배 뒤에 증기터 빈을 달아 바람을 일으켜 추진력을 얻었으며, 그 위에 거대한 기 구를 얹어 하늘을 나는 배를 구현했다. 그래서 사람들은 이전에 는 기구나 열기구라 부른 것을 앙리 뒤퓌 드롬의 비행선을 보고 비행선이라고 부르기 시작했다. 그의 비행선은 프랑스-프로이 센 전쟁에서 프랑스군이 포위된 파리와 연락하기 위해 개발된 것이었다. 하지만 불행하게도 개발이 끝나기도 전에 프랑스 왕 국이 프로이센 왕국에게 항복하면서, 앙리 뒤퓌 드롬의 비행선 은 실전에 투입되지 못했다.

비록 앙리 뒤퓌 드롬의 비행선은 목적을 달성하는 데는 실패 했지만, 프랑스 군대는 비행선이 전쟁에 요긴하게 쓰일 것이라 고 예상하여 비행선 개발에 집중 투자했다. 그 덕분에 프랑스는 비행선을 더 크게 만들면서 사람들을 더 많이 태울 수 있었다. 브라질 출신 프랑스 공학자 산토스 뒤몽은 디젤엔진을 이용한 비행선의 대형화에 성공했다. 프랑스 제3공화국에서 비행선이 새로 나오자, 주변국이 비행선에 관심을 보이면서 너도나도 비 행선 개발에 투자했다.

독일, 오스트리아-헝가리, 러시아, 미국이 비행선 개발에 적 극적으로 뛰어들면서 각각 독자 비행선을 개발했다. 또 비행선 을 더 안정적으로 공중에 뜨게 하는 법과 조종하는 법을 연구하 고 체계적으로 발전시켰다. 먼저 비행선의 고도조절을 위해 공

그라프 폰 체펠린의 비행선

기를 빼고 주입하는 기술을 개발했다. 이후 비행기 엔진을 더 강화했다. 무거운 증기기관 대신 가벼운 휘발유 엔진으로 비행선 엔진을 채택했으며, 가벼우면서 출력이 더 높아지자 항속 속도와 거리 모두 비약적으로 향상되었다. 그리고 그만큼 더 많은 승객을 태울 수 있어 정말 하늘 위를 떠다니는 배가 되었다. 비로소 비행선은 하늘에서 조종할 수 있는 배가 되었다.

　오스트리아-헝가리의 공학자 다비드 슈바르츠는 일생을 비행선 개발에 투자했지만, 그 뜻을 이루지 못하고 후임 그라프 폰 체펠린에게 그 일을 넘겼다. 독일 공학자 그라프 폰 체펠린은 비행선 크기를 키우면서 많은 사람이 탑승할 수 있는 거대한, 말 그대로 하늘 위의 배를 만들려고 했다. 그는 공기주머니를 집중적으로 연구했으며, 크기를 키워 엔진 조종으로 비행선 전체를 조종하는 연구를 수행했다. 이 연구 끝에, 상용화 비행선을 만들었으며, 이것을 LZ1이라 불렀으며 시험비행을 시도했다. 결과는 꽤 괜찮았으며, 그는 이를 더 발전시켜 LZ 시리즈를 더 개발했다. LZ 시리즈는 가장 안정적이고 가장 많은 사람을 태울 수 있는 비행선으로 주목받았고, 거대한 크기 덕분에 긴 시간 동안 체공이 가능해 여행용으로 사용될 수 있었다. 아직 여객선은 너무 비싸고 위험해서 사람들이 타기 쉽지 않았던 시대에, 체펠린 비행선은 다양한 사람들에게 하늘에 뜰 특권을 제공했다. 비로소 1910년대에는 체펠린 여객비행선으로 대서양을 건너 독일과 미국을 오가는 것이 일상이 되었다.

1900년대 이후로 비행기들이 속속 등장했지만, 하늘을 날아다니는 기계 중 여러 사람을 태우고 화물도 수송할 수 있는 기계는 비행선이 유일했다. 아름다움을 추구하는 아르누보가 한창이던 19세기 말과 20세기 초, 비행선은 사람들의 마음을 설레게 하고 로망을 꽃피우기 좋은 기계였다. 게다가 비행선은 느리지만 생각보다 빨라 구름 사이를 헤치면서 지나가는 거대한 기계였기에, 사람들이 보기에 배가 하늘 위를 다니는 것처럼 보였다. 그래서 비행선을 본 사람들은 인간이 하늘 위에 배를 띄웠다는 사실에 환호했다. 사람들은 이제는 인간이 하늘도 정복할 수 있다는 것에 즐거워했고, 이제 조금만 더 기다리면 유토피아를 실현할 것이라는 기대에 찼다.

# 06

# 비행기,
## 기적과 모험

시간이 흘러 물리학자들은 날개에 바람을 불어넣으면 양력이 발생하여 사물이 좀 더 쉽게 난다는 것을 발견했다. 1890년 프랑스 공학자 클레망 아데는 박쥐를 형상화한 비행기에 증기기관 프로펠러를 달아 비행기를 만들어 이륙하는 데 성공했다. 하지만 방향제어를 하지 못했으며, 체공시간도 짧아 매우 아쉬웠다. 그러다 자유롭게 방향을 바꿔가며 하늘을 나는 꿈의 비행기는 정작 미국에서 탄생했다. 미국에서 태어난 라이트 형제는 자전거에 해박한 지식이 있었고, 엔진 동력에 대해 어느 정도 알

라이트 형제의 비행기

아 휘발유 엔진으로 프로펠러를 돌리는 실험을 했다. 그 사이 미국의 다른 발명가들은 증기터빈을 비행기 엔진기관으로 사용하려고 시도했다.

라이트 형제는 휘발유 엔진을 더 가볍게, 그리고 엔진의 출력을 더 높일 수 있도록 개발했다. 형제는 무거운 사출기관을 제거하고 전기를 도입해 더 간단하고 가벼운 부품으로 작동하는 휘발유 엔진을 스스로 개발했다. 그 덕분에 엔진 무게가 엄청 가벼워졌으며, 하늘을 나는 글라이더에 탑재해도 글라이더가 잘 버틸 수 있었다. 라이트 형제는 자신감을 얻고 비행실험을 했다. 마침내 1903년 고출력 항공 엔진을 단 비행기가 하늘 높이 날았다. 라이트 형제는 조종기로 비행기를 자유롭게 조종했으며, 비행기는 하늘에서 새처럼 자유롭게 날았다. 1903년 비로소 새처럼 하늘을 날고자 하는 인류의 숙원이 이루어졌다.

1903년 라이트 형제가 세계 최초의 비행기를 만든 이후 1906년 프랑스에서 또 다른 비행기가 하늘을 날았다. 브라질 출신 알베르토 산토스 뒤몽은 프랑스로 이주하여 비행기 개발에 뛰어들었다. 그리고 1906년 그도 휘발유 엔진을 동력원으로 하는 비행기를 개발했는데, 14-bis라는 이름을 붙여진 이 비행기는 프랑스인들이 보는 앞에서 멋지게 비행에 성공했다. 프랑스인과 유럽인 들은 14-bis 비행기가 선보인 기적에 환호했다. 당시 유럽은 미국이 먼저 비행기 개발에 성공했다는 사실에 충격을 받은 상태였기에, 14-bis 비행기가 성공하자 열렬히 환호했다.

또한 착륙장치가 없어 목숨 걸고 착륙해야 했던 라이트 형제의 비행기와 달리, 14-bis 비행기는 안전하게 여러 번 이착륙할 수 있었다. 14-bis 비행기 덕분에, 비행기는 일회용으로 소모하지 않고 여러 번 이용할 수 있게 되었다. 14-bis 비행기가 성공한 것에 만족하지 않은 알베르토 산토스 뒤몽은 더 좋은 비행기를 연구했다. 그리고 그는 두 번째 비행기로 1907년 산토스 뒤몽-드무아젤 비행기를 개발했다. 산토스 뒤몽-드무아젤 비행기는 프로펠러 방향이 비행기 뒤에 있는 다른 비행기와 달리, 프로펠러 방향이 정면에 있는 비행기였다. 그리고 방향타를 꼬리에 달아 꼬리 움직임으로 비행기의 방향을 조정했다. 1907년 이후 기술 강국의 수많은 공학자는 비행기 프로펠러 방향에 대해 고민했으며, 프로펠러 방향이 동체 뒤에 있는 비행기와 앞에 있는 비행기

산토스 뒤몽의 14-bis          산토스 뒤몽-드무아젤 비행기

가 나란히 개량되고 발전했다.

　하지만 초창기 비행기의 날개는 나무판에 천으로 만든 허약한 기계로 강풍을 만나면 바로 부서지는 바람에 비행기가 추락했다. 게다가 당시에는 안전띠나 낙하산 등 조종사를 보호할 수단이 전혀 없었으며, 비행기 바퀴도 약해 조금 빠르게 착륙하면 바퀴가 버티지 못하고 파괴되는 경우가 많았다. 이 때문에 조종사가 죽는 일은 흔했는데, 비행기를 모는 조종사는 모험을 즐기는 모험가들이나 다름없었다. 당시 비행기를 탄다는 것은 서커스를 하는 것과 같았으며, 목숨을 거는 일이었다. 군부 역시 아까운 병사만 죽어 나가는 비행기에 회의적이었고, 비행기 운전은 목숨 아까운 줄 모르는 강심장을 가진 모험가들이나 즐기는 목숨을 건 고급 취미였던 셈이다.

# 07

# 항공 엔진,
# 출력을 극대화하라

하늘을 나는 새는 바다를 자유롭게 건넌다. 바다 위를 날아서 바다를 건넌다는 것은 배에서 오래 항해해야 바다를 건널 수 있는 인간에게 무한한 희망이었다. 그래서 1903년 라이트 형제가 비행기를 발명한 후, 많은 공학자들이 바다를 건널 비행기를 만들려고 수많은 시도를 했다. 그러나 바다는 절대 만만하지 않은 존재였다. 바람이 천천히 부는 지상과 달리 차가운 바다에는 강풍이 불었고, 수많은 비행기는 거센 바닷바람에 이리저리 표류하다 추락해서 바다 속에 잠겼다. 이는 엔진 출력이 약해서 발생

레옹 르바바세유의 V8 엔진

한 일로 엔진 출력을 극대화해야 했다. 그러나 실린더 엔진은 더욱더 좋은 출력을 내지 못했다. 그래서 공학자들은 새로운 엔진을 연구했다.

1906년 프랑스 공학자 레옹 르바바세유는 8개의 피스톤을 V자로 교차시켜 한 피스톤이 뒤로 밀려날 때, 다른 피스톤은 앞으로 밀며 동체에 전달하는 속도를 획기적으로 증가시키는 기술을 개발했다. 한편 피스톤 속도가 너무 빠르다 보니 엔진 과열이 쉽게 일어나서, 이를 물로 식히는 냉각기도 함께 장착했다. 레옹 르바바세유는 앙투아네트 12 비행기에 V8 엔진을 설치하고 비행을 시도했다. 하지만 수랭식 냉각기는 비행기에 물을 실어야 했는데, 물의 무게가 꽤 되어 비행기가 이륙하지 못해 항공 엔진으로서 탈락했다. 대신 자동차기업들이 V8 엔진의 효율을 보고 기술을 도입해서 경주차용 엔진으로 이용했다. 그렇게 지금 대부분의 자동차 엔진이 V8 엔진을 모델로 발전한 계기가 되었다.

1908년 프랑스 공학자 르네 로랑이 램제트 엔진을 고안해 특허를 냈다. 램제트 엔진이 가동하려면 엔진 안으로 공기가 빠르게 유입되어야 했는데, 이는 비행기 속도가 빨라야 함을 의미했다. 하지만 당시 기술로는 비행기를 매우 빠르게 날게 하지 못하는 바람에, 램제트 엔진은 실현되지 못한 채 아이디어 특허에 멈췄다. 그래도 제트엔진 아이디어가 좋아 이를 실현하려는 시도가 있었다. 1910년 루마니아 공학자 앙리 코안다는 제트엔진의 필수 부품인 터보팬을 간소화한 덕트 팬에 주목하면서, 제트엔진 대신 덕트 팬으로 작동하는 코안다 1910 비행기를 개발했다. 코안다 1910 비행기는 부족한 출력으로 잘 비행하지는 못했지만, 1910년 파리 박람회에 전시되어 제트 비행기의 가능성을 설명하는 예시로 사용되었다.

강한 항공 엔진 출력은 1909년 프랑스 그놈 엔진회사의 명품 엔진 등장으로 해결되었다. 그놈 엔진회사는 7개의 피스톤을 동그랗게 배치한 그놈 7 오메가 회전 엔진을 개발했다. 이 엔진은 축으로 고정되어 있으며 엔진 피스톤이 움직이면, 피스톤들끼리 강하게 연결되어 미는 힘과 당기는 힘이 일치한 상태로 엔진 자체가 스스로 회전했다. 가벼운 피스톤만 움직이는 것이 아닌 무거운 엔진 자체가 회전하기 때문에 회전력 자체가 비약적으로 성장했는데, 이 덕분에 프로펠러 회전 속도와 출력이 크게 향상되었다. 그리고 그놈 7 오메가 엔진을 장착한 블레리오 7 비행기가 처음으로 프랑스와 영국 사이 도버해협을 건너는 데 성공하면서, 그놈 7 오메가 엔진이 적합한 항공 엔진으로 선정되었다.

이후 거의 모든 비행기에는 그놈 7 오메가 엔진이 채택되었다. 바다 수면에서 이륙해야 하는 수상기도 그놈 7 오메가 엔진을 채택해서 고출력으로 일렁이는 수면 저항을 헤치고 하늘로 날아올랐다. 1913년 그놈 7 오메가 엔진을 더 발전시켜 그놈 단일밸브 엔진이 개발되었다. 그놈 단일밸브 엔진은 피스톤 8개로 작동하는 엔진으로, 고출력 에너지를 발산해 무거운 비행기도 날릴 수 있었다. 한편 그놈 7 오메가 엔진은 엔진이 돌아가며 생기는 구심력으로 비행기 기체가 엔진이 돌아가는 방향의 역방향으로 자꾸만 기울어졌다. 이 바람에 조종사는 이를 붙잡느라 애를 먹었으며, 날개에 부담이 증가하자 날개 내구성이 낮아진다는 문제점을 안고 있었다. 결국 기체 엔진이 무거우면 그만큼 돌아가는 구심력이 커져 비행기가 전복되기 쉬웠던 것이다. 이를 고정형 엔진인 그놈 단일밸브 엔진이 해결한 덕분에 무거운 비행기도 안전하게 하늘을 날 수 있게 만들었다.

그놈 엔진회사의 명품 고출력 엔진은 수상기를 가능하게 했다. 1910년 앙리 파브레의 수상기가 세계 최초의 수상기로 바다와 강에서 이륙해 비행하는 데 성공했으며, 이어 보트에 날개와 그놈 항공엔진을 탑재해 비행정도 만들어졌다. 한편 수상

앙리 파르레의 수상기    일리야 무로메츠 비행기

기와 비행정은 크기가 작아 조종사들이 그곳에서 오래 머무는 것이 불가능하고 파도가 치면 바로 파괴되었기에, 수상기와 비행정을 보호할 기술도 개발되었다. 그래서 탄생한 것이 수상기모함이다. 수상기모함은 수상기와 비행정을 탑재할 공간을 가진 수송함이다. 수상기와 비행정은 느린 배를 대신해 전보를 급히 보내거나 정찰을 하는 용도로 이용되었다. 또한 전 세계 바다를 관리하는 대영제국, 지중해 패권을 장악한 프랑스 제3공화국, 반도 지형 특성상 바다를 관리해야 하는 이탈리아 왕국, 열도인 일본제국 등이 수상기와 비행정을 적극적으로 활용했다. 수상기와 비행정은 초창기 비행기보다 훨씬 안정적이었으며 해양 안보에 중요한 역할을 하는 기체이었기에, 강대국 해군은 수상기와 수상기모함에 적극적인 투자를 했다. 또한 이들은 수상기에 투자하는 김에 비행기에도 투자했다.

동력으로 하늘을 나는 비행기에 항공엔진은 이륙과 비행의 핵심 요소였다. 그렇기에 고출력 엔진이 절실했으며, 그놈 엔진 회사 덕분에 항공기술의 큰 숙제를 해결할 수 있었다. 그런데도 그놈 엔진회사에서 만든 명품 엔진들은 에너지의 효율 문제를 해결하지 못했으며, 당시대의 기술적 한계 때문에 비행기들은 무게를 줄이거나 날개를 더 다는 방식으로 이 난점을 해결해야 했다. 단엽기들은 뼈대만 남겨 어떻게든 무게를 줄였고, 두 명 이상의 사람이 타는 비행기들은 날개 2개를 달아 부족한 양력을 보충해야 했다. 날개가 2개인 복엽기는 두 사람을 능히 태울 수 있었으며, 크기와 날개 길이만 키우면 6명 이상이 탑승하는 것도 가능했다. 1913년 러시아 제국의 항공 공학자 이고르 이바노비치 시코르스키는 세계 최초의 여객기인 시코르스키 일리야 무로메츠 여객기를 개발했다. 1914년 시코르스키 일리야 무로메츠 여객기는 승객 16명을 태우고 상트페테르부르크에서 키예프키이우를 비행하며 여객기 시대를 알렸다.

# 08

# 여객선,
## 평화로운 바다 위를 날다

　사람을 삼킬 정도로 커다란 파도가 넘실대고 폭풍이 모든 것을 집어삼키는 바다는 예로부터 죽음을 각오하고 떠나는 모험길이었다. 그렇지만 바다는 육지와 달리 배를 타고 목적지까지 가기만 하면 되었으며, 야생동물들이 사람을 해칠 위험이 없어 이동 자체는 편리하고 시간도 빨랐다. 더불어 사람이나 가축이 끌어야 하는 육지 수레와 달리, 배는 언제든지 크게 만들어 더 많은 화물을 실을 수 있었기에, 무역을 위해서는 배를 타고 항해하는 것이 필요했다. 그 때문에 바다는 오직 무역선만이 지나는 곳이었고, 재수 없게 폭풍을 만나지 않는 이상 안전하게 목적지까지 도착할 수 있었다. 하지만 바다 위를 항해하는 무역선은 많은 금은보화를 실었기에 곧바로 해적의 목표물이 되었다. 육지에서 살기 어려워 바다에서 약탈활동으로 먹고 살던 해적들은 무역선을 집중적으로 공격했고, 바다는 무역선과 해적 둘밖에 없게 되었다. 그래서 오랜 시간 동안 바다 위에서는 무역선과 해적의 대결이 일어났으며, 전 세계 어디에서나 해적들이 존재해 바다 안보를 위협했다.

16세기 스페인 제국이 남아메리카에서 막대한 금은보화를 싣고 스페인 본토로 가는 대항해시대가 열리자, 대영제국은 스페인 제국의 금을 노리는 해적들을 집중적으로 양성했다. 대영제국 해적들은 카리브해에서 스페인 제국 무역선들을 약탈하고 일부를 대영제국 왕실에 바치며 세력을 키웠다. 이후 스페인 제국이 몰락하자, 대영제국은 카리브해의 해적들을 소탕하고 대영제국 왕립해군이 직접 바다를 지배하려고 했다. 이에 대영제국 왕립해군은 카리브해 해적들을 토사구팽하고 소탕해버렸다. 이를 배경으로 한 영화가 〈캐리비안의 해적〉으로 잭 스패로우가 대영제국 왕립해군에게 쫓기는 이유가 바로 그것이다.

수십 년에 걸친 소탕작전 끝에 대영제국 왕립해군은 더 많은 해군을 양성해 태평양을 제외한 전 세계 바다를 지배했다. 그리고 대서양과 인도양에서 아랍 해적에 이어 남중국해에서 왜구를, 더 나아가 전 세계 바다의 해적들을 모두 소탕하면서 바다에 평화를 가져왔다. 대영제국은 바다를 지배함으로써 대영제국의 자유무역이 어떤 것에도 방해받지 않고 원활하게 이뤄져 더 많은 부를 축적했다.

그런데도 바다는 여전히 위험천만한 곳이었다. 바다는 원초적인 분노와 힘을 가진 존재로 언제든지 폭풍을 일으켜 작은 나무배 따위는 바로 수장시킬 수 있었다. 또 운이 좋게 폭풍을 만나지 않더라도 암초에 긁히기만 하면 바로 배에 바닷물이 유입되어 가라앉고 말았다. 그래서 대영제국은 바다를 평정했음에도 바다에 대해 잘 아는 베테랑과 훈련받은 사람들만이 탄 무역선과 전함만 배치됐을 뿐, 일반인은 바다에 감히 나아갈 엄두조차 내지 못했다. 그러나 19세기 대혁신들 덕분에 일반인을 태운 배를 바다로 보낼 용기가 생겼다. 군함 개발과정에서 등장한 철선은 철로 만든 배로 작은 암초에 긁혀도 암초만 부서지고 배는 멀쩡했다. 한편 철선을 물에 띄우기 위해 부피 면적을 극대화하고자 크기를 키우다 보니, 웬만한 폭풍과 파도에도 끄떡없었다.

게다가 인력이 아닌 증기력을 사용해 풍력에 의존하는 돛은 보조 동력원으로 격하되었고, 엄청난 힘을 내는 증기력 덕분에 배를 크게 만들어도 잘 나갔다. 오히려 인력 배보다 훨씬 빨라 파도가 거세게 불어도 배가 이리저리 흔들리지 않고 앞으로 나아가면서 버틸 수 있었다. 한편 인력 배의 경우, 노를 젓는 사람들도 휴식이 필요했으며, 돛을 달아 순풍에는 돛으로 가고 폭풍일 때는 사람이 노를 젓는 방식이었기에 배의 속도가 불균형적이었다. 또한 노를 젓는 사람들을 유지하는 비용도 비쌌다. 증기선부터는 초기 비용은 비싸도 유지비용은 꽤 저렴했다. 덕분에 기업과 투자자 들은 막대한 돈으로 배 자체를 크게 만든 후, 적은 유지비용으로 오래 사용할 수 있었다.

큰 배는 안전하고 증기선으로 꾸준히 유지할 수 있어 사람들이 저렴한 가격으로 이용할 수 있었고, 기업도 여러 사람을 태우는 서비스를 몇 번 제공하면 원가회수를 넘어서 더 많은 돈을 벌었다. 이 덕분에 바다는 다시는 목숨을 거는 모험길이 아닌 편안한 장소가 되었으며, 기업들이 너도나도 선박산업에 뛰어들어 양질의 항해 서비스를 제공함으로써 무지한 탐험가와 학자 들도 자유롭게 배로 바다를 건널 수 있었다. 이는 일반인들도 쉽게 바다로 나아갈 수 있는 세상이 다가옴을 의미했다.

전신과 전기통신이 상용화되기 이전에는 우편으로 서로 서신을 주고받았다. 그리고 이는 바다 건너 해외로 우편을 보낼 때 배로 운송해야 함을 의미했다. 전 세계 식민지를 관리하던 대영제국도 이를 잘 알았기에, 우편전송을 전문적으로 하는 배를 건함했다. 대영제국은 패키지 선을 만들어 아메리카 식민지와 대영제국 사이의 우편전송을 수행했다. 그리고 1840년부터 증기선SS Steam Ship, 우편선RMS Royal Mail Ship을 구분하여 사용했으며, 증기선SS와 우편선RMS에 화물, 우편, 그리고 사람이 탑승해 바다를 건넜다. 고출력을 내는 철선들은 바다 상황이 아주 심각하지 않은 이상 무리 없이 운행했으며, 사람들은 언제나 원하는

THE "BRITISH QUEEN" STEAM SHIP.

영국 브리티시 퀸 증기선

브리체신 빅토리아 루이제
여객선

71

시간에 바다를 건널 수 있었다.

사람들이 이제 바다를 안전하게 다닐 수 있다고 인식하게 되자, 유럽 국가들은 민간인을 위한 배를 너도나도 개발하기 시작했다. 그들은 지루하기만 한 실내를 더욱 화려하게 만들고 더 많은 문화공간을 삽입했는데, 이를 이루기 위해 배의 크기를 늘리기도 했다. 처음에 기업들은 증기선SS와 우편선RMS를 구매한 후 화물칸 위에 사람들이 바다를 즐길 공간을 탑재하여 사람들에게 탑승권을 팔아서 돈을 벌었다. 그러다 1900년 독일에서 세계 최초로 오직 여객만을 목적으로 하는 프린체신 빅토리아 루이제 여객선이 탄생했다.

프린체신 빅토리아 루이제 여객선은 독일 쿡스하펜에서 출발해 카리브해와 동아시아를 여행하면서, 민간인에게 세상 구경 선사했다. 프린체신 빅토리아 루이제 여객선은 유럽인에게 열렬한 환호를 받았고, 기업들은 너도나도 여객선 사업에 뛰어들면서 더 안전한 배를 만드는 데 투자했다. 그 투자 덕분에 배에 물이 유입될 때 물의 유입을 막는 탱크와 물을 밖으로 빼내는 펌프, 불이 날 때를 대비한 해수 소화기, 무선전신기, 광학기 등 배의 안전을 책임지는 장치들이 대거 개발되었다. 또한 엘리베이터, 실내장식, 전선과 발전기 등 배에서 호화스러운 생활을 즐길 수 있도록 선박용 장치들도 개발되면서, 배는 이전과 다른 복잡하고 발전된 거대한 운송기계가 되었다.

# 09

# 전기,

## 상위호환 에너지원

　증기기관이나 석유 엔진은 원료를 보관할 저장고를 따로 저장해야 했으며 꽤 상당한 부피를 차지했다. 그렇기에 이들은 아무리 작아도 수레 크기 정도에 되는 물건에 기관을 설치하고 자동으로 작동시켜야 했다. 이보다 더 작은 것은 자동이 아닌 수동으로만 해야 했다. 하지만 1800년에는 이런 사소한 것까지 자동으로 할 가능성이 새로 열렸다. 그것은 그동안 하늘만이 창조하던 전기였다. 1780년 이탈리아 물리학자인 알레산드로 볼타는 전기를 집중적으로 연구했다. 그가 전기를 연구하던 시대에 인

간이 전기를 직접 만들어내는 방법은
정전기를 일으키는 것밖에 없었으며,
그것마저도 짧은 순간에만 전기를 흐
르게 할 수 있었다.

그는 동료들과 함께 정전기를 일으
키는 방법을 연구했다. 그러던 어느 날
개구리 뒷다리에 서로 다른 두 금속을
접속하는 실험을 했는데, 그 결과 개

구리 뒷다리가 움직이는 것을 발견했다. 그는 개구리 뒷다리가
움직이는 것이 전기가 흘러 움직인다는 사실을 깨달았고, 서로
다른 두 금속이 용매로 연결되면 전기가 흐른다고 생각했다. 그
래서 1800년 그는 연구 끝에 배터리를 만들어내는 데 성공했다.
그렇게 그가 만든 배터리는 오랫동안 전선에 전기를 공급할 수
있었다. 이제 순간 정전기에 의존하는 것이 아닌 오랫동안 전기
를 안정적으로 공급할 수 있게 되었으며, 이는 수많은 기술 분야
에 가능성의 지평을 넓혔다. 하지만 당장은 전기를 대량생산하
지 못했기에, 알레산드로 볼타의 볼타 배터리는 물리학과 화학
실험 분야에서만 주로 사용하는 실험도구의 임무를 수행했다.

한편 미국에서는 마이클 패러데이가 전기에 관심을 가지고
일생을 전기 연구에 매진했다. 그는 한스 크리스티안 외르스테
드가 발견한 전기전도성과 앙드레 마리 앙페르의 자기극성 연
구를 공부한 후 후속 연구를 진행했다. 그는 두 논문을 바탕으

로 고립된 자기장은 전류가 흐르는 전선을 따라 끊임없이 움직인다는 가설을 내렸다. 그후 그는 실험을 통해서 전류가 흐르는 전선 주변으로 자기장이 생기는 것을 발견했다. 그리고 수은에 담근 전선이 시계방향으로 회전하는 것을 보고, 자기장이 일정한 방향으로 흐르며 동력을 생성한다는 것도 알았다. 그래서 그는 전자기장을 동력으로 만들어 운동에너지를 생성하려고 했다.

1821년 마침내 마이클 패러데이가 전기 모터를 개발했으며, 전기 모터는 전기를 운동에너지로 변환시키면서 새로운 자동동력원이 되었다. 전기 모터가 생기자 바로 이것을 엔진으로 사용하는 전기자동차가 발명되는 등 새로운 기관으로 개발되었다. 문제는 전기를 어떻게 생산하고 공급받는가에 있었다. 이에 마이클 패러데이는 두 배터리 사이에 구리판을 놓고 회전시켜 전기를 생산하려고 했다. 하지만 회전판이 하나면 오히려 효율이 감소해 사용하기 좋지 않았다. 그래서 전기자동차산업들은 금방 사라졌으며 증기기관과 석유 엔진이 여전히 사용되었다.

전기는 에너지원 가운데 가장 가벼워서 작은 물건들을 자동으로 작동시키기에 적합했지만, 에너지 소모시간도 너무 빨라 무언가를 지속적으로 작동시키는 데 어려움이 많았다. 이를 안정적으로 공급한 것이 볼타 배터리였지만, 배터리도 시간이 지나면 방전되고 무엇보다 여러 곳에 전기를 전달하면 순식간에 방전되었다. 그래서 공학자와 물리학자 들은 패러데이의 연구를 응용하여 아예 전기를 계속 생산하는 기구를 만들려고 했다.

세계 최초의 발전기

　1855년 덴마크의 소렌 요르트는 회전자를 회전시켜 전기를 생산하는 발전기를 개발했는데, 회전자를 회전시키는 동력은 증기기관이나 수력으로 해결했다. 그러자 대량의 전기가 안정적으로 생산되었으며, 산업에 사용할 수 있는 단계로 성장했다. 1866년 독일제국 과학자 에른스트 베르너 폰 지멘스가 대형 발전기를 개발하면서 도시 전체에 전기를 안정적으로 공급할 수 있게 되자, 이제 전기산업이 본격적으로 상용화되었다.

　발전기를 건설한 후 가정에 전기가 보급되면서 전구 등 전자제품이 등장했다. 특히 미국의 사업가 토머스 에디슨은 1876년 세계 최초 민간 전기기업인 멘로파크 연구소를 세워 축음기, 전화송신기, 백열전구, 노면전차, 발전기 등 다양한 발명품을 개발하면서 미국 전기산업을 크게 발전시켰다. 민간 전자제품의 청

토머스 에디슨과 니콜라 테슬라

사진을 토머스 에디슨이 대부분 해냈으며, 그의 발명품 덕분에 집에 각종 전기제품이 들어서고 가사노동의 많은 부분이 자동화될 수 있었다.

하지만 토머스 에디슨은 가정에 전기제품을 공급하면서, 가정용 전기출력이 너무 낮음을 인식했다. 이유는 전류 공급과정에서 에너지 손실이 일어나 발전기에서 고출력 전기를 보내도 결국 가정에는 저출력 전기가 도착했기 때문이었다. 그래서 전류 송신은 새로운 숙제로 부상했다. 이 숙제에 오스트리아-헝가리 제국 출신 미국인 공학자 니콜라 테슬라가 같이 뛰어들었다. 토머스 에디슨은 전류를 그대로 보내는 직류를 선택했고, 니콜라 테슬라는 교류를 선택했다. 토머스 에디슨과 니콜라 테슬라는 전류 패러다임을 두고 특허를 내고 프로젝트를 진행하면서 전류전쟁을 벌였다. 그리고 그 오랜 싸움의 결과로 니콜라 테슬라의 교류가 훨씬 안정적이며, 고효율로 전류를 보낸다는 것이 인정되었다. 그 결과, 전류를 교류로 송신하여 집에는 고출력 전기가 도착하면서 여러 전기제품을 사용할 수 있게 되었다.

증기기관과 석유 엔진은 산업자동화를 이끌어내며 산업업무의 효율을 극대화했다. 하지만 집안 가사에 증기기관과 석유 엔진을 놓기에는 너무 비효율적이어서, 가사노동은 사람이 할 수밖에 없었다. 서민들은 그들이 직접 가사노동을 했고, 자본가와 귀족 들은 가사노동을 담당하는 사람들을 고행했다. 보통 그들은 노예나 빈민 출신으로 적은 월급을 받으며 가사노동을 수행했다. 하지만 전기산업이 발전하고 전자제품이 집안에 들어오자, 가사노동의 많은 부분이 자동화되었다.

세탁기와 백열전구, 전신기, 전화기가 가정에 들어왔으며, 세탁기는 빨래를 자동화하고, 백열전구는 사람이 일일이 초를 관리할 필요가 없게 만들었으며, 전신기와 전화기 덕분에 사람이 직접 편지를 보낼 필요가 없어졌다. 더불어 축음기가 들어와 피

뤼미에르 형제와 세계 최초의 영화 <열차의 도착>(1895)

아노를 설치하지 않고도 클래식을 즐길 수 있게 되었다. 이처럼 전자제품은 가정 내 가사노동을 자동화했다.

또한 전기산업은 영화산업을 열었다. 수많은 사진을 순식간에 찍어내는 영사기는 자동촬영을 해야 하는 기술이었는데, 전기기술이 이를 가능하게 했다. 프랑스 제3공화국에서 뤼미에르 형제가 1895년 세계 최초의 영화 〈열차의 도착〉을 개봉했으며, 조르주 멜리에스가 상업영화를 개봉하면서 사람들은 극장에서 영상을 보는 재미를 새로 얻었다. 영화는 식민지 교육과 국내 선전활동에 활발히 활용되면서, 애국심을 고무시키는 역할을 담당했다. 영화는 이렇게 오락과 교육에 혁신을 불러일으켰다.

**10**

# 전자통신,
## 공간을 초월한 소통

예전에는 서로 말을 하며 소통을 했으며, 긴급한 전달을 할때는 누군가 말을 타고 최대한 일찍 도착해 편지를 전달하거나, 봉화로 상태를 알리는 방식으로 소통했다. 혹은 전서구를 이용해 소식을 전하기도 했다. 하지만 이런 방식은 소식을 전달하는 사람이나 동물을 제거하면 소통이 안 된다는 단점을 가지고 있었다. 옛 전쟁 때 적군이 가장 먼저 공격한 대상이 봉화를 지키는 병사나 전보를 전달하는 파발이나 전서구였다. 비단 전쟁뿐만 아니라 멀리 떨어진 사람들은 서로 소식도 몰랐으며, 다시 만

날 때를 기대하면서 하염없이 기다리는 수밖에 없었다.

그러나 전자기학이 발달하고 전기를 전하는 것이 가능하다는 것이 밝혀지면서, 새로운 소통수단이 등장했다. 새로운 소통시대를 연 사람은 뜻밖에도 미국 화가인 새뮤얼 모스다. 그는 이탈리아에서 미술유학을 하는 중에 전자기학을 접하고 공부하기 시작했다. 그 지식을 접목해 기술자와 함께 전기신호를 전선을 통해 먼 곳으로 전달했다. 새뮤얼 모스는 전기신호의 길이 조합에 따라 알파벳을 정했는데, 이것이 모스 부호로 전신기 언어로 사용되었다. 그래서 전선이 연결만 된다면, 전신기에서 두들긴 소리가 전선 너머에서 소리로 들렸다. 소리 길이로 기록된 모스 부호를 참고하여 해석하면 문장이 나왔다. 사람들은 먼 거리에서도 모스 부호를 통해서 실시간으로 소통할 수 있다는 것에 놀랐다.

1848년 상용화된 전신기는 행정의 획기적인 발전을 가져왔다. 이전에는 중앙에서 먼 지방은 사람이나 우편이 이동해 행정명령을 내렸는데, 명령이 하달되는 데 일주일 이상의 시간이 소요되었다. 그래서 모든 지방에서 관료업무의 속도가 느렸다. 하지만 전선만 연결한다면 전신기로 바로 명령을 하달할 수 있었고, 보고도 바로바로 신속하게 전달되어 중앙과 지방 행정처리 속도가 실시간으로 처리될 수 있었다. 특히 긴급명령이 많은 전쟁터에서 중앙 참모진의 명령이 전선으로 바로 전달되어 신속하게 작전을 수행할 수 있었다. 전신기는 미국 남북전쟁 등 전쟁에

통신이 없던 시절        전신기
전신구로 소통했다

알렉산더 그레이엄 벨과 안토니오 무치

활용되었으며 참모진 명령에 따라 병력이 움직여 바로 신속한 작 전수행이 가능해졌다. 그래서 유럽 전신기회사와 전선회사는 거금을 투자받아 전 세계를 전선으로 연결하는 대형 프로젝트를 시행했으며, 대서양과 인도양, 태평양 해저에도 전선이 연결되었다.

전기신호를 전달하는 전신기가 등장하자, 해석이 필요한 전기신호가 아닌 음성을 직접 전달하려는 시도도 등장했다. 1876년 안토니오 무치와 알렉산더 그레이엄 벨은 음성에 의한 자석 진동을 코일이 전기신호로 바꾸고, 이를 다시 전기신호로 바꾸어 신호에 따라 자석이 진동하면서 음성을 복원하는 전화기를 발명했다. 이 덕분에 모스 부호를 해독하지 않고 바로 음성으로 전달하는 것이 가능해졌으며, 그에 따라 행정업무는 전신기가 아닌 전화기로 수행되었다.

유선 전신기와 전화기는 통신혁신을 가져왔다. 그럼에도 여전히 한계는 명확했다. 통신하려면 전선이 연결되어 있어야 하는데, 전선이 끊기면 통신이 되지 않기 때문이었다. 또 전선이 없는 시골마을은 전신과 전화 혜택을 받지 못했다. 이 한계를 극복하려고 나온 것이 무선통신이다. 1888년 전자기파를 만든 헤르츠에 이어, 1896년 굴리엘모 마르코니는 안테나와 검체기를 개발하여 최초의 무선통신기를 발명했다. 안테나 검체기를 통해 무선 주파수를 파악하고 복원하는 것이 가능해지자, 그는 무선통신기회사를 설립하고, 1902년 대영제국과 미국 사이에 교신소를 건립하여 대영제국과 미국의 무선통신망을 연결했다. 또한 레지날드 페슨든이 음성을 전달하는 라디오를 발명하여 한 방

굴리엘모 마르코니와 무선통신기

향이지만 라디오로 음성전달이 가능해졌다.

무선통신의 혜택은 바다 위에 떠 있는 배들이 더 누렸다. 유선전선 연결이 불가능한 배는 바다 한가운데에서 사고가 나면 어디에 구원요청도 못 하고 그대로 침몰해야 했다. 그래도 가까이에 배가 있다면 전조등을 깜박이며 모스 신호를 보내거나 위치를 알릴 수 있었다. 무선통신이 가능해지자 배에 사고가 나면 즉시 구원요청이 가능해졌다. 1912년 타이타닉 여객선이 침몰할 때 승무원이 무선통신으로 구원요청을 보냈고, 캐나다 전신소에서 구조요청을 받아 급히 배를 보내 710명을 구조하는 데 성공했다.

군대는 무선통신기를 바로 전함과 비행선, 비행기에 실어 무선으로 통신하며 작전을 수행했다. 특히 비행선과 비행기는 가벼운 무선통신기를 달아 하늘 위에서 적을 발견하면, 좌표를 무선통신으로 보내 바로 군대를 파병할 수 있도록 조치했다. 이를 적극적으로 활용한 최초의 사례가 1912년 이탈리아-튀르키예 전쟁이다. 이탈리아군이 리비아 오스만군을 상대할 때, 정찰기와 비행선이 오스만군의 좌표를 찍어 이탈리아군에게 보냈으며, 이탈리아군이 오스만군 기지를 공격하면서 압도적인 승리를 거둘 수 있게 되었다.

# 11

# 전구,
## 언제나 빛을 내다

본디 자연에 빛을 내는 것은 불이며, 인간은 그 불로 빛을 내 어둠을 밝혔다. 반딧불이 등 다른 발광곤충도 있었지만, 불이 가장 밝게 빛나는 광원인 불을 주로 사용했다. 하지만 불은 산소를 흡수하며 빛을 내기에 밀폐된 공간에서 오래 사용하면, 인체에 해롭고 비가 오거나 습하면 불이 잘 붙지 않았다. 특히 비가 오는 날 야외에서 빛을 내기란 매우 힘든 일이었다. 무엇보다도 불은 잘못 다루면 위험천만한 광원이었다. 그래도 불 외에 적당한 광원이 없어 사람들은 불로 빛을 냈다.

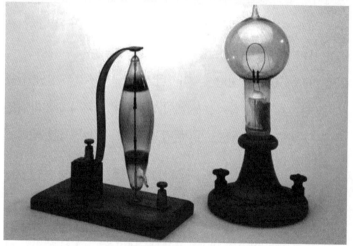

험프리 데이비의
아크 전등

제임스 보먼 린드세이의
필라멘트 전구

그러다 전기공학이 발전하면서 공학자들은 전기로 빛을 내는 법들을 발견했으며, 이를 응용해 인공적인 불을 만들어냈다. 1812년 영국의 화학자 험프리 데이비는 전극 전위차로 전극 사이 기체가 빛을 내는 아크 방전을 이용한 아크 전등을 개발했다. 하지만 아크 전등은 막대한 양의 전기를 소모하고 빛과 열세기도 엄청 컸으며, 소음과 냄새가 심각해 공장에서 일부 공정에서만 사용될 수밖에 없었다.

아크 전등은 태생적인 한계가 분명했기에 공학자들은 다른 방법을 탐구했다. 1835년 스코틀랜드의 공학자 제임스 보우먼 린제이는 필라멘트를 빨갛게 데워 열로 빛을 내는 필라멘트 전구를 세계 최초로 개발했지만, 그조차 필라멘트 전구에 더 큰 관심을 보이지 않았다. 그도 그럴 것이 필라멘트는 너무 얇아 순식간에 타서 소멸하는 바람에, 전구 밝기의 시간이 너무 짧았기 때문이었다. 그래도 공학자들은 제임스 보우먼 린제이의 필라멘트 전구가 답이라고 생각했으며, 오래 작동하는 필라멘트를 개발하기에 나섰다.

대영제국의 발명가 조지프 윌슨 스완 경은 제임스 보우먼 린제이의 전구를 개량하여 전구를 상용화하려고 노력했다. 비로소 그는 더욱더 오래 밝게 빛나는 전구를 개발하는 데 성공했다. 이를 대서양 건너 토머스 에디슨이 도용해 한층 더 개량했다. 그는 가정집을 비롯한 어디에서나 사용할 수 있는 전구를 개발한 후, 이를 시장에 내놓아 판매했다. 그후 조지프 윌슨 스완 경에게 전구 아이디어를 도용했다며 역으로 소송을 걸었으나 패배하자, 에디슨과 스완의 이름을 합친 에드스완 회사를 설립해 전구를 판매했다.

어찌 되었든 전구는 불보다 안전하며 관리하기 쉬워 순식간에 도시 전체를 밝혔다. 특히 전구 덕분에 가로등이 생겼다. 전구 이전 불로 가로등을 밝힐 때는 작은 사고에도 거리 전체가 불탈 위험이 있었으며, 안개가 끼거나 비가 내리면 불이 바로 꺼져 가로등 효율이 높지 않아 잘 설치하지 않았다. 그래서 늘 밤거리는 어두웠다.

그러나 비가 오든 안개가 끼든 상관없이 항상 밝게 빛나는 전구가 등장하자, 거리는 가로등으로 채워졌으며 밤에도 화려하게 빛났다. 집안 역시 언제나 불이 들어오면서 밤이 찾아와도 자지 않고 일과를 할 수 있었다. 이전에는 밤이 오면 몇몇 바쁜 사람을 제외하고는 모두 잠자리에 들었다. 어차피 아무것도 보이지 않고 초는 귀해 일반인이 쓸 수 없었기에, 밤에 할 수 있는 게 없으니 그냥 잠자리에 들 수밖에 없었다. 그러나 전구가 집으로 들어오자 밤늦게 일과를 수행할 수 있게 되었다.

필라멘트 전구가 온 세상을 점령하는 동안 아크 방전 방식을 사용하는 전구는 잊혀갔지만, 이내 아크 방전 전구의 쓰임새가 발견되었다. 그것은 특정 방향을 환하게 밝히는 탐조등인데, 아크 방전으로 빛을 낸 후 반사광으로 빛을 한 방향으로 보내면 멀리서도 빛이 잘 보였으며, 비춘 곳은 아주 환하게 빛났다. 그래

서 탐조등은 먼저 등대에 사용되어 일반 불보다도 더 크고 선명
한 빛으로 사물을 보이게 했다. 에펠탑에도 탐조등을 설치하여
순찰이나 관광 용도로 사용했다. 이어 선박에도 탐조등을 설치
해서 밤바다를 비추거나 SOS 신호나 모스 부호로 서로 통신하
는 용도로 사용되었다.

# 사진,
# 현실을 복사하다

1685년 독일의 요한 잔은 빛의 반사를 활용해 사물을 작은 화면에 띄우고, 종이를 덧대어 그림을 쉽게 그릴 수 있게 하는 발명품을 만들었다. 그것은 사진기로 화가들은 풍경화와 인물화를 빠르고 정확하게 그리기 위해 사진기를 활용했다. 이때는 사진기는 이미지만 보여주고 사람이 직접 이를 따라 그려야 했기에, 사진기는 그저 편리한 그림 도구에 불과했다. 그래서 화가들은 사진기를 좋아했고 사진기 덕분에 그림을 대량생산할 수 있었다. 하지만 사람이 그리는 데에는 시간이 오래 걸렸다. 그래서 상에 비친 이미지를 그대로 출력하는 기술을 갈망하게 되었다.

과학자들은 특정 금속이 빛에 반응해서 변한다는 사실을 밝혀냈다. 그래서 그들은 금속의 변화를 이용하여 사진기에 직접 이미지를 남기는 기술을 연구했다. 프랑스의 발명가 조제프 니세포르 니에프스는 1826년 자신의 집 밖 풍경을 사진을 찍었는데, 그는 유태역청에 이미지를 비춘 후 라벤더 오일로 지우면, 빛을 받은 부분만 역청이 지워져 이미지가 남는다는 것을 발견했다. 이것을 헬리오그래피라고 불렀다.

이 소식을 들은 루이 다게르는 그를 고용해 본격적인 사진 인화 연구에 나섰지만, 니에프스가 사망하자 유태역청 대신 민감한 은으로 사진 인화를 남기는 기술을 연구했다. 그가 개발한 다게레오타이프는, 먼저 은을 구부린 후 요오드 증기를 쬐어 할로겐화 은 피막을 형성한 후 사진기 안에 넣어 이미지를 촬영하는 기술이었다. 그후 은판을 수은 증기로 쬐고 티오황산나트륨, 혹은 뜨거운 소금물로 씻은 후 은판에 열을 가한 후, 염화금 용액을 붓어 다시 가열시키면 상이 나타났다. 그가 개발한 다게레오타이프는 사진 인화 과정에서 시간이 조금 오래 걸렸지만, 사람이 직접 일일이 그리는 것보다 더 정확한 상을 낼 수 있었다.

그래서 1839년 다게레오타이프 사진술이 세상에 알려지자 많은 사람이 초상화 대체품으로 주목했다. 무엇보다도 모델은 잠깐 가만히 있으면 되었기에, 모델들이 다게레오타이프 사진을 선호했다. 다게레오타이프 사진은 은판을 사용한 사진이기에 가

요한 잔의 사진기　　조제프 니세포르 니에프스와
　　　　　　　　　첫 번째 사진 니에프스의 집
　　　　　　　　　창밖 풍경(1826)

루이 다게르와 <파리 거리>(1839)

격이 매우 비쌌지만, 부유층은 찰나의 순간을 바로 인화해주는 다게레오타이프 사진을 선호했다. 사실 다게레오타이프 사진은 워낙 비싸 부유층도 평소에 쓸 수 있는 제품은 아니었다. 그래서 발명가들은 비싼 은판 대신 싼 종이에 인화하는 기술을 연구했다.

윌리엄 폭스 탤벗과 탤벗 카메라

대영제국의 발명가 윌리엄 폭스 탤벗은 은판 대신 종이에 아이오딘화은을 코팅한 후 질산은-갈산 수용액으로 현상하는 캘러타이프 기술을 개발했다. 처음에는 화질이 좋지 않았지만, 끊임없이 연구하고 개량하여, 1847년 이후에는 캘러타이프 방식이 더 인기를 끌었다. 캘러타이프의 화질 문제가 해결되자, 캘러타이프의 장점인 싼 가격으로 대량촬영이 가능하다는 것과 이동하면서 찍기 쉽다는 것이 알려졌다. 많은 사람들이 캘러타이프로 사진을 찍었다.

인화할 판이 기술적으로 해결되자, 발명가들은 카메라와 인화지를 개량하기 시작했다. 최초의 인화 카메라에는 인화할 판이 거대해서 카메라 뒷면 전체가 인화판 지지대였다. 또한 카메라는 렌즈로 빛을 모으지만, 상 초점을 맞추기 위해서는 사진사가 직접 거리를 측정해 사진을 찍어야 했다. 일단 인화판이 비싸 인화판을 떼고 사람이 직접 상을 보면서, 상의 초점을 맞춘 후 빠르게 인화판을 끼워 사진을 찍었다. 그러다 보니 여전히 촬영 한 번에 시간이 오래 걸렸다. 그래서 먼저 카메라 초점을 제대로 맞추는 방법을 찾아야 했다.

아코디언의 바람통에서 영감을 얻어 렌즈와 상 거리를 조절하는 폴딩 핸드 엔드 스탠딩 사진기가 등장하면서, 사진사는 한 자리에서 사진기 거리만 조절하여 초점을 맞출 수 있었다. 폴딩 핸드 엔드 스탠딩 사진기는 비싸고 정교했기에, 예민한 렌즈 부분은 가만히 놔두고 인화판 부분을 움직이면서 상을 잡았다. 이 때문에 사진사는 초점을 맞출 때 빛이 잘 보이지 않아 스스로 암막커튼을 뒤집어쓴 채 어두운 상태에서 초점을 맞출 수 있었다. 이렇게 카메라 기술이 발전해갔지만, 여전히 습판을 사용했기에 인화하는 데에는 시간이 오래 걸렸으며, 사진을 찍을 때 오랫동안 가만히 있어야 했다.

접었다 펼 수 있는 폴딩 핸드 엔드 스탠딩 카메라

이 문제점을 해결하기 위해서 등장한 것이 빛을 쬐면 바로 반응하는 판이었다. 1871년 리처드 리치 매덕스가 젤라틴으로 인화판을 만들어 사진을 찍고 가만히 놔두면 알아서 상이 나타나는 건판을 개발했다. 이를 지켜본 미국 카메라기업인 코닥은 건판을 통해 사진을 빠르게 많이 찍게 하자는 목표를 세웠다. 그리고 연구 결과, 1888년 코닥은 셀룰로이드 베이스 필름을 개발한 데 이어, 버튼만 누르면 필름이 돌아가 사진을 인화하는 카메라를 개발했다. 나아가 필름 카메라의 크기를 줄여 사람이 언제나 들고 다니면서 사진을 찍을 수 있는 휴대용 필름 카메라가 등장했다. 비록 코닥의 휴대용 필름 카메라에서 인화된 사진은 작았지만, 많은 사람이 손쉽게 사용하면서 추억의 한순간을 영원히 남길 수 있게 되었다. 그렇게 코닥은 카메라의 대중화에 앞장섰다.

카메라가 상용화되자 기자와 탐험가 들은 카메라로 머나먼 땅의 모습을 찍어 본국에 보냄으로써 세계의 소식을 알렸다. 그래서 유럽은 머나먼 아프리카와 아시아 모습을 담은 카메라로 세상을 알아갔다. 1885년 벨기에 왕국의 국왕 레오폴드 2세는 콩고 독립국을 벨기에의 식민지로 만든 후, 국왕 사유지로 만들면서 콩고 독립국을 가혹하게 착취했다. 그는 콩고 독립국 원주민들을 고무, 상아 등 제품생산에 투입하여 착취했으며, 할당량을 채우지 못하면 한 손, 양손을 자르고 마지막에는 목을 자르는 처형을 감행했다. 그러면서 노동자들에게 먹을 것도 제대로 주지 않아서, 그들은 굶으면서 노동해야 하는 노예생활을 했다. 그 결과, 천만 명의 사람들이 불구가 되었다. 이를 기자가 사진으로 찍어 유럽에 참상을 알렸고, 레오폴드 2세는 여론의 반발을 이기지 못하고 사임했다. 1908년 벨기에령 콩고로 국명이 바뀌면서 국왕 사유지에서 국가식민지로 전환되었다. 이는 사진이 이뤄낸 진실이었다.

사진을 저렴하게 인화하는 필름이 등장하자, 사진 단가 자체가 저렴해졌다. 이에 사람들은 여러 장의 사진을 찍어 빠르게 교차하는 시도를 했다. 처음에는 서로 다른 각도에서 찍은 사진을 교차해 3차원 이미지를 만들려고 시도했다. 그렇게 함으로써 더욱 생생한 사진을 연출하려고 했다. 그러나 이내 다른 용도를 찾았다. 한 장면을 연속적으로 찍어 이를 인화한 후 빠르게 돌리면

# The Kodak Camera

*"You press the button,*
*we do the rest."*

OR YOU CAN DO IT YOURSELF.

The only camera that anybody
can use without instructions. As
convenient to carry as an ordinary
field glass  World-wide success.

*The Kodak is for sale by all Photo stock dealers.*

*Send for the Primer, free.*

## The Eastman Dry Plate & Film Co.

Price, $25.00 — Loaded for 100 Pictures.       ROCHESTER, N. Y.
Re-loading. $2.00.

코닥 카메라 　　코닥 카메라 광고 　　코닥으로 찍은
콩고 국민들의 처참한 모습

마치 연속된 장면처럼 보였다. 이에 따라 사진사들은 기계로 사진을 여러 장 찍고 이를 돌리는 영사기를 개발했다. 영사기를 돌리면서 필름 사진을 보니 움직이는 장면이 생생하게 나왔다. 이것이 영화의 기술이 되었다. 사람들은 이 신기술에 감탄하면서 이제 인간의 힘으로 찰나의 순간을 영원히 기록할 수 있다며 자부심을 느꼈다.

# 농업혁명,
# 인구대폭발을 이루다

인류가 최초로 수행한 산업인 농업은 노동력이 어마어마하게 많이 투입되는 업종이다. 농업은 한 작물씨를 뿌리고 자랄 때까지 끊임없이 돌보고 잡초를 제거하고 작물을 길러야 했다. 농업효율을 높이기 위해 땅을 갈아엎는 일에 엄청난 노동력이 필요했다. 그렇기에 고대와 중세 시대 농민들은 1년 전체를 농업에 투자해야 했다. 이처럼 농업이 힘들다 보니 하루 농업일과를 마치면 집에서 휴식만으로 시간을 보내야 했기에, 농업 외 산업이나 취미활동을 가지기 매우 힘들었다.

농업은 투입된 노동력 대비 결과물이 그렇게 좋은 일은 아니었지만, 먹고 살려면 꼭 해야 하는 일이었다. 농업이 워낙 힘들다 보니, 서양에서 농노와 노예 들은 대규모 농장에서 일을 했다. 그렇지만 노예들은 보통 사치품인 사탕수수나 목화 농업에 집중적으로 투입되었고, 반드시 먹고 살아야 하는 밀 등 곡물 농업은 여전히 농민의 몫이었다. 그리고 농민들이 1년 내내 농업에 매달리다 보니, 국가는 농민들을 교육해 인재로 활용하고 싶어도 여건이 되지 않았다. 그래서 국가와 농민은 일일이 다 손으로 처리해야 하는 농업을 좀 더 편리하게 수행할 수 있는 기술을 갈망했다.

18세기에 생물학과 물리학에 대한 이해도가 높아지고 자동기계가 등장하자, 이를 농업에 적극적인 활용이 가능해졌다. 산업혁명으로 수많은 농민이 더 많은 돈을 벌기 위해 공장에 모이자, 농장에는 사람이 줄었다. 이에 대영제국은 농업생산량이 급감하면서 국가적인 위기를 맞이했다. 그렇다고 도시에 몰린 농민들을 되돌릴 수도 없는 것이 공장은 많은 노동자를 필요로 했다. 공장생산품이 농작물보다 더 돈이 되었기 때문이었다. 그래서 정부는 농업효율을 극대화할 것을 지시했으며, 과학자와 공학자 들이 그런 방안을 연구하고 실행했다.

공학자들은 일단 가축의 힘으로 최대한의 효율을 내려고 시도했다. 이미 도시는 증기기관을 동력원으로 이용했지만, 시골에는 증기기관을 작동시킬 인프라가 부족해서 가축이나 인력으로 최대 효율을 뽑아내려고 했다. 그래서 기존 농작물을 다양하게 개량했다. 덕분에 농업에 들이는 비용이 획기적으로 감소했으며, 그만큼 한 사람이 농경할 수 있는 면적이 증가했다. 공학자들은 농기계를 다양하게 개량해 농업효율을 극대화하는 데 성공했으며, 농지에는 사람수가 줄어드는데도 더 많은 농작물이 수확되는 기적이 생겼다. 자본가와 국가는 그 정도까지는 기대하지 않았지만, 생각보다 더 성공적인 농업혁명에 만족했다. 그러나 이번에는 농가에서 문제가 생겼다. 효율이 극대화되어 농작물이 쏟아져 나오다 보니 농작물 가격이 하락했고, 농민들은 비용보다 수익이 적어 적자에 시달렸다. 이에 자본가들은 농작물을 해외에 파는 방법으로 가격을 안정화했다.

농업효율의 극대화는 하늘을 찌르는 농작물의 잉여생산을 낳았고, 농민은 드넓은 농경지를 혼자 감당할 수 있었다. 그래서 농민들은 정작 시골의 인구증가를 원하지 않았기에 농촌의 출산율은 감소했다. 반면 도시 노동자들은 너무 많은 공급 때문에 임금이 낮아졌으며, 한 집안이 먹고 살기 위해서는 더 많은 사람을 확보해야 했기에 아이들을 많이 낳아 어린 나이에 공장에 보냈다. 그래서 도시에서는 인구가 폭발적으로 증가하면서 사람들이 넘쳐났다. 그런데도 농작물은 그들에게 기본적인 끼니를 제공하기에 충분했다. 물론 그 끼니는 빵처럼 대단한 음식은 아니었고 대부분 죽이었지만, 그런데도 하루에 두 끼씩 먹으며 굶지는 않았다.

그 덕분에 아사로 사망하는 경우는 줄었으며, 오히려 인구가 급증했다. 이는 자본가의 입장에서 노동자들이 늘어 더 많은 생산이 가능해서 좋았으며, 국가의 입장에서는 납세자와 군대 병력이 증가해서 좋았다. 국가는 인구가 증가하면서 국가 재정도 상승하고, 산업 인프라도 강성해지고, 군대병력이 늘어서 환영했다. 대영제국에서 제2차 농업혁명으로 먼저 인구가 폭발적으로 증가했으며, 이어 프랑스 왕국, 프로이센 왕국, 오스트리아-헝가리 제국이 뒤를 이었다. 다른 나라들은 여전히 대다수 인구가 농장에서 농업에 매진하는 동안, 유럽 강대국들은 농장에 사람이 없었으며, 전부 경제력과 군사력 강성을 위해서 공장이나 군대에 집중적으로 투입되었다. 이것이 유럽 강대국과 다른 나라들의 격차를 벌린 근본적인 원인이 되었다.

그러나 농장은 어디까지나 인력이나 마력으로 농장을 운영했기에 동물인 소와 말은 휴식, 먹이와 물이 필요했다. 그래서 분명 노동시간에 한계가 있어 농작물 생산량에 알게 모르게 영향을 끼쳤다. 그러나 1768년에 이를 해결할 뜻밖의 발명품이 등장했다. 그것은 트랙터였다. 사실 증기기관으로 작동하는 트랙터는 원래 철로 위에만 달리는 기차를 대신해 등장한 화물수송 수단이었다. 이 당시 트랙터는 벌목한 나무를 수송하는 수단으로 개발되었으며, 단순히 기차를 작게 만든 후 고무바퀴를 단 형태였다.

하지만 트랙터의 힘에 주목한 공학자들은 이를 이내 농경기

증기 트랙터      세미-포터블 엔진 트랙터

계로 개량했다. 공학자들은 기존 기차용 증기기관에서 증기기관의 크기는 줄이고 출력을 향상하는 세미-포터블 엔진을 개발했다. 신형 엔진인 세미-포터블 엔진으로 개량한 트랙터를 생산하자, 과연 그 결과는 놀라웠다. 1812년 처음 등장한 농업용 트랙터는 트랙터 후미에 농업 도구나 기계를 달고 엔진에 석탄 몇 개만 넣으면 알아서 괴력을 발휘했다. 어차피 정해진 농지에서 작동시키고 석탄이 부족하면 사람이 창고에서 날라 충전하면 되었기에, 증기 트랙터에서 석탄 보관함을 빼고 필수 부품만 남겨 경량화하니 갯벌에서도 잘 굴러갔다.

트랙터는 농경지에서 사용하기 최적화되었으며 가축보다 더 큰 힘과 에너지 지속성을 뿜어내면서 더 많은 농경지를 한 번에 처리했다. 이 덕분에 농업생산력은 수많은 말과 가축을 가지고 있을 때보다 트랙터 하나일 때 효율이 압도적으로 높았다. 이에 농촌 인구는 감소하는데도 국가 전체 인구는 꾸준히 증가하면서, 강대국은 또다시 쏟아지는 농작물에 행복해했다. 게다가 인구는 다시 폭발적으로 증가하면서 산업발전에 집중할 수 있었다.

산업혁명 초기 인구증가를 지켜본 토머스 맬서스는 진화론과 사회학을 연구하면서, 유명한 이론인 맬서스 트랩을 주장했다. 1798년 출판한 《인구론》에 등장하는 맬서스 트랩은 인구증가 속도가 식량생산 속도를 추월하면서 식량부족으로 인류에게 재앙이 닥친다는 이론이었다. 그래서 인간은 필연적으로 질병, 기근, 전쟁 등으로 인구를 조절해야 하는데, 이는 비윤리적이

영국 산업혁명과
공장 시스템

영국 사회학자
토머스 맬서스

니 피임법을 가르치자는 결론에 다다랐다.

이 맬서스 트랩은 지식인들 사이에서 윤리적·사회학적으로 첨예한 논란이 되었다. 하지만 이미 트랙터까지 등장해 농사를 지으면서 식량이 넘쳐나자, 맬서스 트랩은 틀렸다는 주장이 나오려고 했다. 하지만 18세기 중반 사람들은 맬서스 트랩을 체감했다. 이미 정해진 농경지에서 효율은 다 창출됐으며 더 남은 농지가 없는 상태였다. 한 번 농사를 지으면 땅에 휴식을 주는 휴경지를 둬야 다음에 농사가 가능했다. 그래서 한 농민이 기본적으로 토지를 4등분 하여 하나씩 번갈아 가며 농업을 해야 했고, 나머지 3/4 토지는 콩을 심으며 빨리 지력이 회복되기를 바라야 했다.

그래서 18세기 중반 실제로 농작물 생산량이 한계에 달했는데도 인구는 증가했다. 다행인지 불행인지 콜레라 대유행이 닥치고 전쟁이 끊이지 않았기에, 증가하던 인구는 감소하게 되었다. 그래서 사람들은 맬서스 트랩을 진심으로 두려워했으며, 알아서 인구를 감소시키는 방안을 고안해야 할 정도다. 그러자 프랑스 제3공화국은 아이를 낳지 않는 산아제한 정책을 펼치면서 고령화가 촉발되었다.

# 14

# 위생,

## 쾌적한 세상을 만들다

오래전부터 인류는 비누라는 세정제를 사용해 청결을 유지했다. 하지만 비누는 기름으로 제조하는 물건이었으며, 제사로 바친 양이나 특정 해초류에서 얻은 기름을 녹여 만든 물건이었기에 단가가 매우 비쌌다. 게다가 향기를 얻기 위해 올리브유로 비누를 만들었는데, 식재료인 올리브유를 비누에 사용하기에는 재료의 비용이 너무 비쌌다. 그래서 비누는 부유한 계층이 사용하는 사치품이었다. 그 때문에 서민들은 빨래를 대충 물에 방망이질하거나 양잿물로 빨았으며, 심지어 몸을 소금으로 씻는 등

열악한 세척 환경에 놓였다.

그러던 중 1789년 프랑스의 의과대학 출신 화학자인 니콜라 르블랑은 소금에서 탄산나트륨을 생산하는 르블랑 공정을 개발하여 소다를 대량생산했다. 이 소다로 세탁을 편리하게 할 수 있게 되었다. 그 덕분에 유럽은 암염에서 얻은 나트륨으로 손쉽게 탄산나트륨을 대량으로 가공하여 막대한 소다 가루를 생산했으며, 이것은 곧 가성소다로 가정에 보급되었다. 소다 덕분에 묵은 때가 손쉽게 씻겨나갔고 빨래하는 시간과 노력도 적게 들면서 옷은 훨씬 깨끗해졌다. 비로소 예전보다 더 청결한 옷을 입을 수 있게 되었다.

이어 프랑스의 화학자 미셸 외젠 슈브뢸은 르블랑 공정으로 제작한 소다에 싼 기름만 합치면 비누가 완성되는 것을 발견하고, 가격이 저렴한 인공기름 제작에 몰두했다. 처음에 그는 싼 콩기름에 가성소다를 섞어 비누를 개발했다. 처음 개발한 비누는 금방 흐물흐물해져 도저히 사용할 수 없는 상황이었다. 그래서 그는 비누를 고형화하는 물질을 찾아다녔는데, 스테아린산을 추가하면 비누가 단단해짐을 파악했다. 그래서 스테아린산을 대량생산하여 단단한 비누를 생산했다.

더불어 그는 스테아린산을 밀랍 양초에 추가했더니 양초가 단단해짐을 파악했다. 이전 양초는 동물성 기름이나 밀랍을 단순히 녹이고 식혀 만든 것이었기에, 양초를 피우면 양초 전체가 녹아 구부러지고 말았다. 그래서 몇 시간 사용하고 바로 꺼야

프랑스 화학자 니콜라         프랑스 화학자 미셸 외젠
르블랑의 동상              슈브뢸

했다. 그러나 슈브뢸의 양초는 단단해서 양초가 완전히 녹을 때까지 며칠이나 불을 켜두는 것이 가능했다. 덕분에 슈브뢸은 비누와 양초의 고형화에 성공했다.

마지막으로 비누를 완성하고 나니 비누 안에 글리세린이라는 물질이 있다는 것을 발견했다. 당시 그는 이를 별로 중요하게 여기지 않았지만, 글리세린의 발견은 추후 엄청난 혁신을 가져온다. 어쨌든 1823년 미셸 외젠 슈브뢸은 가성소다에 콩기름과 스테아린산을 섞어 비누를 대량생산했으며, 비누 생산단가를 획기적으로 낮춰 서민들도 비누를 쉽게 구매해 사용할 수 있게 했다. 다만 그 당시 비누는 사치품이었기에, 왕족과 부르주아, 서민 모두 비누를 옷을 빨고 전신 목욕 시 때를 벗기는 용도로만 사용했다. 다시 말해 일상적으로 비누를 손을 씻는 용도로 사용하지 않았다. 당시 위생 개념은 특별한 날에만 몸을 씻는 것이었다. 그러다 19세기 중반 이런 구시대적 위생 개념을 획기적으로 바꾸는 대사건이 터졌다.

중세시대에는 흑사병이 구대륙을 집어삼켜 거대한 침체기를 만들었으며, 대항해시대에는 천연두와 흑사병이 신대륙의 원주민들을 절멸하게 했다. 그리고 18세기에도 전 세계적인 대유행이 있었는데, 그것이 바로 콜레라였다. 콜레라는 원래 갠지스강 하류에만 있던 풍토병이었다. 인간은 내장에서 물을 흡수하지만, 만약 대장에서 오염물질을 발견하면 즉시 내장이 흡수하던 물을 다시 배출해 오염물질을 물로 씻어내려고 한다. 더불어 이도 부족하면 혈액에 있는 물도 총동원해 밖으로 빼낸다. 구토와 설사로 염물질이 몸 밖으로 나가면 다시 물을 마시며 수분을 유지한다.

여기서 문제는 번식과 생활반경을 확장하려는 콜레라균은 일부러 설사를 유도한다는 데 있다. 콜레라균은 물에 살기 때문에 일부러 생명체가 더 많은 물을 배출하게 유도하며, 밖으로 나가서 새로운 정착지에 서식한다. 그리고 이미 내장에 콜레라균이 엄청나게 번식해서 설사를 수없이 반복해도 콜레라균이 계속 남아서 설사를 유도한다. 결국 콜레라균에 감염된 인간은 온몸에 있는 물을 다 배출하고 죽는다. 더 무서운 점은 콜레라는 잠복기간이 5일인데, 이 잠복기간 동안에는 감기 등 가벼운 증상조차 없이 멀쩡하다는 데 있다. 발현 시기가 오면 환자는 바로 구토와 설사를 하고 6시간만에 죽어버릴 정도 무서운 병이다.

사람들이 물을 보충해도 콜레라균은 이미 장내 세포를 교란해서, 물을 흡수하지 않고 배출만 하게 만든다. 그 때문에 물을 아무리 마셔도 수분 보충을 충분히 하지 못하고 죽어버린다. 다시 말해 설사가 시작되면 어떤 짓을 해도 무조건 죽는다. 예로부터 콜레라는 갠지스강에 서식하는 풍토병이었으며, 벵갈 지역에서는 매년 수많은 사람이 콜레라로 사망했다. 벵갈에 인구가 얼마나 있냐에 따라 콜레라가 기승을 부리거나 잠잠해지기를 몇 백 년 동안 지속됐다.

1600년부터 대영제국은 갠지스강 하류인 벵갈 지역을 식민지배하기 시작했고, 1757년 이후 인도 전체를 대영제국 동인도 회사가 지배하면서 수많은 영국인이 벵갈 지역으로 모였다. 그러면서 벵갈 지역에 인구가 예전보다 더 많아졌으며 엄청난 양의 인간 숙주가 생기자, 콜레라균이 증식하고 강력해져 1800년 이후에는 치명적인 감염병이 되었다. 콜레라는 1817년 1차 대유행했으며, 1826년 2차 대유행, 1846년 3차 대유행이 일어나 전 세계를 휩쓸었다.

콜레라는 전 세계 사람들을 충격에 빠뜨렸다. 어느 날 갑자기 한 사람이 쓰러지더니 계속 물을 토하고 설사만 하고, 심지어 물을 떠먹이려 해도 물을 삼키지 못하더니 진이 빠져 죽었다. 이런 현상이 여기저기에서 발생하자 사람들은 공포에 빠졌다. 그것도 설사를 시작한 지 6시간이라는 짧은 시간에 죽었고, 물을 먹여도 계속 물을 뱉고는 죽었기에 어떻게 대처하지도 못했다. 더 큰 공포는 어쩌다가 사람이 그렇게 되었는지에 대한 원인을 아무도 모른다는 것이었다. 심지어 근원지 갠지스강의 사람들도 콜레라 발생 원인을 몰라 그저 신의 저주라고 생각했다.

1차 대유행과 2차 대유행으로 수많은 사람이 죽었을 때, 어느 사람도 이를 방지하거나 조치하지 못했다. 1차 대유행에 사람들은 처음 보는 감염병에 모두 공포에 빠져 집 밖을 나가지 않았지만, 집 안에 있어도 감염되어 사망하자 질겁하며 어찌할 바를 몰랐다. 2차 대유행에는 유럽 의사들이 콜레라를 연구하기 시작했다. 의사들은 콜레라 환자 바로 옆에 있어도 의사 본인이 죽지

19세기 런던 콜레라의 원인이 된 물 펌프

않는다는 것을 발견하고, 콜레라는 공기 중으로 전파되는 병은 아니라는 것을 깨달았다. 그런데도 이 병의 원인을 몰랐다.

1846년 더 강력해진 콜레라가 세계 곳곳에 나타나면서 이전보다 더 많은 사람의 목숨을 앗아갔다. 이에 수많은 연구진이 이 질병을 정복하기 위해 연구에 뛰어들었다. 대영제국의 마취의학과 의사 존 스노우도 이 연구에 뛰어들었다. 1854년 런던 소호에서 콜레라가 시작되어 대유행했다. 그는 이를 보고 런던 소호를 연구해 콜레라 원인을 규명하려고 했다. 존 스노우는 런던 소호 지도를 그린 후 콜레라로 사망한 사람들의 위치를 작성했다. 그는 콜레라 발생 지도로 콜레라 진원지를 찾으려고 했는데, 이 조사가 세계 최초 역학조사였다. 존 스노우는 콜레라 지도를 작성하고 사망자의 공통점을 조사하자, 브로드가에 있는 펌프에서 나온 물을 마셨다는 공통점을 발견했다. 그는 즉시 브로드가의 펌프를 부숴 런던 콜레라 대유행을 막았다. 그 덕분에 런던은 콜레라에서 안전해졌으며 콜레라가 물을 통해 전염된다는 것이 알려졌다.

콜레라가 한바탕 지나간 후, 사람들은 상하수도 시스템이 필요함을 절실히 깨달았다. 이미 1802년 네덜란드에 상수도에 모래 필터를 설치해 상수를 깨끗하게 하려는 시도가 있었다. 하지만 여전히 많은 사람이 물을 굳이 정수할 필요성을 느끼지 못했으며, 심지어 상수도에 하수를 버리기까지했다. 결국 수질 위생이 엉망이었다. 그 결과로, 콜레라 대유행을 겪으면서, 상수도와 하수도를 완전 분리해야 한다는 학계의 주장에 큰 호응을 얻었다. 그래서 유럽 국가들은 상하수도를 처음부터 다시 만들었다. 그들은 기존에 쓰던 로마시대의 상하수도 대신 철강 파이프로 새로운 수도관을 만들어 상하수도를 만들었다. 그리고 상하수도에 모래 필터를 설치해 최대한 오염을 막았으며, 하수도 최대한 깨끗하게 유지하려고 노력했다.

특히 1700년대에 개발되었지만 외면 받은 수세식 좌변기와 화장실이 빛을 발했다. 이전에 수세식 화장실은 배 위에 오랫동안 있어야 하는 식민지 개척자들이나 쓰던 물건이었지만, 3차 콜레라 대유행 이후 가정집에 수세식 변기가 보급되었다. 한편 부자들은 따로 수도꼭지를 만들어 상수를 독점 사용했다. 3차 콜레라 대유행 이후 도시에서는 방 한 쪽에 변기가 설치되었고, 부자들은 변기뿐만 아니라 세면대, 목욕탕을 갖춘 화장실을 만들고 꾸몄다. 그래서 실내 화장실이 따로 존재한다는 것은 부유함을 상징하게 되었다.

국가도 다시는 감염병 대유행이 일어나지 않도록 위생에 투자했다. 국가는 거리에 폐수나 배설물을 버리면 처벌하는 법을 새로 개정함으로써, 사람들이 길거리를 깨끗하게 사용하게 했다. 그리고 의사들은 물론, 일반 시민에게도 위생에 대한 교육을 시행함으로써, 사람들이 위생관념을 가지게 했다. 그리고 물을 끓여 먹으면 미생물이 죽는다는 점을 널리 알려서, 물을 끓여 먹는 것을 장려했다. 특히 냉수 대신 홍차와 커피를 마실 것을 강조했는데, 귀족들의 고상한 음료였던 홍차와 커피는 귀족부터 평민까지 모두가 즐기는 음료로 자리 잡았다. 그 덕분에 거리는 깨끗해지고 냉수를 마시고 속 쓰림이 사라졌으며, 삶이 쾌적해져 사람들은 이전보다 훨씬 살기 좋아진 환경에 감탄했다.

예전에는 상처를 치료하는 과정에서 소독해야 한다는 개념이 없었다. 수술할 때는 손과 수술 도구를 대충 털어 먼지와 모래를 제거한 후 사용했는데, 그러자 수많은 환자들이 감염되어 패혈증으로 사망했다. 특히 산모들은 출산 후 패혈증으로 죽는

오스트리아-헝가리 제국의 산부인과 의사
이그나츠 제멜바이스

경우가 흔했다. 산모와 아기 모두 죽거나 산모가 죽어 어머니 없이 자라는 아이들이 많았다. 1847년 오스트리아-헝가리 제국의 산부인과 의사였던 이그나츠 제멜바이스는 사망한 산모를 부검했는데, 산모들이 출산과정에 생긴 상처에 감염되어 사망함을 발견했다. 그래서 그는 아기를 받는 산부인과 의사들의 손 씻기를 강조했다.

물론 그 당시 손 씻기는 비누로 손을 씻는 것이 아닌 단순히 물로 씻는 정도에 그쳤다. 그는 직접 행동으로 옮기면서 손 씻기를 강조했지만, 산부인과 학회는 산부인과 의사들을 산모를 죽이는 사람이라고 모독한다며 그를 비난하면서 해고했다. 그는 젊은 나이에 우울증에 걸려 40대 후반에 패혈증으로 사망하고 만다.

10년 후 프랑스 왕국의 생물학자 루이 파스퇴르는 현미경으로 미생물을 관찰하여 세균이 질병을 일으키는 존재임을 밝혀냈다. 나아가 손에 엄청나게 많은 세균이 살고 있음을 확인했다. 그리고 손을 씻으면 세균들이 많이 사라지고, 상처 부위에 침투하는 세균수도 적어 패혈증으로 사망할 확률이 매우 낮아짐을 밝혀냈다.

프랑스 생물학자 루이 파스퇴르

루이 파스퇴르의 멸균법 연구로 소독이 패혈증을 극복할 예방의학임이 밝혀지면서, 비누와 소독약이 집중적으로 개발되었다. 이 당시 소독약으로 도수가 높은 술이 사용되었으며, 또 다른 소독약도 개발되었다. 1853년 크림전쟁이 발발하자, 대영제국의 간호사 플로렌스 나이팅게일이 오스만 제국 수도인 콘스탄티니예에서 위생과 소독의 중요성을 대중에게 알렸다. 또한 플로렌스 나이팅게일은 영국군 사망원인 도표를 제작하여 발표함으로써, 손을 씻고 수술을 하면 환자 사망률이 급감함을 알렸다. 그러면서 그녀는 모든 간호사에게 손과 얼굴 씻기를 강조했다. 그녀의 업적 덕분에 위생 관념이 증가했으며, 수술 환경뿐만 아니라 일상생활에서도 사람들이 물로 손과 얼굴을 자주 씻는 습관을 갖도록 만들었다.

동시에 더 나은 소독약에 관한 관심이 증가했다. 1861년 남북전쟁 당시, 북군 군의관 미들턴 골드스미스는 브롬 액으로 상처를 소독해서 병사들의 목숨을 살렸다. 1865년 소독을 연구하던 스코틀랜드의 외과의사 조지프 리스터는 한 소년의 다친 다리를 페놀에 적신 붕대로 감아 추가 감염을 막았다. 이후 의사들은 손을 물로 씻은 후 면장갑을 끼고, 면장갑을 소독약에 적신 후에 수술을 진행했다. 그 덕분에 패혈증으로 사망하는 확률이 급감한다는 사실을 인식했다.

# 15

# 철골과 철근 콘크리트, 건축의 대혁신

인간 문명이 발달하고 상징적인 건축물들이 등장하면서, 인류는 높은 건축물을 지어도 단단하고 견고하여 무너지지 않으면서, 수천 년을 버틸 수 있는 건축 자재를 갈망했다. 고대 이집트인들은 석회를 물에 섞어 굳히는 시멘트를 개발하여, 이집트 신전 등 건축물에 활용했다. 이어 로마제국도 이집트 시멘트 기술을 수용하여 적극적으로 로마 건축물에 활용했다. 이 덕분에 이집트와 로마시대의 유적은 수많은 전쟁과 약탈, 파괴에도 비교적 온전히 남을 수 있었다. 하지만 시멘트를 적극적으로 활용

고대 로마시대 콘크리트 건물 표본인 파르테온 신전 안

한 서로마제국이 멸망하면서 그 기술이 유실되었다. 돔형 건축
기술을 보유한 동로마제국은 시멘트를 장식에 부분적으로 사용
하면서 시멘트 기술은 오랫동안 잊혔다.

　그러다 18세기 제국주의 시대에 등장한 부유한 자본가들은
자본력을 과시하려고 했다. 먼저 그들은 별장을 온통 대리석으
로 꾸몄으며 크고 화려하게 만들었다. 이를 위해서는 벽돌을 더
강력하게 접착시킬 자재가 필요했다. 그래서 자본가들은 건축공
학에 투자했으며, 수많은 연구가가 기적의 자재를 찾아다녔다.
연구가들은 고대 로마제국 시대의 시멘트 기술에 주목했으며,
수많은 실험을 통해 드디어 시멘트를 개발했다.

　1756년 대영제국의 토목공학자 존 스미턴은 석회와 화산재
를 물에 섞어 수경성 시멘트를 개발했다. 1796년 제임스 파커는

시멘트를 개발한 조셉 애스프딘

존 스미턴의 시멘트를 고온으로
제조한 후, 물과 시멘트 비율을
5:3으로 배합하여 단단한 로만
시멘트를 개발했다. 그 이후로
도 물과 시멘트의 배합 비율에
따른 강성을 연구하는 실험들이
진행되었다. 1824년 대영제국의
벽돌공인 조셉 애스프딘이 분말
로 분쇄된 석회석과 점토를 물
에 섞은 후 가마에서 소성하는 공법을 발명하면서, 현대적인 시
멘트를 최초로 개발했다. 그가 개발한 시멘트는 물과 열에 강하
고 매우 견고해 어떻게 쌓든 무너지지 않는 장점을 지니고 있었
으며, 어디서나 어느 형태로든 건축이 가능했다. 이 기적의 자재
는 바로 도로와 건축에 바로 활용되었다. 1851년 런던 공업박람
회에서 시멘트가 처음 알려진 후 프랑스 왕국, 프로이센 왕국,
미합중국, 일본제국이 시멘트 공법을 개량했다.

1871년 프랑스-프로이센 전쟁에서 프랑스가 치욕적인 패배
를 겪고 프랑스 제3공화국이 들어선 후, 모두의 관심은 프랑스
의 부활이었다. 게다가 프랑스-프로이센 전쟁에서 승리하면서
건국된 독일제국은 건국 직후, 기존에 있던 울름 대성당을 증축
하여 더 높은 첨탑을 쌓았다. 그래서 1880년 완공된 울름 대성
당은 161m로 세계에서 가장 높은 건축물이 되었으며, 독일제국

독일 바덴뷔르템베크의         미국의 워싱턴 기념탑
울름 대성당

에펠과 에펠탑 건립 과정

은 프랑스 제3공화국에게 울름 대성당을 과시하면서 유럽의 주
인은 독일제국이라고 엄포했다.

　한편 대서양 건너 미국도 마천루 경쟁에 뛰어들었다. 미국은
독립의 아버지 조지 워싱턴을 기념하여 워싱턴 기념탑을 건축
하려고 했다. 하지만 워싱턴 기념탑은 남북전쟁으로 건립이 지
연되었다가, 1885년 169m으로 완성되면서 세계에서 가장 높은
탑이 되었다. 워싱턴 기념탑은 대리석과 사암 벽돌로 건축됐으
며, 엘리베이터를 설치해서 정상에서 작은 구멍으로 주변을 둘
러볼 수 있게 했다. 독일제국과 미국의 마천루 경쟁에 자극받은
프랑스 제3공화국도 마천루 건설에 뛰어들었다. 이때 프랑스 마
천루를 책임진 사람이 귀스타브 에펠이었다.

　그는 프랑스의 최고 건축공학자로, 프랑스 제3공화국 정부에게서 1889년에 열릴 파리만국박람회에 선보일 압도적인 마천루를 지으라는 의뢰받았다. 이에 그는 당시 첨단 기술이었던 철골 구조물로 마천루를 짓기로 했다. 철골 건축물은 다른 건축물보다 무게가 가벼워서 하중을 크게 받지 않기에 더 높이 지을 수 있었다. 에펠은 1887년 오로지 철골로만 짓는 에펠탑을 건축하기 시작하여, 1889년 높이 300m라는 압도적인 마천루를 완공했다. 이 에펠탑은 파리만국박람회에 전시되어 철골 건축의 가능성을 전 세계에 널리 알린 동시에, 프랑스 제3공화국의 국력을 전 세계에 과시했다.

에펠탑은 본디 파리만국박람회의 폐막 이후 20년 후에 철거될 예정이었다. 게다가 파리 시민들은 철만 앙상한 에펠탑이 흉물이라며 많은 비난을 하는 바람에 에펠탑은 철거될 예정이었다. 하지만 에펠은 프랑스군에게 에펠탑은 훌륭한 통신중계탑으로 파리에서 독일제국 국경까지 통신할 수 있다고 설명하며 겨우 철거를 막아냈다. 실제로 지금도 에펠탑은 프랑스 라디오 방송기지로 사용되고 있다. 이렇게 철골 건축의 무한한 가능성, 다시 말해 마천루 시대를 알린 에펠탑은 지금 파리의 상징으로 많은 이의 사랑을 받고 있다.

유럽과 달리 별다른 건축적 상징이 없던 미국은, 마천루를 미국의 상징으로 결정하면서, 수많은 마천루를 지었다. 에펠탑 등장 이후 미국 건축공학자들은 경쟁적으로 철골 건축물을 지었다. 1909년 뉴욕에서 186m 마천루인 싱어 빌딩을 시작으로 연이어 수많은 철골 마천루가 등장했다. 이 때문에 1909년부터 시작된 마천루 경쟁으로 뉴욕은 마천루로 둘러싼 빌딩 숲이 되었다. 별다른 관광지가 없던 미국은 외국에 미국의 저력을 보여주는 장소로 뉴욕을 소개했다. 이때부터 뉴욕은 미국 전체를 대표하는 도시이자 명소가 되었으며, 뉴욕에서 마천루 경쟁은 끝이 나지 않았다.

1867년 프랑스 왕국에서 자갈과 모래, 물을 배합한 시멘트보다 더 강력한 콘크리트가 개발되었다. 이는 벽돌과 시멘트를 일일이 만들어 건물을 지을 필요 없이 바로 콘크리트를 부어 건물을 지을 수 있음을 의미했다. 상대적으로 흐물흐물한 시멘트와 달리, 콘크리트는 견고해서 잘 무너지지 않았다. 게다가 화재에 강하고 단열도 잘 되었으며, 하늘에서 무엇이 떨어지든 견고했다. 벌레들이 갉아먹지도 못하고 이끼가 끼지 못해 안정성과 위생에서 그 어떤 건축기술보다 상위호환이었다. 그래서 콘크리트는 개발 직후 건축 패러다임을 변화시킬 건축자재라는 칭송을 받았다.

그러나 딱 한 가지 치명적인 한계는 바로 인장강도가 약하다는 것이었다. 다시 말해 콘크리트는 잡아당기면서 버티는 힘이 부족했다. 그래서 다리 양쪽에서 잡아당겨 버티는 부분이 약해지는 바람에, 콘크리트 다리가 무너지는 사고들이 발생했다. 그래서 이 인장강도를 강화하는 법이 연구되었으며, 프랑스 왕국에서 콘크리트 안에 철근을 넣는 철근 콘크리트 공법이 개발되

Singer Building (in constr.).
New York.

미국 뉴욕의
마천루 싱어 빌딩

1910년대 뉴욕의
마천루 경쟁

었다. 단단한 금속인 철근은 인장력을 발휘하면서, 콘크리트가 허술하게 무너지지 않고 버티게 해주었다. 게다가 철근 콘크리트는 작은 지진에도 버티는 엄청난 안정성을 보였다. 1867년 정식으로 철근 콘크리트 공법이 세상에 알려졌으며, 독일제국은 프랑스 왕국에서 개발된 철근 콘크리트 공법에 관심을 가지고 집중적으로 연구했다.

프랑스 제3공화국과 독일제국에서 철근 콘크리트 공법에 관한 연구가 활발하게 진행되었지만, 정작 그 건축물의 실험 장소는 미국이 되었다. 미국 각지에서 철근 콘크리트 건축물이 세워졌는데, 1903년 신시내티에서 세계 최초의 철근 콘크리트 마천루인 13층의 잉겔스 빌딩이 건축되었다. 당시로선 꽤 높고 큰 빌딩이었던 잉겔스 빌딩은 모두의 우려와 달리 튼튼했기에, 사람들은 철근 콘크리트를 안전한 건물로 여겼다. 또 철근 콘크리트는 매우 튼튼해서 외부 충격을 받아도 잘 무너지지 않았기에, 창고와 방공호로 널리 사용되었다. 미국에서 최초로 사용된 철근 콘크리트 구조물이 석유 저장고였는데, 석유가 폭발해도 건물 전체가 화재 등으로 파괴를 당하지 않도록 지어졌다. 이후 각종 위험한 화학물질을 저장하는 장소로 철근 콘크리트 창고가 사용되었으며, 각국 군대는 포격에서 몸을 숨기는 방공호를 철근 콘크리트로 지어 방어력을 강화했다.

원래 아파트는 건물을 대충 높이 짓고 작은 방에 사람이 들어가 사는 새장 같은 건물이었다. 하지만 루이 14세가 프랑스에 고급 아파트를 지으라는 명령을 내리면서, 18세기 파리에 아파트가 들어섰다. 그리고 1840년부터 아파트 투기광풍이 불면서 프랑스 파리를 비롯한 리옹, 마르세유 등에 수많은 아파트가 들어섰다. 이 당시 아파트는 부르주아들의 고급 주택이었는데, 벽돌로 4~6층을 지은 후 다양한 장식으로 화려하게 마감했다. 제일 높은 층에는 부르주아가, 아래층에는 하인이 사는 것으로 거주지를 정했다. 이는 신분제도가 견고하다는 의미도 있었지만, 벽돌 건축을 더 높게 지을 수 없었기 때문이었다.

한편 벨기에 왕국 출신인 페레 삼형제는 철근 콘크리트로 건물을 더 높이 지을 수 있음을 알았으며, 높고 큰 아파트를 지어 더 많은 사람이 살 수 있기를 바랐다. 그래서 그들은 파리에 고층 아파트를 지으려고 했다. 하지만 그들의 아버지가 아들들의 이런 계획을 반대했기에, 아버지 사후에나 철근 콘크리트 아파트를 지을 수 있었다. 1903년 페레 삼형제는 파리 벤저민 프랭클린가 25번지에 새로운 아파트를 지었다. 이는 세계 최초의 10층 아파트이자 철근 콘크리트 아파트였다. 이후 많은 아파트가 철근 콘크리트 공법으로 더 높이, 더 크게 건축되기 시작했다.

철근 콘크리트는 아직 불완전했지만, 형태를 자유자재로 다룰 수 있는 시멘트와 콘크리트가 등장했기에 건축장식을 원하는 형태로 마음껏 꾸밀 수 있었다. 그래서 대리석을 일일이 깎아 만드는 조각기법 대신, 시멘트를 발라 형태를 잡는 기법이 등장했다. 깎는 것보다 만드는 것이 더 쉽고 빠르며 저렴했기에 건

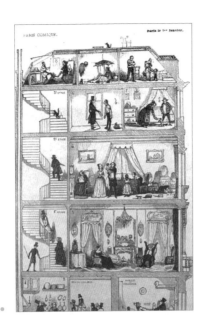

19세기 프랑스 아파트
의 구조도

페레 삼형제가 건립한 벤저민
프랭클린 25번가 아파트

축물에 수많은 조각이 새겨졌다. 자본가들은 꽃과 나무 넝쿨 모양의 비틀어진 시멘트 조각을 좋아했으며, 르네상스 시기에 유행한 조각상들을 주문하기도 했다. 게다가 콘크리트는 벽돌이나 나무와는 차원이 다른 견고함과 안정성을 갖추었기에, 콘크리트 위에 어떤 조각을 설치해도 멀쩡했다.

그래서 자본가들은 조각으로 꾸민 건축물을 주문했으며, 그것이 곧 유행되었다. 아르누보 양식으로 지어진 건축물은 이전과는 차원이 다른 건축 속도와 저렴한 가격을 자랑했다. 돌이나 나무를 깎는 일처럼 많은 시간과 비용을 투자할 필요가 없었다. 철근과 콘크리트로 원하는 형태로 만들고 벽면 장식만 시멘트로 조형하기만 하면 되었다. 그 때문에 전문 기술을 가진 장인은 조형물을 만들고, 나머지는 일반 노동자들이 건축했다. 건축단가는 말도 안 되게 저렴해지면서, 결과물은 크고 화려하며 웅장했다. 그리고 뼈대인 콘크리트를 자유롭게 사용하여 다양한 형태를 잡을 수 있다 보니, 화려한 유리 공예와 유리 조각 등

프랑스 아르누보 건물 ⓒ 장 피에르 달베라

새로운 건축기법들이 등장하게 되었다.

　19세기부터 20세기 초반까지 여러 유리 조각으로 화려하게 꾸미고 금박을 씌워 아름답게 만든 장식 건축물이 유행했다. 사람들은 어떤 조각품이든 아름다우면 좋은 것으로 생각했다. 19세기 중반부터 건축은 새로운 낭만주의의 기조를 따랐고, 이를 프랑스에서 새로운 예술이라는 뜻으로 아르누보라 불렀다. 밤에는 아름다운 건축물에 다양한 색의 전구들로 꾸미면서, 이전에는 상상할 수 없었던 밤의 아름다운 모습을 연출하면서 사람들을 놀라게 했다. 아르누보 시대는 꿈과 희망만이 흐르는 낭만의 시대였다. 그렇기에 사람들은 앞으로도 세상은 꾸준히 발전하면서 인간은 더욱 행복할 것이라고 낙관했다.

# 16

# 낭만의 시대,
## 환희로 가득 찬 길

18세기 산업혁명으로 태동한 자본주의는 은행돈으로 각종 투자를 진행하면서 기술발전 속도에 박차를 가했다. 순전히 자신의 돈이나 귀족의 후원으로 발명을 하던 한두 명의 발명가들은 사라지고, 국가와 기업이 은행돈을 막대하게 빌려서, 수많은 공학자들이 연구에 집념할 수 있도록 아낌없이 지원했다. 그 결과, 혁신적인 기술들이 쏟아져나왔으며, 자본주의 국가들은 그렇지 않은 나라들보다 엄청나게 빨리 발전하고 격차를 벌렸다. 그리고 자본가와 국가는 신제품들을 시장에 팔면서 채무를 탕

프랑스 부르주아 향락문화를 엿볼 수 있는 그림
르느아르의 <물랭 드 라 갈레트의 무도회>(1876)

감한 후에도 더 큰 빚으로 재투자를 하여 끊임없는 혁신과 발전
을 거듭했다. 이렇게 벌어들인 돈으로 자본가들은 일하지 않아
도 다시 돈을 버는 부익부 현상이 생겼다.

그러자 자본가들은 사치스러운 생활을 하면서 부를 과시
했다. 19세기에는 전기의 등장으로 밤에도 집을 환하게 밝히고,
축음기로 클래식을 언제나 원하는 시간에 들을 수 있었다. 더불
어 식민지에서 가져온 다양하고 좋은 제품들을 집에 들여 안락
한 삶을 즐겼다. 또한 신기하고 재미있는 신제품들을 수집하는
것을 취미로 삼았으며, 사교 모임에서 인맥을 쌓고 더 많은 부를
창출할 수 있었다.

콜레라 대유행 이후 거리는 깨끗해져 나들이하기에도 좋았
으며, 마차와 노면전차, 자동차 들이 지나다니면서 이동도 편리

해졌다. 더욱 놀라운 것은 이제 더 적은 돈으로 더 크고 화려한 건축물을 지을 수 있다는 점이었다. 시멘트 공법으로 조형예술이 폭발적인 성장을 하면서, 자본가들은 마음껏 그들의 취향에 따라 최대한 화려한 조형물을 주문했다. 이 기조가 예술계 전체로 퍼져 아르누보라는 새로운 예술양식을 만들었고, 자본가들은 이를 적극적으로 후원했다. 자본가들은 아르누보를 선호하여 뭐든지 예쁘게 만들 것을 주문했다. 이에 수많은 예술가가 아름다운 그림을 그리고 부드러운 클래식 음악을 작곡했다. 예술은 온통 부드럽고 아름다운 작품뿐이었고, 자본가들은 이런 예술에 만족하며 미를 음미했다.

대영제국, 프랑스 제3공화국, 독일제국, 오스트리아-헝가리 제국에는 19세기부터 20세기 초까지 온통 낭만이 흐르는 시대를 맞이했다. 이때 자본주의는 절정을 달렸으며, 자본가들은 평생 놀고먹고 고급스러운 그림과 가구 들을 마음껏 수집해도 돈이 남아도는 환상적인 삶을 살았다. 대영제국은 1837년부터 1901년까지 빅토리아 시대 동안 세계 최강대국 지위를 누렸으며 세계의 선구자를 자처했다. 대영제국은 세계 질서를 주도하는 팍스 브리타니카Pax Britannica로 엄청난 자부심을 느꼈다. 더불어 대영제국 자본가들도 더할 나위 없는 좋은 인생을 누렸으며, 대영제국에 오랜 평화가 지속되었다.

한편 1880년 프랑스 제3공화국은 프랑스-프로이센 전쟁의 패배라는 충격과 파리코뮌이라는 혼란을 거친 후에, 사회가 조

대영제국 빅토리아 시대        독일제국 빌헬름 시대

금씩 안정되기 시작했다. 프랑스 제3공화국은 식민지에서 막대한 자원을 착취하기 시작했으며, 그 부를 예술에 집중적으로 투자하면서 파리를 아름답게 꾸몄다. 이때가 벨 에포크 시대. 이 시기 동안 프랑스 제3공화국은 패션, 건축, 미술, 음악, 전기산업, 자동차·항공 산업을 주도했다. 프랑스 제3공화국은 일부 분야에서 대영제국을 능가했으며, 1889년 파리에서 만국박람회를 유치하면서 그동안 구겨졌던 프랑스의 자존심을 회복했다.

빌헬름 시대로 비스마르크 재위 기간 동안 국가 기반을 착실하게 쌓은 독일제국은, 빌헬름 2세가 카이저로 등극한 이후 그 결실을 보았다. 이 시기 동안 독일제국은 전 국민이 카이저 빌헬름 2세 아래 강하게 뭉쳤으며, 자국에 대한 자부심이 엄청났다. 또한 전 세계 노벨상과 특허를 독일제국의 인재들이 쓸어 담았다. 신기술을 독일제국이 주도하자, 독일제국 신민들은 더 강한 국가적 자부심을 느꼈으며, 카이저와 독일을 위해 목숨마저 기꺼이 바칠 것을 맹세했다. 전 국민이 한데 뭉쳐 제 역할을 충실히 해내자, 독일제국 국력은 대영제국의 국력을 거의 따라잡았으며, 개개인의 경제력은 대영제국을 추월했다.

오스트리아-헝가리 제국에는 국정을 훌륭하게 수행하는 프란츠 요제프 1세가 카이저로 재임하여 제국을 이끌었다. 프란츠 요제프 1세는 각종 갈등과 위기를 현명하게 해결하여 제국 내 평화를 가져다주었으며, 수많은 민족의 요구를 모두 들어주면서 민족들 끼리 싸우지 않고 함께 평화를 공유할 수 있게 했다. 이

프란츠 요제프 1세를 환영한 신민들
루트비히 코흐의 <황제의 감사>(1915)

에 여러 민족은 서로를 차별하지 않고 모두 동등하게 대하는 카
이저에게 반했으며, 그에게 열렬한 충성심을 바쳤다. 다문화제
국이었던 오스트리아-헝가리 제국에는 갈등요소들이 있었다.

하지만 대영제국과 식민지들이 빅토리아 여왕을 중심으로 뭉쳤듯이, 오스트리아-헝가리 제국 신민들은 카이저 프란츠 요제프 1세를 중심으로 뭉쳤다. 신민들은 서로 언어가 달라 소통이 되지 않아도, 프란츠 요제프 1세를 우러러보면서 존경하는 카이저의 신민이라는 것에 깊은 자부심을 느꼈다. 이렇게 오스트리아-헝가리 제국은 카이저의 보호 아래 모든 민족과 계급이 평화를 누렸다.

19세기부터 20세기 초 유럽의 부르주아와 지식인 들은 환희로 가득했으며, 밝은 미래와 자신의 행동에 확신을 가졌다. 예술가들은 낭만과 인간의 아름다운 이성을 찬미했으며, 철학자들은 인간의 이성이 유토피아를 만들어냈다고 주장했다. 인간의 이성을 극찬했으며, 이성뿐만 아니라 인간의 감성 역시 숭고함을 예찬했다. 특히 욕망에 충실한 자본가들은 감성에 솔직한 것을 예찬하는 낭만주의에 푹 빠졌으며, 모든 것을 낭만주의로 해석하려고 했다. 그들의 삶은 환희로 가득 찼고 언제나 즐거웠다.

하지만 사람의 욕심은 끝이 없었고, 부르주아들은 현실을 즐기는 것을 넘어 점점 더 많은 부에 집착하기 시작했다. 이들은 경쟁자보다 우위에 서기를 원했고, 다른 기업보다 더 좋은 제품을 만들고 신기술을 선도하며, 특허를 소유해 라이센스로 돈을 벌기를 원했다. 그래서 다 함께 신제품을 공유하던 낭만주의 시대는 표면적으로는 유지하되, 그 이면에서는 경쟁이 치열해져 갔다. 부르주아들은 다른 기업보다 더 나은 기술을 보유하려고 투자를 했으며, 심지어 다른 기업이 있는 상대국을 군사력으로 누르기 위해서 군대와 결탁하여 군사기술에도 집중적으로 투자했다. 19세기 말부터 20세기 초까지 아름다운 유럽의 모습 뒤로 치열한 기술경쟁이 일어났다. 그 경쟁은 더 비약적인 기술발전을 이뤘다.

# 17

# 산업경쟁,
## 경제력과 국력이 되다

　17세기 후반 시작된 산업혁명 이후 기술발전은 곧 공장을 세우고, 제품을 대량생산하고 판매하며, 경제력을 폭발적으로 성장시켰다. 1년 동안 농사를 짓고 추수기에 정산을 하는 농업은, 매순간 대량의 제품을 생산하고 판매하여 차익을 벌어들이는 산업을 도저히 이기지 못했다. 그렇게 산업국가의 자본력은 농경국가를 아득히 추월했다. 또한 국가가 뭔가를 하려면 세금으로 해야 했는데, 산업국가는 막대한 이윤을 얻는 만큼 거둬들이는 세금양도 많았다. 결국 국고가 압도적으로 많았기에 농경국

세계 바다를 지배한 대영제국 왕립해군

가는 꿈도 꾸지 못하는 사업을 할 수 있었다.

그렇기에 산업국가들은 더 큰 발전을 위해 산업에 막대한 투자를 했다. 산업혁명을 시작한 대영제국은 산업화로 넘쳐나는 자본을 즉각 해군력 증강에 투입하여 전 세계에서 가장 많은 군함을 양성했다. 이처럼 압도적으로 많은 군함을 지중해, 대서양, 인도양에 투입하여, 포르투갈 해군, 스페인 제국 해군, 인도 해군, 심지어는 일본 왜구들을 토벌하고 아시아-아프리카-유럽-아메리카를 잇는 세계 해상 무역로를 장악했다.

한편 대영제국은 어느 국가나 자유롭게 시장을 개방하고 자유로운 물품거래를 하게 했는데, 사실 그 이면에는 대량생산 덕분에 싼 대영제국산 제품을 다른 나라에서 독점적으로 판매하기 위한 전략이 숨어 있었다. 결국 다른 나라들은 압도적인 대영제국 왕립해군력에 굴복하고 자유무역을 따라야 했다. 심지어 이를 거부한 중국도 아편전쟁으로 문을 열어야 했다. 이처럼 대영제국이 독주하자 다른 유럽 국가들도 서둘러 산업혁명에 뛰어들었다.

　나폴레옹 전쟁에서 대영제국에 완패한 프랑스 왕국은 산업혁명에 뒤늦게 뛰어들었으며, 오스트리아 제국에 이어 러시아 제국도 산업혁명에 동참했다. 대서양 건너 언제 대영제국이 다시 침공할지 몰라서 두려움에 떨던 미국도 산업혁명에 뛰어들었다. 그야말로 세계는 대영제국을 선두로 프랑스 왕국, 오스트리아 제국, 러시아 제국, 미국이 산업국가로 성장했다. 대영제국은 자유주의를 표방한 국가였기에 자신이 보유하던 기술을 세계 곳곳에 알렸고, 그 덕분에 다른 국가들은 대영제국을 모방

대영제국과 프랑스의 식민지 쟁탈전을 풍자한 그림
제임스 길레이의 <자두 푸딩이 위험하다>(1805)

하면서 손쉽게 산업화에 성공할 수 있었다. 물론 러시아 제국에는 여전히 농노가 존재했고 민족정체성도 없었으며, 사람들이 동등하다는 사상을 받아들이지 못해 산업화 속도가 느렸지만, 어찌 되었든 산업화가 시작되었다.

한편 18세기부터 19세기까지 대영제국, 프랑스 왕국, 오스트리아 제국, 러시아 제국, 미국은 서로 새로운 과학과 공학 기술을 공유하면서, 함께 식민지를 확장하며 서로 도움이 되는 전략으로 펼쳐나갔다. 여러 제국주의 국가들이 식민지를 나눠 가지며 함께 성장을 꾀했지만, 대영제국은 압도적인 1위 자리를 지키려고 했으며 이를 방해하는 국가들은 바로 응징했다. 또한 대영제국은 미국을 꼭두각시로 내세워 대서양을 지배하려고 했다. 아메리카 문제에는 미국만 개입한다는 먼로 독트린을 허용하면서, 미국을 대영제국의 질서를 수호하는 충직한 부하로 만들려고 했다.

하지만 식민지가 없었던 독일제국의 재상 오토 폰 비스마르크는 식민지 투자를 포기하고, 본국 내 산업역량 강화에 집중적으로 투자했다. 비스마르크의 작전은 대영제국보다 더 강한 산업력과 기술력을 보유하는 것이었다. 그래서 그는 독일제국 대학을 양성하여 인재육성에 힘썼으며, 과학과 공학 기술에 막대한 투자를 했다. 1800년대 후반 비스마르크의 성과가 눈에 띄면서, 독일제국은 미국과 함께 세계에서 특허를 가장 많이 내고 기술혁신을 선도하는 강대국으로 성장했다. 기술을 공유했던 다른 나라와 달리, 독일제국은 보유한 기술을 안보산업으로 규정하면서 기밀에 부쳐 다른 나라들이 모르게 했다.

한편 독일제국은 오스트리아–헝가리 제국과 경제·정치 교류를 활발히 하여 함께 성장했다. 1871년 독일제국이 건국되고 1890년이 되기도 전, 다시 말해 20년도 되지 않아 독일제국의 GDP는 프랑스 제3공화국 GDP를 추월했다. 오스트리아–헝가리 제국의 GDP는 러시아 제국 GDP를 추월했다. 1910년 이후 독일제국이 대영제국 코앞까지 성장하자 대영제국은 매우 놀랐다. 대영제국은 식민자본주의에 익숙해져 품질은 낮고 가격은 터무니없이 비싼 바가지 상품을 양산하는 데 안주했는데, 독일제국은 고품질·저비용을 내세운 제품들을 세계에 팔았다. 자연

대영제국에 반하여 전쟁을 준비하는 비스마르크를 풍자한 그림

스럽게 대영제국의 상품은 유럽과 아메리카 시장에서 퇴출되었으며, 독일제국의 상품이 세계적인 인기를 얻게 되었다.

더불어 대영제국의 제품은 구시대 제품이었고, 독일제국의 제품은 놀라운 성능을 선보이며 소비자들을 현혹했다. 독일제국은 수출 주도로 무섭게 성장했다. 이에 질세라 대영제국은 대영제국 소유의 식민지에 제품을 강매하면서, 어떻게든 수출량을 늘리고 GDP를 성장시키려 했다. 대영제국은 인도라는 엄청난 시장이 있었기에, 인도 위주로 식민지 경제력을 착취하면서 본토 경제력을 상승시키려 했다.

그에 반해, 독일제국은 제품의 질로 승부를 봤다. 결국 세계시장을 통제한 대영제국도 독일제국의 제품을 선호하는 것을 막지는 못했다. 1900년 독일제국은 무서운 속도로 경제력을 향상했다. 하지만 1904년 대영제국의 포위망을 뚫고 세계적인 강대국으로 자리 잡기 위해서는 강력한 해군이 필요하다는 판단에 따라 국가재정을 해군건함에 투자했다. 이에 질세라 대영제국도 국가재정의 상당수를 해군건함에 투자했다. 1912년 독일제국은 너무 많은 국가재정을 해군에 소모하자 이를 멈췄다. 그럼에도 독일제국과 대영제국은 유럽에서 경제력이 가장 강한 양대산맥으로 남게 되었다.

19세기 말에도 유럽 국가들과 미국은 서로 먼저 신기술을 확보하려는 경쟁을 벌였다. 신기술 경쟁의 목적은 세계 시장에서 우위를 점하려는 데 있었다. 심지어 군사기술들도 먼저 출시한 쪽이 다른 나라에 병기와 설계도를 팔아 생산을 허용했다. 그들은 단지 돈을 더 많이 벌면 되었으며, 국가안보는 그다지 신경을 쓰지 않았다. 그 덕분에 19세기부터 20세기 초반까지 기술은 미친 속도로 혁신을 거듭했으며, 산업국가들이 다 함께 엄청난 기술력을 보유할 수 있었다. 하지만 프랑스 제3공화국과 대영제국은 보유 기술을 외부에 알리지 않았던 독일제국의 기술력에 대해 정확히 몰랐기에 막역한 두려움을 품었다. 이에 프랑스 제3공화국과 대영제국은 자국 기술들도 국가기밀에 부치며 독일제국에 대항했다.

독일제국은 오스트리아-헝가리 제국과 연합하여 기술을 공유하면서, 그들만의 리그를 형성했다. 오스트리아-헝가리 제국도 빈대학에서 수많은 공학인재들을 양성했으며, 독일제국 못지 않은 신기술을 향상했다. 반면 프랑스 제3공화국은 이탈리아 왕국과 러시아 제국, 발칸반도 신생국에 기술을 전파하면서, 독일 제국을 대응하는 포위망을 형성했다. 반면 미국은 어차피 대서양 건너 아메리카 대륙에 있는 나라였기에 새로운 기술이 나오면 특허를 등록하고, 라이센스를 대영제국이든, 프랑스 제3공화국이든, 독일제국이든 가리지 않고 판매했다.

# 18

# 유럽 국가별
## 성장

18세기부터 19세기 초반까지 유럽은 4개 강대국이 균형을 이뤘다. 서유럽에는 대영제국과 프랑스 왕국이 연합해 동유럽을 견제했고, 동유럽에는 오스트리아 제국과 러시아 제국이 연합해 서유럽을 견제했다. 당시 유럽 최강대국인 4개 제국은 서로 견제하고 수시로 전쟁을 일으켜 상대 전력을 약화시켰지만, 서로 직접 충돌하는 것을 꺼렸다. 그래서 서유럽 제국과 동유럽 제국은 그들 사이에 독일 소국, 스위스, 이탈리아 국가들을 끼고 있었는데, 전쟁을 하더라도 이들 국가에서 전쟁을 벌였다. 독일

소국과 이탈리아 국가 들을 분열시켜 힘이 약한 상태로 유지하면서 자신들에게 위협이 되지 않는 방파제로 활용했다. 이 덕분에 피해는 독일 소국과 이탈리아 국가 들의 몫이었다. 프랑스 왕국과 오스트리아 제국의 전쟁으로 이탈리아는 화려한 르네상스 시기를 마감하면서 황폐해졌다. 4개 제국이 충돌한 7년 전쟁으로 독일 소국들은 걷잡을 수 없는 피해를 보았으며, 프로이센 왕국만 겨우 살아남았다.

독일과 이탈리아는 유럽 강대국들의 전쟁터 신세를 한탄하면서, 전쟁터가 되지 않기 위해서는 더 큰 국가로 통일을 해야한다고 생각하여 통일전쟁을 벌였다. 1871년 독일이 독일제국으로 통일되고, 이탈리아가 이탈리아 왕국으로 통일되었다. 이는 4개 강대국에게 비상이었다. 독일은 통일을 반대하던 오스트리아와 프랑스를 굴복시켰으며, 러시아와 친하게 지내면서 동유럽 세력에 가담하여 서유럽 강대국인 프랑스 제3공화국과 대영제국을 위협했다. 이탈리아 왕국은 프랑스 제3공화국의 후원을 받으며 오스트리아-헝가리 제국을 위협했다. 이에 독일제국의 재상 비스마르크는 프랑스 제3공화국을 포위하기 위해 독일제국, 오스트리아-헝가리 제국, 이탈리아 왕국 3국 동맹을 맺으면서, 배후에 러시아 제국을 두었다. 이때부터 다시 한 번 유럽에 전쟁기운이 돌았고, 유럽 강대국들은 전쟁을 대비하면서 전쟁에 필요한 기술들을 개발했다.

19세기 중반 전기학이 폭발적으로 성장하면서 전기를 에너지원으로 하는 기술과, 전자기학을 이용한 기술이 대거 등장했다. 또한 유럽 강대국은 대학교에 적극적인 투자를 하여 공학기술을 발전시켰으며, 그 기술을 공장과 군대에 투입해 경제력과 군사력을 키웠다. 대영제국, 프랑스 제3공화국, 독일제국, 오스트리아-헝가리 제국, 이탈리아 왕국, 러시아 제국이 전쟁을 대비하기 위해 국력향상에 무한경쟁을 벌였다. 이 중 이탈리아 왕국과 러시아 제국은 아직 산업기반이 후진적이어서 기술경쟁에서 밀려났다. 결국 대영제국, 프랑스 제3공화국, 독일제국, 오스트리아-헝가리 제국 4개 강대국이 기술경쟁의 선두에서 우위를 다투었다. 그러면서도 강대국들은 철저히 자본주의의 원리에 따라, 신기술을 시장에 내놓아 비싼 값에 판매함으로써 서로 기술을 공유했다.

대영제국은 19세기 이전부터 강력한 왕립해군의 보호 아래 가능했던 자유무역을 통해 압도적인 국력을 보유했으며, 전 세계 인재들을 끌어모아 대학교에서 가르치고, 최상의 기술력을 개발하고 발전시켰다. 많은 식민지를 보유한 대영제국은 인종차별이 당시로써는 약한 나라였기에, 식민지인들 가운데 똑똑한 인재들을 본토 대학교에서 수학하게 하여 대영제국에 충성하는 인재로 만들었다. 인도, 오스트레일리아 연방, 남아프리카 연방, 이집트 왕국, 캐나다, 나이지리아 등 대영제국 식민지의 인재들은, 케임브리지 대학교와 옥스퍼드 대학교 등 명문대에서 수학한 후 신기술을 개발하면서 대영제국 국력을 책임지는 인재가 되었다. 심지어 대영제국으로부터 독립한 미국의 인재들도 적극적으로 유입하여 대영제국을 위한 인재로 육성했다.

한편 독일제국은 대영제국에 맞서 전 국민을 인재로 성장시키겠다는 전략을 세웠다. 독일제국은 유럽에서 유일하게 초등학교부터 대학교까지 국가가 책임지는 의무교육을 시행했으며, 누구나 글을 읽고 쓰며 수학, 과학, 역사, 인문에 대한 기본 소양을 갖추게 했다. 또한 대학교는 누구나 재능이 있으면 신분에 상관없이 인재들을 적극적으로 후원했다. 그 덕분에 19세기 말부터 20세기 초 독일제국에서 기술력이 폭발적으로 증가했으며, 독일제국은 최강 기술력을 보유한 대영제국을 추월할 수 있었다.

또한 독일제국은 의무교육을 시행하면서 전 국민에게 나라에 충성을 하는 일을 미덕으로 가르쳤다. 물론, 그 부작용으로 게르만 우월주의와 인종차별이 발생하기도 했다. 그렇지만 독일제국은 전 세계에서 유일하게 전 국민이 글을 읽을 수 있는 똑똑한 국가를 만드는 데 성공했다. 더 나아가 전쟁 동안 다른 나라들이 전 국민을 일일이 가르치느라 시간을 허비하는 동안, 독일제국은 전 국민이 명령에 따라 일을 척척 해내면서 우수하게 전쟁을 수행할 수 있게 만들었다.

한편 프랑스 제국은 대영제국을 이기려고 기술발전에 투자했다. 하지만 프랑스 제국에서 기술발전을 이끈 세력은 군대로, 사실 정부는 인재양성에 그다지 적극적이지 않았다. 그래서 프랑스 제국에는 문맹률이 높았다. 결국 1871년 프랑스-프로이센

프랑스-프로이센 전투에서 프랑스의 패배
장 루이 에르네스트 메소니에의 <파리의 포위작전>(1870)

전쟁에서 프로이센 왕국에 패배하고 공화국으로 변한 프랑스 제3공화국은, 독일에 패배했다는 것에 깊은 수치심과 충격을 느꼈다. 그래서 프랑스 제3공화국은 독일제국을 압도하는 군사력을 키우기 위해서, 모든 기술을 군대에 접목했다. 그 덕분에 프랑스 제3공화국에서 무기의 발전속도가 매우 빨랐다.

오스트리아-헝가리 제국은 다민족 국가로 서로 언어가 통하지 않는다는 핸디캡을 보유하고 있었다. 그래서 이 문제를 해결할 방법으로 우수한 기술력 보유를 선택했으며 오스트리아-헝가리 제국 내에서 인재는 신분과 민족에 상관 없이 모두 빈 대학교에서 우수한 인재로 교육받으면서 성장할 수 있었다. 또한 신기술을 바로 산업에 적용하기 위해 적극적으로 후원했다. 이 덕분에 오스트리아-헝가리 제국은 미국 다음으로 신기술을 바로 상용화하는 기술선진국으로 성장했으며, 신기술 산업기반이 매우 튼튼했다.

러시아 제국은 전제군주제로 신분차별이 분명해 귀족만 고등교육을 받을 수 있었다. 이 때문에 러시아 제국은 귀족 자제들 중에서 인재를 양성해야 했는데, 그마저 차르가 인재양성에 관심이 없는 바람에 귀족 자제들도 인재로 성장하지 못했다. 오히려 러시아 제국은 인재 양성으로 국가를 더 부강하게 만드는 것보다, 차르와 귀족의 재산보호에 더 관심이 많았다.

대서양 건너 미국은 18세기 국가를 건립하고 19세기에 본격적인 인재를 양성했다. 완전평등을 외친 미국은 누구든지 교육을 받게 했으며, 능력만 좋다면 바로 인재로 양성했다. 또한 미국은 대학교들을 집중적으로 건립하여 수많은 인재를 양성했다. 무엇보다도 미국은 영토가 거대해 어떤 사업이든 대규모로 벌여 큰돈을 벌 수 있었다. 그 덕분에 사업가와 공학자 들은 상상도 못 할 돈을 벌었으며, 이를 대학에 기부해 유럽의 인재를 끌어모으기 시작했다. 그래서 전기, 철도 등 산업은 미국이 유럽을 아득히 추월했다.

독일제국과 같은 해에 통일한 이탈리아 왕국은 독일제국과 달리 교육에 투자하지 못했다. 이탈리아 왕국에서 북부는 민족주의를 받아들인 공화국들이었고, 남부는 종교가 지배한 농업국가로 둘의 차이가 엄청났다. 그래서 이탈리아 통일 직후 남북의

일본제국의 인재를 길러낸 도쿄제국대학

격차를 메우고 행정제도를 재편하느라 정작 교육에 투자하지
못했다. 당장 교육받지 못한 남부 사람 전체에게 기초교육을 하
는 것 자체가 일대 과업이었다. 그래서 이탈리아 왕국의 인재들
은 오스트리아-헝가리 제국, 프랑스 제3공화국, 미국으로 유출
되었다.

　19세기 막바지에 등장한 일본제국은 서양에 굴복하자는 에
도 막부와 일본을 강하게 만들자는 천황 사이의 전쟁에서, 천황
이 이기고 일본을 번영시키자는 명목으로 급진근대화를 이룩
했다. 그런데도 이미 일본제국은 많이 늦었기에 우선 유럽 강대
국과 친밀한 관계를 유지하면서 유럽과 미국에 인재를 보내 기
술을 배우게 했다. 해외에서 돌아온 유학생들을 대학자로 임명

하여, 도쿄제국대학과 교토제국대학에서 인재를 대량 양성하게 했다. 일본제국의 인재들은 유럽이나 미국의 인재에 비하면 능력이 좋지는 않았지만, 무서운 속도로 과학과 공학, 기술력을 따라 잡아갔다.

# 생존을
# 위한
# 군사경쟁

## Chapter 2

## 01

# 평화를 위한
## 경쟁

국제질서는 냉엄한 것으로 힘이 약하면 힘이 강한 쪽의 자비에 기댈 수밖에 없다. 그렇기에 약소국들은 강대국의 질서에 순응하면서 강대국이 공격하지 않기를 바라야만 한다. 심지어 약소국이 잘못하지 않았는데도 자원이 존재하거나 강대국의 정치적 이슈로 강대국의 공격을 받을 수 있다. 그럼 그 약소국은 누구에게서도 보호를 받지 못한다. 이것이 약소국이 가진 비애로 자신을 지키려면 강한 힘을 보유해야만 한다. 유럽에서 독일은 프랑스 왕국, 오스트리아 제국, 신성로마제국들이 독일 영토에서 전쟁을 벌이는 바람에, 인구 1/3이 사라지는 치욕을 겪었다. 한편 이탈리아는 프랑스 왕국과 오스트리아 제국이 자국 영토에서 전쟁을 벌여 로마와 피렌체 등 도시들을 대거 약탈하면서 르네상스를 끝내야 하는 수모를 당했다.

이 경험으로 유럽 약소국은 국력이 없으면 살아남지 못한다는 인식을 하면서 동맹을 구축해나갔다. 사실 강대국만큼이나 힘을 보유하는 것은 실질적으로 매우 어려웠다. 적어도 강대국이 건드리면 싸워 이길 수는 없지만, 그만큼 약소국의 막대한 피해도 감당해야 한다는 것을 체득했다. 중세 말기, 르네상스 이후 대규모 전쟁이 끊이지 않은 유럽은 수많은 경험을 통해 이를 알았고, 바로 옆에 있는 적을 압도하려고 군사력을 키우고 전쟁을 벌여 상대 전력을 약화시켰다. 특히 대항해시대로 식민지 개척길이 열리자, 막대한 돈이 나오는 식민지를 두고 유럽 강대국들 사이에 끊임없는 전쟁이 일어났다.

17세기 말은 대영제국, 네덜란드 왕국, 프랑스 왕국이 세계 패권국의 자리를 두고 치열한 전쟁을 벌이면서 전쟁이 끊이지 않았던 시대였다. 그러다 7년 전쟁에서 대영제국은 유럽 본토 전쟁에 관여하지 않고 해외 식민지를 강탈에 집중하면서, 전세는 대영제국에게 우세하게 흘러갔다. 그런데도 여전히 세 나라는 쟁쟁한 사이였다. 하지만 1803년부터 1815년까지 유럽 대륙을 휩쓴 나폴레옹 전쟁이 끝나고 나자, 프랑스 왕국과 네덜란드 왕국은 전쟁 여파로 쇠락했다. 반면 나폴레옹 전쟁에서 해상패

르네상스 시대를
마감하는 로마제국

세계 패권을 두고 치열하게
싸운 대영제국과 네덜란드
왕국

권을 유지한 대영제국은 전쟁 피해도 없이 홀로 견고했다. 그 덕분에 대영제국은 다른 유럽 경쟁자를 따돌리고 세계 으뜸 국가로 우뚝 섰다. 이에 대영제국이 세계 질서를 지배하면서 세계 평화가 찾아오는 듯했다.

1721년 대북방전쟁 이후 동유럽 패권국으로 성장한 러시아 제국은 드넓은 영토를 보유했지만, 모두 동유럽 대평원이어서 적이 침입하면 막기가 매우 힘들었다. 게다가 나폴레옹이 러시아 제국의 모스크바까지 한순간에 진격했기에, 러시아 제국은 자국이 적에게 순식간에 넘어갈 수 있다는 것에 히스테리적인 공포심을 가졌다. 그래서 러시아 제국은 방어거점을 찾아 서방으로는 자연방어물 비스와 강과 갈리치아 산맥까지 뻗어 나갔으며, 해군을 배치할 부동항을 찾아 나섰다.

대영제국은 이미 최강대국으로서 자신이 주도하는 평화를 누렸고, 러시아 제국은 평화를 얻기 위해 여기저기 침공하면서 영토를 확장했다. 러시아 제국은 발트해를 장악했지만, 겨울이면 어는 바다여서 흑해에서 지중해까지 장악한 후, 대영제국 왕립해군이 지중해를 통해 흑해로 진격하는 것을 사전차단하려고 했다. 또 인도양으로 확장해 돈이 되는 설탕과 고무 산업에 손을 대면서 러시아 제국의 경제력을 끌어올리려고 했다. 러시아 제국은 자국 보호를 위해 끝없이 영토를 확장하려고 노력했지만, 대영제국은 러시아 제국의 이런 팽창을 두려워했다. 특히 러시아 제국이 중앙아시아를 넘어 인도를 넘보자, 대영제국은 보물창고인 인도를 잃을 수 있다고 생각해서 러시아 제국과 전쟁을 벌였다. 그것이 그레이트 게임으로 아프가니스탄 전쟁, 크림전쟁, 러일전쟁이 대표적이다. 이 전쟁에서 러시아 제국이 대영제국의 공격에 항복하면서, 대영제국은 다시 평화질서를 주도했다.

그레이트 게임이 벌어지는 동안, 중유럽에서는 프로이센 왕국을 중심으로 독일이 통일되기 시작했다. 독일은 30년 전쟁으로 인구의 1/3이 사라진 악몽을 잊지 않았으며, 살아남으려면 무조건 단결해야 한다는 믿음을 공유했다. 특히 비스마르크는 독일 통일을 원하지 않는 오스트리아 제국과 프랑스 제국을 굴복시켜야 독일을 통일할 수 있다고 생각하면서, 독일 통일과 오스트리아 제국, 프랑스 제국과의 전쟁을 동시에 준비하고 진행했다. 그리고 프로이센-오스트리아 전쟁에서 승리한 후 프로이센-프랑스 전쟁에서마저 승리하면서, 프로이센 왕국 주도로 독일을 통일해 독일제국을 건국했다. 결국 독일은 두 제국을 무력으로 굴복시키고 평화를 얻어냈다.

자국의 평화를 위해서는 적이 함부로 공격하지 못하게 할 군사력이 필요했다. 그러나 군대는 태생적으로 돈을 벌지 못하고 돈을 쓰기만 하는 조직으로, 강한 군사력을 유지하려면 막대한 군비를 지출해야 했다. 그래서 17세기에는 국가들 끼리 전쟁 한 번 하면 군비를 과다지출해야 했기에, 승자나 패자 모두 빈털터리 신세가 되었다. 다행히 승자는 배상금으로 겨우 상실한 군비를 충전할 수 있었다. 이 경험을 통해 유럽 국가들은 애당초 나라가 부강해야 군사력을 유지하고, 전쟁에서 승리해서 자국을 지킨다는 것을 깨달았기에, 경제력 강화에 목숨을 걸었다. 결국 경제력은 식민지나 본토의 확장에서 기인하므로, 강대국들은 숙명적으로 영토 팽창에 목숨을 걸어야만 했다.

한 나라가 자국 평화를 위해 영토를 팽창하면, 주변국들도 먹히지 않으려고 영토 팽창 경쟁을 벌이게 되었다. 이 팽창경쟁은 한 번 시작되면 한 쪽이 지치기 전까지 가속되는 치킨게임이었다. 갓 등장한 독일제국은 복수를 꿈꾸는 프랑스 제3공화국을 압도하기 위해 팽창정책을 펼쳤다. 이에 프랑스 제3공화국은 독일제국과의 팽창정책에서 밀리지 않으려고 대영제국과 손을 잡고 악착같이 식민지를 더 많이 보유했다. 대영제국은 대영제국 나름대로 세계 최강대국 자리를 지키고자 일부러 가장 넓은 식민지를 보유했다. 하지만 전 세계 영토는 한정적이었기에, 식민지 경쟁은 생각보다 빨리 끝났다. 그럼 남은 것은 외교전쟁과 군사력 강화뿐이었다.

식민지 경쟁은 경제력 확보를 위한 것이었다. 경제력이 높다 해도 항복하면 패배한 것이었기에 각국은 바로 군사력에 투자했다. 결국 그 방법은 전쟁으로 적을 멸망시키는 것이었다. 프랑스 제3공화국의 목표는 프로이센-프랑스 전쟁의 패배를 설욕하고 다시 한 번 서유럽 군사강국으로 등극하는 것이었다. 독일제국의 목표는 프랑스 제3공화국이 침공하지 못하게 막고 유사시

세계를 분할하여
나눠먹기하는 강대국들

프랑스 제3공화국 vs.
독일제국

즉각 제압하는 것이었다. 그래서 프랑스 제3공화국과 독일제국은 서로 적을 압도하고자 외교전쟁과 군사경쟁을 벌였다. 독일제국은 독일제국/오스트리아-헝가리 제국/이탈리아 왕국이 동맹한 삼국동맹을 결성해, 프랑스 제3공화국을 포위하고 러시아 제국과 힘을 합치려고 했다. 한편 프랑스 제3공화국은 프랑스 제3공화국/러시아 제국/대영제국 삼국협상으로 독일제국을 역으로 포위했다. 그후 동맹을 맺은 강대국들은 군사기술에 집중적으로 투자해서, 적보다 더 강력한 병기를 만들어내는 데 집중했다. 자연스럽게 병기개발에 속도가 빨라졌다.

# 화약 병기,
## 전장을 바꾼 발명품

대포와 총기 발전은 살상력을 향상했지만, 여전히 전쟁에서 기본 전술은 진영이 뭉치는 것이었다. 나폴레옹 전쟁 때까지만 해도 총기는 명중률이 낮은 머스킷이었다. 이처럼 명중률이 낮은 머스킷으로 적을 상대하려면 여러 사람이 동시에 많은 수의 총알을 발사해서 어떻게든 적을 맞춰야 했다. 또 집단 전체를 파괴하는 대포가 있음에도 효율적인 방어를 위해 여전히 뭉쳐야 했다. 혹은 산개해서 숨어 있다가 기습하는 방법도 있었지만, 산개하는 것은 매우 위험하여 실패할 확률이 높은 작전이었다. 그

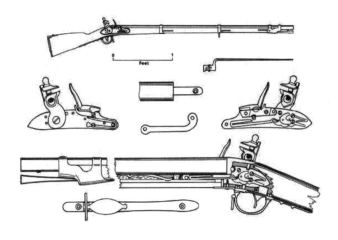

머스킷 내부 구조

이유는 기병 때문이었다.

뭉치지 않고 흩어진 상태에서 기병이 돌격하면 총을 쏴도 기병이 잘 맞지 않기에, 기병 공격에 모두가 무너질 수 있다. 아프리카나 아시아 전쟁터에서 수많은 보병이 창과 활로 돌격하는 기병들을 제대로 막아보지도 못하고 무너져 전멸했던 사실에서 알 수 있다. 그 때문에 머스킷을 든 보병은 전멸을 피하고자 뭉쳐야 했는데, 그렇다고 고대 로마군처럼 옹기종기 뭉치면 대포 포격에 모두가 죽는 사태가 발생했다. 그래서 일자형으로 줄을 선 채 진격하는 전열 보병이 당시 제일 나은 방법이었다. 전열 보병은 기병이나 돌격대에 틈을 주지 않아 피해를 최소화할 수 있었다.

또한 전열 보병은 적 바로 앞에서 총을 쏴도 명중률이 낮아 총을 맞는 병사들이 매우 적었기 때문에, 적 전열을 깨려면 총을 쏜 후 착검돌격을 해야 했다. 그래서 보병은 전열 보병으로 총에 맞는 것을 두려워하지 않았고 오히려 전열 보병열이 깨지는 것을 두려워했다. 이처럼 전열 보병은 머스킷 총기시대에 최선의 전술이었으며, 발명가들은 머스킷의 문제점을 해결하려고 노력했다. 그들이 주목한 머스킷의 문제는 심각하게 낮은 명중률이었다. 머스킷은 총열 내부가 매끈하고 총알이 둥글었기에, 총열에 총알을 넣어 장전하면 총알이 총열에 제멋대로 굴러다녔다. 그래서 격발 이후 총알은 고정되지 않고 제멋대로 회전해 총알이 이상한 곳으로 발사되었다. 이것이 머스킷 명중률이 낮은 원인이었고, 이 문제를 해결하려고 많은 인재가 투입되었다.

18세기 이미 총열에 나선형 홈을 파는 강선이 발명되면서 강선은 총알을 꽉 잡아 고정했다. 하지만 강선을 사람이 일일이 파야 했는데 금속인 총열에 강선을 파는 것이 중노동이었다. 게다가 총 앞부분에 총알을 넣고 고정하는 것이 정말 어려웠다. 단순히 총열에 총알을 넣으면 끝나는 머스킷과 달리, 강선이 있는 소총은 총알을 돌려가며 넣어야 했는데, 총알을 돌려가며 장전하는 사이에게 궤멸당했다. 그래서 강선이 있는 소총은 오랫동안 외면을 받았다.

하지만 1830년대 프랑스의 육군 장교 클로드-에티엔 미니에는 둥근 총알이 아닌 원뿔꼴 총알에 똑같이 강선을 파서 발

미니에 탄

사하는 미니에 탄을 발명했다. 미니에 탄은 강선이 있는 총열에 잘 들어갔으며, 둥근 총알보다 훨씬 더 높은 명중률을 자랑했다. 게다가 사람 몸속에 들어가면 몸속을 헤집어 살상력을 높였다. 따라서 소총에 미니에 탄을 넣으면 장전속도가 빨랐으며, 총을 쏘면 조준하는 대로 총알이 날아가 목표물에 명중했다. 이후 부 싯돌로 화약에 불을 붙이는 머스킷에서 구리로 순식간에 불을 붙이는 퍼커션 캡이 개발되면서, 소총은 머스킷보다 살상력이 한층 강화된 병기가 되었다.

이는 대포에도 적용되면서 대포 조준 성능을 높였다. 또 장전 방식이 전장식에서 후미장전식으로 변했다. 전장식 장전은 총 구멍에 탄환을 밀어 장전하는 방식으로 서서 장전해야 했으며, 장전시간도 길어 장전하는 동안 적의 공격에 무력하게 당해야

앙리 조세프 펙상이 작열탄으로 개발한 괴물 박격포

했다. 하지만 안전한 폐쇄기가 개발되어 총열 뒷부분을 열고 탄
환을 넣어 장전한 후 발사하는 후미장전식이 가능해지면서, 엎
드린 상태로 장전과 발사가 가능해졌다. 또한 장전속도 역시 획
기적으로 빨라졌다. 대포도 후미장전식으로 바뀌면서 분당 발사
속도가 빨라져 대규모 포격이 가능해졌다.

　나폴레옹 전쟁에서 대영제국과 해상전투에서 패배한 프랑
스군은 압도적인 대영제국 해군력에 대항할 병기를 갈망했다.
1822년 프랑스의 육군 포병대 앙리 조세프 펙상 장군은 신관이
부딪치면 작동해 스스로 폭발하는 작열탄을 개발하여, 배를 한
방에 격침하는 전술을 발표했다. 1853년 러시아 제국 해군은 흑
해항구에 있는 오스만 제국 해군에게 작열탄을 발포했고, 오스
만 제국 해군의 배는 포탄 한 발만 맞아도 통째로 파괴되고 침몰

했다. 러시아 제국 해군은 작열탄을 이용해 일방적으로 오스만 제국 해군을 궤멸시켰다. 유럽 국가들은 작열탄의 첫 실전 기록에 놀라 너도나도 작열탄을 개발했다. 작열탄은 육군에게도 채택되면서, 이제 포탄은 단순한 둥근 공에서 벗어나 폭발로 주변을 초토화하는 무서운 무기가 되었다.

미셸 외젠 슈브뢸이 저렴한 비누를 개발하면서 발견한 글리세린은 여러 화학자의 주목을 받았고, 1847년 이탈리아 화학자 아스카니오 소브레로가 니트로글리세린이라는 화합물을 세계 최초로 개발했다. 이 니트로글리세린은 너무도 불안정하고 어떤 작은 결합이나 충격만 받아도 바로 폭발해버리는 위험한 화합물이었다. 그래서 니트로글리세린은 위험천만한 물질로 취급받았으나, 니트로글리세린은 흑색화약과 달리 폭발할 때 연기가 잘 나지 않았으며 폭발 에너지가 훨씬 강했다. 좁은 연구실에서 니트로글리세린의 위력은 연구원들을 위험에 빠뜨렸지만, 야외에서는 꽤 쓸모가 있을 것이라는 평가를 받았다.

마침 1850년부터 미국에 골드러시 붐이 일어나면서 화약 수요가 증가하자, 화학자들은 니트로글리세린을 주목하게 되었다. 스웨덴 발명가 알프레드 베른하르드 노벨 역시 조금만 출렁이면 바로 폭발해버리는 니트로글리세린을 안전하게 수송하는 법을 연구했다. 알프레드 베른하르드 노벨은 노벨공장을 건설해 니트로글리세린을 생산하고 판매하여 큰 수익을 올렸다. 하지만 니트로글리세린은 열과 충격, 전기에 민감해 조금이라도 접촉

1850년대 미국 골드러시 　　다이너마이트를 개발한 알프레드
　　　　　　　　　　　　베른하르드 노벨

하면 바로 폭발했다. 심지어 순수 100% 니트로글리세린이 아닌 조금이라도 불순물이 첨가되면 서서히 열이 상승하다 바로 폭발해버렸다. 노벨의 동생도 공장의 관리 간부로 일하다 가만히 있던 니트로글리세린이 스스로 폭발해 목숨을 잃었다.

이에 노벨은 니트로글리세린을 안전하게 사용하는 법을 연구했다. 액체 상태인 니트로글리세린에 규조토를 혼합하여, 규조토가 니트로글리세린을 스펀지처럼 흡수해 고체 상태로 만들었다. 그러자 바닥에 던져도 터지지 않는 안전한 니트로글리세린 폭탄이 탄생했고, 1867년 노벨은 이를 다이너마이트라고 불렀으며 특허를 출원했다.

이 다이너마이트는 안전하면서 위력이 강한 폭탄으로 골드러시에 참여한 광부들은 이 이상적인 폭탄에 환호했다. 광부들은 적은 다이너마이트로 더 많은 광산을 채굴하면서 금을 찾아다녔으며, 노벨은 많은 돈을 벌었다. 하지만 프랑스-프로이센 전쟁에서 서로 적 참호를 폭파하는 용도로 다이너마이트가 사용되면서 많은 인명살상이 일어났다. 노벨은 이에 충격을 받고 건강을 잃었다. 한편 협심증을 앓던 노벨공장의 노동자가 공장에서는 협심증이 완화되다 집에서는 심해지는 현상이 일어나자, 의사들이 니트로글리세린이 심혈관을 확장해 심장질환 완화에 도움이 된다는 사실을 발견했다. 그래서 니트로글리세린은 심장 및 혈관 질환의 치료제로 사용되었으며, 말년의 노벨도 두통약으로 니트로글리세린을 처방받았다. 이처럼 니트로글리세린과

다이너마이트는 사람에게 유익함과 해로움 모두 제공한 기술의 대명사로 널리 알려졌다.

이전 흑색화약은 한 번 발포하고 나면 연기가 자욱해 피아식별이 잘되지 않았다. 그래서 피아식별을 위해 군복을 일부러 화려하게 장식해 연기 속에서 전투하게 했다. 그러나 이는 기습공격 시 적에게 너무 잘 노출되어 공격 자체가 실패할 확률이 높았다. 흑색화약의 더 큰 문제는 조금이라도 수분이 닿는다면 작동불가해 비가 내리면 작전이 전면 취소된다는 데 있었다. 그래서 폭발해도 연기가 나지 않으면서 수분에 영향을 받지 않는 니트로글리세린을 화약으로 만드는 연구가 진행되었다. 이를 연기가 나지 않는 화약이라는 뜻으로 무연화약이라 불렀다.

맥심 기관총 개발자로 알려진 하이럼 스티븐슨 맥심은 1884년 B화약이라는 무연화약을 개발했다. 1887년 노벨은 발리스타이트라는 무연화약을, 1889년 프레드릭 아벨과 제임스 듀어는 코르다이트라는 무연화약을 개발했다. 이들이 개발한 무연화약은 보통 니트로글리세린, 니트로셀룰로스, 니트로구아니딘을 원료로 하며 에테르나 아세톤, 알코올을 혼합해서 사용되었다. 세계전쟁 동안 다양한 종류의 무연화약이 사용되었는데, 무연화약은 연기가 나지 않아 작전수행과 상황판단에 유리했다. 또한 발포하면 여러 가지 찌꺼기가 남아 한 번 발포하고 내부를 청소해야 하는 흑색화약과 달리, 무연화약은 찌꺼기가 거의 없어 여러 발을 발포해도 문제가 되지 않았다. 이는 자동화기의 발전이 가능해짐을 의미했다.

　무연화약을 비롯한 각종 화기발전은 전투효율을 급상승시켰다. 이 때문에 전투에서 그 어떤 나라도 유럽 강대국을 이길 수 없었다. 1800년대 라틴아메리카 국가들이 대거 독립하는 바람에 식민지를 상실한 유럽 국가들은 라틴아메리카에서 아프리카로 눈을 돌렸으며, 1885년 아프리카 회담으로 아프리카를 나누어 자국의 식민지 확장에 나섰다. 이때 유럽 국가들은 저항하는 아프리카 부족을 학살하고 협력하는 부족에게 신무기를 제공하면서 무력으로 아프리카를 식민지화했다. 그후 아프리카 농경지 전체를 플랜테이션 농업화했다. 설탕과 커피를 저렴한 가격에 대량생산하고 비싸게 수출하면서 차익거래로 막대한 부를 얻었다.

# 기관총,
## 대규모 살상용 절대병기

19세기 가장 많은 식민지를 확보한 대영제국은 당연히 식민지 확보과정에서 충돌과 저항을 여기저기에서 겪어야 했다. 그래서 대영제국은 영국인 지식인과 군인 들을 전 세계 식민지에 보내면서, 정작 본토 인구는 자꾸 줄어드는 상황을 맞이하게 되었다. 게다가 여러 식민지 국가에 병력을 나눠 보내다 보니, 한 식민지에 주둔하는 군인수가 적었기에, 막대한 사람수를 갖춘 저항군을 제압하는 데 어려움을 겪어야 했다. 이에 대영제국은 인해전술로 밀어붙이는 저항군을 소탕할 대량학살 병기가 필요했다. 대영제국은 대량학살 병기에 대한 아이디어를 대서양 건너에서 벌어진 남북전쟁에서 얻었다.

미국의 치과의사 리처드 J. 개틀링이 농업기계를 응용하여 개발한 개틀링 기관총은 정작 남북전쟁에서는 별로 쓰이지 않았다. 하지만, 뉴욕 징병 거부 폭동을 순식간에 제압하고, 나아가 미국-스페인 전쟁에서 스페인군을 일방적으로 공격하면서 그 위용을 알렸다. 그래서 대영제국은 개틀링 기관총을 수입하여 식민지에 주둔한 군대에 보급하기 시작했다. 개틀링 기관총이 저항군을 일순간에 소탕하자, 엄청난 기관총의 위력을 두려워한 저항군들은 하나둘 대영제국에 항복했다. 대영제국은 식민지 저항군을 꺾은 개틀링 기관총의 위력에 흡족해했다.

1883년 미국계 영국인 기계공학자 하이럼 스티븐스 맥심은 개틀링 기관총의 성능을 더 향상하기 위해서, 사람이 돌리는 수동 대신 전기에너지로 탄알을 당겨 자동장전하는 방식을 택했다. 그는 총신 바깥을 물탱크로 덮어 물로 총신을 식혀 발열문제를 해결하는 수랭식 맥심 기관총을 개발했다. 이 맥심 기관총은 방아쇠만 당기면 자동으로 발사되는 완전 자동기계장치였다. 이 덕분에 손으로 돌리면서 조준까지 할 필요 없었으며, 방아쇠만 당긴 상태로 조준만 하면 되었기에 기습공격도 순식간에 막아냈다. 맥심 기관총은 그야말로 허점이 없는 완전 대량살상 병기였다.

이에 대영제국은 이 맥심 기관총을 유럽 무기시장에 소개했

미국 리처드 개틀링이
개발한 개틀링 기관총

영국 기계공학지 하이럼 스티븐슨
맥심이 시연하는 맥심 기관총

으며, 유럽 제국주의 국가들은 맥심 기관총을 적극적으로 구매했다. 하지만 정작 맥심 기관총이 향한 곳은 이제 막 식민지가 된 아프리카 중심부였다. 벨기에 왕국의 국왕 레오폴드 2세가 콩고 밀림을 사유지로 만들어 고무산업을 독점하자, 유럽 국가들이 반발하면서 유럽 사이에 전쟁의 기운이 돌았다. 이에 1884년 독일제국의 비스마르크 재상은 베를린 회담으로 아프리카를 식민지로 정했으며, 유럽 제국주의 국가들도 식민지에 철도를 부설하고 군대를 보내 지배하려고 했다.

당연히 원주민들은 극렬하게 저항했으며, 이에 오스만 제국이나 포르투갈 왕국 등 유럽 제국주의 국가들은 맥심 기관총을 구매해서 전투에 투입했다. 1888년 독일제국은 맥심 기관총으로 독일령 동아프리카의 아부시리 반란을 무차별 진압했으며, 1893년 대영제국은 짐바브웨의 마타벨레 전쟁에서 맥심 기관총으로 마타벨레군을 학살했다. 또한 영국령 수단이 식민지배에 반발하며 마흐디 저항운동을 벌이자, 1898년 대영제국은 움두르만 전투에 맥심 기관총을 배치해 5만 마흐디군을 학살했다. 1901년 나이지리아에서 일어난 앵글로-아로 전쟁에서도 맥심 기관총이 아로군을 무자비하게 학살했다. 유럽군은 인종차별을 운운하며 대량학살을 어떻게든 합리화했다.

1899년 유럽계 사람들인 대영제국령 남아프리카 연방의 영국군과 네덜란드 출신 아프리카인들은 제2차 보어전쟁에서 맥심 기관총을 사용했다. 영국군도 맥심 기관총으로 아프리카인들을 공격했다. 한편 아프리카인들은 맥심 기관총을 크게 만든 폼 폼 기관총으로 영국군을 공격했는데, 백인들 끼리 주고받은 기 관총 공격에 둘 다 막심한 피해를 보았다. 이는 유럽인들에게 맥 심 기관총이 유럽인을 절멸시킬 위험한 대량학살 병기라는 사 실을 일깨웠다.

유럽은 제2차 보어전쟁의 참혹함을 보고 당황했다. 너무 강 한 대량살상 병기에 아프리카군이 너무 쉽게 학살당한 것을 알 게 되자, 오히려 유럽 정부들도 맥심 기관총을 두려워했다. 그 래서 만일 기관총이 없다면 아프리카인처럼 적에게 일방적으 로 학살당할 것으로 생각에, 이제 너도나도 기관총 개발에 뛰어 들었다. 이미 맥심은 맥심 기관총은 물론, 제작 라이센스도 유럽 여기저기에 팔았다. 유럽 국가들은 맥심 기관총의 설계도를 참 조하여 자신만의 방식으로 기관총을 개량하기 시작했다.

이전에 아프리카인들이 맥심 기관총을 키운 폼폼 기관총을 개발했고, 미국, 이탈리아 왕국, 카자르 제국이란 숭고국, 오스만 제 국, 스웨덴 왕국, 러시아 제국, 루마니아 왕국이 맥심 기관총을 라이센스하여 각각의 사정에 맞게 개량했다. 결전병기였던 맥 심 기관총이 전 세계에 이리저리 팔리자, 대영제국은 맥심 기관 총을 더 가볍게 만들어 전투효율을 높인 빅커스 기관총을 개발 했다. 무거워서 고정하거나 대포 수레에 실어야 했던 맥심 기관 총과 달리, 빅커스 기관총은 사람이 잘 들고 다닐 수 있는 무게 덕분에 어디에서나 설치되었다. 그래서 대영제국 육군과 해군

아프리카인들이 사용한          대영제국이 개발한
폼폼 기관총                    빅커스 기관총

모두 빅커스 기관총을 사용했으며, 대영제국 해군은 드레드노트급 전함에 빅커스 기관총을 설치해 접근하는 어뢰정을 공격했다.

한편 뒤늦게 식민지 확보에 뛰어든 독일제국 역시 맥심 기관총에 관심을 보였으며, 가장 먼저 맥심 기관총의 라이센스를 구매하여 생산했다. 독일제국은 맥심 기관총을 바탕으로 하여 MG 기관총 시리즈를 개발했는데, 이것은 대영제국이 개발한 맥심 기관총보다 훨씬 파괴적인 기관총이었다. 독일제국은 MG 기관총을 오스트리아-헝가리 제국과 공유하면서, 오스트리아-헝가리군도 MG 기관총으로 무장했다.

맥심 기관총과 맥심 기관총에서 발전한 기관총은 뜨거워지는 총신을 물로 식히는 수랭식이었다. 그 때문에 기관총 총구에 물탱크가 있었고 물이 차 있어서 무거웠다. 그래서 수랭식 기관총의 물탱크는 무거워 사람이 빠르게 이동하는 데 방해가 되었다. 그래서 프랑스 제3공화국 군대는 공기로 빠르게 총신을 식히는 공랭식 방식을 연구했다. 이미 1895년 미국에서 존 브라우닝이 공랭식 기관총인 M1895 콜트-브라우닝 기관총을 개발했지만, 전쟁도 없고 성능도 약해 미국-스페인 전쟁에서 조금 쓰이고 외면을 받았다. 프랑스 군부는 M1895 콜트-브라우닝 기관총에 주목했으며, 이를 바탕으로 공랭식 기관총 연구를 진행했다.

프랑스 군수기업 중 공랭식 기관총 연구에 적극적이었던 사람은 벤자민 호치키스였다. 호치키스는 수많은 연구 끝에 생에

독일제국의      미국의 M1895
MG 08 기관총   콜트-브라우닝 기관총

프랑스 생에티엔느 기관총과 호치키스 기관총

티엔느 기관총과 호치키스 기관총을 개발하여 프랑스군에 보급했다. 생에티엔느 기관총과 호치키스 기관총은 공랭식이었기에 총신이 과열되지 않게 하기 위해서 끊어서 발포해야 했지만, 매우 가벼워 군대가 만족했다. 프랑스군이 보유한 공랭식 기관총은 획기적으로 가벼워서 전함과 장갑열차뿐만 아니라, 내구성이 약하고 가벼운 장갑차와 비행기에도 탑재되었다.

또한 이를 더 개량하면 사람이 들고 다니면서 쏠 수 있는 경기관총이 되었기에, 그 쓰임새가 다방면으로 확장되었다. 프랑스군이 보유한 공랭식 기관총에 다른 나라들도 관심을 보였지만, 프랑스군은 공랭식 기관총의 기술을 절대 알려주지 않았다. 유일하게 일본제국에 기술을 알려줬지만 그마저도 불완전해서, 일본제국이 쓴 기관총은 고장이 잦았다.

마드센 경기관총

　콜트-브라우닝 공랭식 기관총이 탄생하자 한 사람이 충분히 들고 다닐 수 있는 경기관총도 등장했다. 사실 모든 군대가 기관총을 방어용 무기로 사용했기에, 기관총의 무게에 큰 관심을 두지 않았다. 하지만 덴마크 왕국의 빌헬름 헤르만 올루프 마센은 기병용 반자동소총으로 마센 경기관총을 개발했다. 이어 프랑스의 기관총 연구책임자 호치키스는 비행기와 차량에 탑재할 가벼운 기관총으로 호치키스 M1909 기관총을 만들었다. 이 기관총은 벨기에군과 프랑스군의 장갑차 능력을 여실히 상승시켰다.

　다양한 기관총을 보유한 유럽 국가들은 서로를 향해 기관총을 겨누었다. 기관총 덕분에 바다에서 함포를 서로 겨눠 상대에게 치명적인 타격을 입히는 원리가 육지전에도 그대로 적용되었다. 하지만 이러한 대량살상 무기의 무서움을 경험한 유럽 국

러일전쟁 당시의 러시아군 기관총

가들은 전쟁하려는 마음을 거두기 시작했다. 이를 두 눈으로 보여준 것이 러일전쟁이었다. 러시아군의 기관총 공격에 수많은 일본군이 학살당하면서 일본제국 청년층의 인구가 급감했다. 이처럼 러일전쟁은 유럽 국가들이 서로 전쟁을 하자는 마음을 거두게 하는 계기가 된 사건이었다.

러일전쟁이 끝난 1905년부터 1914년까지 유럽 국가들은 수차례 전쟁 위험이 있었지만, 서로 기관총을 겨누기보다는 평화적인 외교로 해결하려고 했다. 1912년까지는 외교 덕분에 큰 문제도 순탄하게 잘 넘어갔다. 이탈리아-튀르키예 전쟁에서는 이탈리아군과 오스만군 모두 기관총을 적극적으로 운용할 처지가 되지 못했기에 기관총이 별로 쓰이지 않았으며, 1,2차 발칸전쟁에서 발칸반도 신생국들에게 기관총이 없었다. 한편 기관총을 보유한 오스만군도 싸울 의지를 잃고 도망을 다니는 바람에 기관총이 그렇게 주목받지 못했다. 그래서 유럽에서 큰 전쟁이 일어나지 않고 전 세계적으로 평화적 분위기가 생기면서, 기관총의 위력에 대한 우려는 점차 잊히는 듯했다. 하지만 이런 망각은 더 큰 대가를 치러야 하는 전조에 지나지 않았다.

# 04

# 주퇴복좌기,
# 단발에서 연발의 시대로

중세부터 근대까지 프랑스 왕국은 독일을 작은 나라들로 분열시킴으로써, 러시아나 오스트리아가 프랑스를 침공하는 것을 막았다. 그렇게 프랑스 왕국은 과거 프랑크 왕국이 그랬던 것처럼 독일을 지배해왔다. 독일은 프랑스에게 말 잘 듣는 작은 소국들이었던 셈이다. 이는 나폴레옹 전쟁 시기에도 같았다. 하지만 1871년 독일 소국들이 프로이센 왕국을 중심으로 뭉쳐 프랑스 제국을 무너뜨리고 프랑스 제3공화국으로 만들자, 프랑스 국민은 충격에 빠졌다. 약한 독일이 급성장해 프랑스의 무릎을 꿇

프랑스-프로이센 전쟁에서 패퇴하는 프랑스군

렸다는 것에 분노와 공포를 느꼈다. 그래서 프랑스 제3공화국은
독일제국에 보복을 외쳤지만, 한편으로 독일제국이 또다시 공격
할 것을 두려워했다.

　프랑스-프로이센 전쟁에서 압도적으로 많은 수의 독일군은
프랑스군을 포위한 후 접근하면서 궤멸시켰다. 그래서 프랑스군
은 거대한 독일군을 제거할 강한 야포가 필요하다고 생각했다.
땅에 박히면 주변으로 터져 적을 파괴하는 고폭탄은 이미 기술
적으로 완성되었기에, 프랑스군은 그 고폭탄을 여러 발 발사할
수 있는 야포를 원했다. 당시 프랑스군이 사용한 암스트롱포는
후미장전식으로, 발포하면 대포가 밀려 다시 제자리로 밀어내는
과정을 거치면서 분당 2발을 발사할 수 있는 신형 대포였다. 하
지만 프랑스군은 이보다 더 많이 더 빨리 발포할 수 있는 포를

필요로 했다.

프랑스 군부는 대포 발포 후 반동으로 밀려나는 것을 다시 앞으로 당기는 데에 소모되는 시간을 제거하는 기술을 개발했다. 실제로 기존 대포는 반동으로 밀려나는 걸 다시 앞으로 민 후 조준해야 했다. 결국 일일이 다시 자리를 맞추다 보니 속도와 정확성 모두 떨어졌다. 그 대안으로 대포 아래에 지지대를 두는 경우가 있었지만 이마저도 한계가 있었다. 먼저 여러 발 발포하면 지지대가 파괴되었고, 결국엔 사람이 대포를 지탱하거나 다시 밀어내야 했다. 이는 남북전쟁과 프랑스-프로이센 전쟁에서 여실히 드러난 문제점이었다.

1653년 프랑스의 수학자 블레즈 파스칼이 발견한 원리는 폐쇄된 공간에 비압축성 물질을 넣으면 한 쪽에 가한 힘이 다른 쪽으로 그대로 전달된다는 것이었다. 이를 이용해 밀폐된 호스 한 쪽을 밀면 다른 쪽이 밀려나는 것을 관찰할 수 있었다. 그래서 이후 발명가들은 파스칼의 원리를 이용해 밀폐된 공간에 물을 넣는 수압 스프링을 개발했다. 하지만 물은 잘 밀리지 않아 18세기에 물보다는 잘 밀리는 기름을 사용한 유압 스프링이 개발되었다. 유압 스프링은 유연하게 밀리고 금방 회복되는 특성이 있어 무거운 물건을 순식간에 밀어내도 천천히 다시 원상태로 회복되었다. 이는 대포에서 포탄을 발포할 때 생기는 반작용으로 대포가 밀려나는 충격도 받아낼 수 있었다.

프랑스군의 유기압식 주퇴복좌기 1897년식 75mm 야포

18세기에 등장한 유압 스프링은 19세기에 개량을 거쳐 대형화되었다. 하지만 유압 스프링은 여전히 힘이 약해 대포의 발포 반작용을 받치기에는 부족했다. 이에 프랑스군은 기름만 사용하는 유압 스프링 방식이 아닌 기름과 질소를 혼합해 사용하는 유기압식 유압 프레스를 개발했다. 이 유기압식 유압 프레스 위에 대포를 얹어 실험했다. 실험 결과, 유기압식 유압 프레스는 발포 반작용을 충분히 받아내면서 대포가 심하게 흔들리지 않았다. 이는 곧 내구성이 좋아서 여러 번 반복 발포가 가능했으며, 명중률도 높다.

1897년 프랑스군은 유기압식 주퇴복좌기를 적용한 1897년식 75mm 야포를 실전 투입했다. 1897년식 75mm 야포는 발포한 후 대포를 다시 제자리로 밀어낼 필요 없이 재장전만 하면 되었기에 분당 15발을 발포할 수 있었다. 이는 분당 2발 발포 가능한 다른 대포보다 획기적으로 빨랐다. 게다가 다시 제자리로 밀어내는 과정에서 조준 오류가 발생하는 다른 대포들과 달리, 목표지점을 여러 번 포격이 가능했다. 이러한 기술이 주퇴복좌기다. 이 기술은 야포 역사에 한 획을 그었다.

프랑스군은 유기압식 주퇴복좌기 기술을 기밀에 부쳤다. 프랑스 제3공화국은 당장 적인 독일제국과 잠재적 적인 대영제국에 유기압식 주퇴복좌기 기술을 절대 알려주지 않았다. 한편 독일제국과 대영제국은 프랑스군에게 밀리지 않으려고, 기존 유압프레스 방식인 유압-스프링 방식을 적용해 주퇴복좌기를 만들었다. 독일제국과 대영제국은 대포 후미에 여유 공간을 둬 대포와 여유 공간 사이를 유압-스프링으로 고정함으로써, 발포로 대포가 밀릴 때 유압-스프링이 끝까지 밀리지 않게 잡아주는 대포를 개발했다.

하지만 유압-스프링은 발포 반작용을 받쳐줄 만큼 튼튼하지 않았기에, 여러 유압-스프링을 넣고 발포하는 방식으로 문제를 해결했다. 여기서 문제는 유압-스프링이 약해 몇 번 발포하면 깨져서 수시로 교체해야 했던 것이다. 대영제국과 독일제국은 맘에 들지는 않았지만, 기술 격차를 좁히려고 이 방식을 사용했다. 한편 오스트리아-헝가리 제국은 독일제국의 주퇴복좌기를 개량하여 꽤 쓸모 있게 만들었다. 이 덕분에 대영제국 주퇴복좌기가 성능이 좋지 않는 사이, 독일제국과 오스트리아-헝가리 제국은 안정성 문제를 잘 해결한 주퇴복좌기를 도입하여 바로 실전에 배치했다.

그런데도 유압-스프링식·주퇴복좌기는 유기압식 주퇴복좌기보다 내구성도 약하고 정확성도 좋지 않았다. 그래서 이탈리아군과 러시아군은 두 가지 주퇴복좌기를 비교한 후 유기압식 주퇴복좌기가 적용된 프랑스 1897년식 75mm 야포와 다른 야포들을 구매했다. 1897년식 75mm 야포는 1907년 러일전쟁에서 첫 실전 투입되었다. 러시아군은 1897년식 75mm 야포로 일본군을 초토화했다. 일본군 포병은 러시아군의 압도적인 포격에 파괴되었으며, 무작정 돌격할 수 없었던 보병마저도 목숨을 잃게 되었다. 다행히 쓰시마 해전에서 보급품을 실은 러시아 해군 전함들을 격침한 덕분에 일본제국이 전쟁에서 승리할 수 있

러일전쟁에서 사용된 러시아군의 프랑스식 야포

었다. 일본제국은 승리한 후에도 너무 많은 장병을 잃는 바람에 피해가 심각했으며, 경제적 침체기를 겪어야 했다.

　전 세계는 러일전쟁으로 1897년식 75mm 야포의 위력을 직접 목격했다. 1897년식 75mm 야포의 위력에 놀란 유럽 국가들은 프랑스 편에 서기 시작했다. 특히 삼국동맹에 속해 프랑스를 견제하던 이탈리아 왕국도 프랑스제 무기가 훌륭한 것이 증명되자, 몰래 프랑스와 군사교류를 했다. 러시아 제국 역시 러일전쟁에서는 패배했지만, 프랑스와 군사교류를 유지했다. 러일전쟁에서 호되게 당한 일본제국도 프랑스제 1897년식 75mm 야포와 유기압식 주퇴복좌기에 관심을 보였다. 프랑스 제3공화국은 러일전쟁에서 보여준 1897년식 75mm 야포에 군사적 자신감을 회복했지만, 독일제국과 오스트리아-헝가리 제국은 프랑스 군사력에 긴장해야 했다. 대영제국 역시 프랑스 제3공화국을 아군으로 끌어들이려고 부단히 노력했다. 1897년식 75mm 야포는 프랑스의 명품 무기로 소문이 나면서 프랑스 국격 향상에도 이바지했다.

# 05

# 장갑열차,
## 수송과 공격의 고도화

　미국의 운명을 두고 벌인 남북전쟁 동안 남부군은 북부군이 기차를 타고 전쟁터로 끊임없이 밀고 들어오자, 기차를 급습하여 북부군의 투입을 방해했다. 특히나 워싱턴에서 발티모어를 연결한 철도를 따라 북부군이 끊임없이 쇄도했기에, 워싱턴-발티모어 철도를 집중적으로 기습 공격했다. 남부군은 기차 운전사를 먼저 저격한 후, 이에 당황하는 북부군의 기차를 기습 공격했다. 북부군이 전장에 가기도 전에 남부군의 기습 공격으로 괴멸되자, 1861년 북부군 지휘부는 이를 막기 위해 기차에 철판을 덧대고 장갑을 둘러 북부군 병력을 보호했다. 나중에 남부군이 대포까지 동원해 공격하자, 장갑열차에 곡사포까지 달아 남부군을 격퇴했다. 나중에는 열차가 빠르다는 점을 이용해 붕괴 직전인 전선에 장갑열차를 투입해 병력을 충원하면서, 동시에 적진으로 돌격해 공격하기도 했다.

장갑열차는 1899년 남아프리카 연방소속 영국군과 보어군의 전쟁인 제2차 보어전쟁에서도 필요성이 두드러졌다. 험준한 오라녜 공화국과 트란스발 공화국에서 살면서 훌륭한 저격실력을 익힌 보어군은, 영국군 기차를 저격하며 영국군을 교란했다. 그래서 영국군 장교는 남북전쟁의 교훈을 살려 기차 전체를 장갑으로 둘렀으며, 총구만 내밀어 방어와 동시에 사격할 수 있게 설계했다. 보어군 저격수들은 두꺼운 장갑을 뚫지 못해 허탕을 쳤으며, 그 덕분에 전선에 영국군이 무사히 도착할 수 있었다.

영국군은 철도로 적극적인 공세를 시도했다. 온통 방어만 하는 장갑열차에 공격화력을 보강함으로써, 장갑열차는 치열한 전장을 뚫고 적진을 와해하는 돌격병 역할을 했다. 보어군은 무식하게 빠르고 무거운 쇳덩이가 공격하며 돌격하자 피할 수밖에 없었으며, 그 사이로 영국군이 진입했다. 그야말로 장갑열차의 돌격 역할은 매우 효과적이었다. 제2차 보어전쟁에서 장갑열차가 보병을 안전하게 전장으로 수송한다는 것이 입증되자, 유럽 강대국들은 장갑열차 개발에 박차를 가했다.

또 열차는 기존 대포의 단점을 보완할 장치로 주목받았다. 대

미국 남북전쟁 당시의
장갑열차

제2차 보어전쟁 당시의
장갑열차

포는 무거워 마차로 수송해야 했는데, 사실 말도 힘들어하기 때문에 빠르게 수송하지 못했다. 그래서 전선에서 급히 대포를 요구해도 대포를 수송하는 시간이 오래 걸리는 바람에, 전선에서 밀리는 상황이 빈번했다. 이런 사태를 막기 위해 열차 위에 대포를 올리자는 아이디어가 등장했다. 열차 위에 대포를 올리고 중요 전략거점을 철도로 연결하면서, 열차가 신속하게 이동해 빠르게 대응할 수 있었다.

남북전쟁을 지켜본 프랑스 왕국의 군사전문가는 열차포의 필요성을 느끼면서, 이전보다 작고 가벼운 함포를 열차 위에 탑재한 열차포를 개발했다. 프랑스의 대포기업 슈네데르는 360도 회전과 고각 조절이 가능한 열차포를 개발하여, 프로이센-프랑스 전쟁에 투입해 큰 전과를 올렸다. 비록 전쟁에서 패배했지만 열차포의 가능성을 보았던 프랑스군은 열차포를 더 개발하여 방어용으로 배치했다. 특히 대구경 함포는 큰 크기만큼 위력도 훌륭했으나, 너무 무거워서 지상에서 사용하면 반작용을 이기지 못하면서 파괴되었다. 하지만 열차 위에 올리자 반작용을 받아도 뒤로 밀려날 뿐, 별다른 문제가 생기지 않아 대구경 함포를 열차포로 많이 이용했다.

1884년 대영제국은 브리튼 섬 해안거점에 철도를 부설하고 포를 올린 장갑열차를 배치함으로써, 어디서 상륙작전을 하든 즉각 달려가 대응할 수 있는 시스템을 구축했다. 여기에 상륙작전을 효율적으로 저지하기 위해서, 대포를 얹고 보병이 탑승할 공

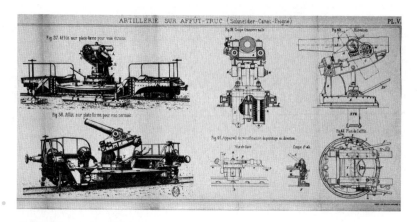

ARTILLERIE SUR AFFÛT-TRUC (Schneider-Canet-Peigné) PL.V.

프랑스 슈네데르
열차포의 구조도

프랑스 320mm 열차포

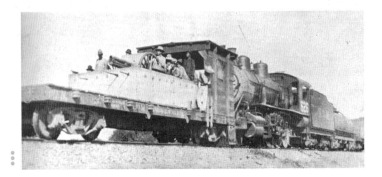

대영국 브리튼섬 해안
방어에 투입된 장갑열차

러시아군의
장갑열차

멕시코 침공 당시의
미군 장갑열차

간도 마련했다. 국토가 광활한 러시아 제국 역시 장갑열차에 관심을 보였다. 국토가 넓어도 너무 넓은 러시아 제국은 군대 재배치가 어려워 곤욕을 치러야 했다. 특히 크림전쟁 때 대영제국은 영국군을 러시아의 모든 해안가에 파병해 공격했는데, 러시아군은 국토가 너무 넓어 병력을 충원하러 가는 동안 전쟁에서 패배했다. 그래서 러시아 제국에게 국토방위를 위한 열차가 절실했다. 러시아 제국은 안전한 보급과 대응공격이 가능한 다양한 열차를 연구했다. 다만 러시아 제국은 워낙 기술력이 약하고 투자자들이 적극적인 의지를 보이지 않아, 단순히 기차 겉을 장갑으로 무장하고, 총구로 대응사격을 하는 장갑열차에 만족했다.

1910년 멕시코에서 멕시코 혁명이 일어나고 전 국토가 내전으로 휩싸이자, 멕시코-미국 국경에서 멕시코군이 미국을 공격하는 사건이 증가했다. 이에 미국 정부는 멕시코군이 미국을 침투하는 것을 막는 동시에, 미국의 영향력을 행사하고자 멕시코를 침공했다. 미군은 장갑열차로 멕시코시티까지 진격하여 적의 공격을 격퇴하는 성과를 얻었다.

## 06

# 어뢰,
## 철갑선의 사신

제국주의가 절정이던 19세기 중반 유럽 강대국들은 더 많은 식민지를 확보하려는 경쟁을 벌였다. 더 많은 식민지를 확보하려면 당장 유럽에서 벗어나 아프리카와 아시아로 확장해야 했다. 하지만 아프리카와 아시아로 가는 길은 오스만 제국과 러시아 제국이 가로막고 있었기에, 유럽 강대국들은 배로 이동해 식민지를 개척했다. 식민지를 확보하는 과정에서 유럽 강대국들끼리의 식민지 쟁탈전이 치열하게 일어났으며, 아시아 국가들은 화약을 이미 보유했기에 화포 공격으로 유럽군을 공격하며

대영제국의 철갑선

저항했다. 그래서 유럽 강대국들은 식민지 확보경쟁에서 우위를 차지하기 위해 배를 무장시키자, 아시아 국가들은 화공으로 대항하여 목선을 불태웠다.

이에 대한 유럽 강대국들의 전함 개발 청사진은 간단했다. 선체 외부를 철로 둘러 화공과 대포 공격에도 끄떡없게 만들고, 포란 포는 모두 배에 설치하여 전시상황에 맞는 포를 발포하는 방식이었다. 이렇게 해서 만들어진 배가 철갑선이었다. 철갑선이 대포 공격과 화공을 잘 버틴 덕분에, 유럽 강대국들은 식민지 국가들의 저항군을 소탕할 수 있었다. 철갑선의 위력은 유럽 강대국들 사이의 전쟁에서도 여실히 드러났다. 철갑선 수가 부족한 국가들은 제해권을 잃고 바다에서 무차별 포격을 당했다. 바다에서 철갑선은 육지의 함포 공격에 대한 충격이 덜했지만,

육지의 포는 짧은 사거리 때문에 철갑선을 맞추지 못한 채 철갑선에서 날아오는 포에 속수무책이었다. 크림전쟁에서 제해권을 잃은 러시아 제국군은 대영제국과 프랑스 왕국 연합군의 철갑선 포격에 일방적으로 당했다.

그러자 군대는 이내 방법을 찾았다. 배는 물속에 잠긴 하부에 구멍이 뚫리면 순식간에 침몰한다는 사실이다. 결국 선체 하부를 공격할 수만 있다면, 천하무적 철갑선도 한 방에 침몰할 수밖에 없다. 그래서 대영제국과 프랑스 왕국은 배를 침몰시킬 신무기 연구에 매진했다. 오스트리아 제국도 어차피 철갑선 수가 부족해 해군력에서 밀리니, 철갑선을 격파할 수 있는 신무기를 개발하려 했다. 대영제국, 프랑스 왕국, 오스트리아 제국, 미국은 작은 폭탄배를 만들어, 그 배가 철갑선에 접근한 뒤 부딪쳐 폭탄이 터지는 방식을 생각했다.

남북전쟁이 일어난 미국에서 남부군이 배 앞에 작은 폭탄을 매달아 적선에 폭탄을 찔러 넣는 폭탄배를 실전에 사용했지만, 대부분 접근도 하기 전에 격침당했다. 비록 대부분 실패는 했지만, 미국은 남북전쟁을 치르면서 철갑선 대항법에 대해 여러 실험을 진행하면서 해결책을 조금씩 찾기 시작했다. 자폭 폭탄배는 병력손실이 심각하다는 점을 깨달은 미국은 무인조종으로 폭탄배가 움직이는 것을 연구했다.

한편 오스트리아 제국은 대영제국 출신 선체 기술자인 로버트 화이트헤드에게 신무기 개발 책임자 자리를 제안했다. 어느

미국 남북전쟁 당시의 자폭선

날 신무기를 고민하던 로버트 화이트헤드에게 오스트리아의 선
원인 지오반니 드 루피스가 찾아와서 자문을 구했다. 지오반니
드 루피스는 작은 자폭배를 만들었는데, 이를 조종할 수 있는 장
치를 만들어달라고 화이트페드에게 요청한 것이었다. 하지만 당
시 기술로 만든 자폭배의 연결선이 무거워 바다에 가라앉기 일
쑤였고, 물속이라 신호가 제대로 전달되지 않아 통신불량이 잦
았다. 결국 철갑선의 대항마로 시도됐던 무인 자폭배는 기술적
한계로 끝내 개발에 성공하지 못했다. 그렇지만 지오반니 드 루
피스의 자폭배 모델은 로버트 화이트헤드에게 영감을 제공했다.
　로버트 화이트헤드는 유선으로 연결하는 자폭배는 어차피 적
에게 쉽게 노출되어 공격받기 때문에, 수면 아래로 이동하며 빠르
게 일직선으로 질주하는 자폭배를 개발하기로 했다. 비로소 어뢰

개념이 탄생한 것이다. 1866년 그는 세계 최초로 어뢰를 개발하여 시험을 진행했지만, 자꾸 어뢰가 수면으로 통통 튀어 오른다는 문제점을 발견했다. 1868년, 그는 어뢰가 수면으로 뜨려고 하면 지렛대 원리를 통해 다시 수심으로 방향을 바꾸는 심도조절판을 개발해 탑재했는데, 비로소 어뢰는 수면 바로 아래를 질주했다. 어뢰 전면부에는 다이너마이트를 탑재해 부딪치면 바로 폭발하게 했다.

이 실험 결과, 철갑선은 어뢰 한 방을 맞으면 바로 격침되었다. 수심 아래에서 빠르게 움직이는 어뢰는 잘 보이지도 않았기에 배를 조종하면서 어뢰를 피하는 것이 거의 불가능했다. 철갑선을 일방적으로 사냥하는 어뢰를 본 오스트리아 제국 해군은 이 신무기에 환호했다. 화이트헤드의 어뢰를 본 프랑스 왕국과 대영제국, 독일제국도 전세를 바꿔버리는 이 신무기에 경악하면서 너도나도 어뢰 개발을 시작했다.

그렇게 화이트헤드의 어뢰는 모든 나라의 어뢰 교과서가 되었으며, 최신식 어뢰로 무장한 오스트리아 제국은 철갑선 수가 적음에도 불구하고 주변국들이 함부로 공격하지 못하는 나라가 되었다. 결국 화이트헤드의 어뢰는 오스트리아 제국 바다를 지키는 결전 병기였다. 아무리 강한 철갑판으로 무장한 배라 하더라도 조금이라도 흠집이 나면 밀려들어오는 물을 막을 수 없었기 때문에, 어뢰 한 방의 위력은 천하무적이었다.

철갑선 수가 적어 불리한 오스트리아-헝가리 제국과 독일

미국의 화이트헤드 어뢰

제국은 어뢰를 적극적으로 개발하여 자국의 앞바다를 지켰다. 다양한 시도 끝에 작은 배를 만들어 배 정면에서 어뢰를 발포하는 것이 가장 공격에 효과적이라는 결론이 났다. 어뢰는 발사하면 그대로 직진만 했기에 정확한 조준을 해야 했으며, 명중률을 높이려면 최대한 표적에 가까이 접근해야 했다. 그러려면 배를 타고 직접 가까이 가는 수밖에 없었다. 만약 큰 배를 타고 가면 접근하는 과정에서 적에게 노출될 위험이 많았으며, 배가 크고 무거운 만큼 수면 아래 범위도 커져서 재수 없으면 배에서 쏜 어뢰가 자기 배와 충돌할 위험도 있었다. 반면 배가 작으면 수면 아래 범위가 작아서 어뢰의 표적 범위가 작아서 빠르게 치고 빠지기 쉬웠다. 그래서 작은 배에 어뢰를 탑재한 어뢰정이 등장했으며, 이 어뢰정은 철갑선과 이후 등장한 전함을 마음껏 사냥

오스트리아–헝가리 제국
의 어뢰정

대영제국의 드레드노트급
전함

했다.

한편 철갑선은 이에 대한 대책으로 수비를 강화하는 방법을 선택했다. 우선 범선 형태를 버리고 새로운 형태로 완전히 뜯어 고쳤다. 철갑선은 주포를 전부 회전포탑으로 전환해 여러 각도에서 침공하는 어뢰정에 대응사격을 가능하게 만들어졌다. 또한 주포 외에도 여러 작은 소형포부포를 달아 주포 공격이 실패해도 부포로 대항하게 했다. 마지막으로 철갑선 하부의 약점을 보완하기 위해서 하부에 집중적으로 장갑으로 무장했는데, 상부보다 하부의 장갑이 더 두꺼운 기형적인 형태의 전함이 탄생했다. 이는 유속저항으로 속도가 나지 않고 연료효율이 떨어진다는 단점도 있었지만, 어뢰에 피격돼도 버틸 수 있었다.

이렇게 등장한 것이 드레드노트급 전함이다. 이 전함은 어뢰라는 새로운 무기에 발맞춰 완전한 혁신을 이루어냈다. 그런데도 어뢰정과 어뢰를 막기에는 여전히 역부족이었다. 이에 따라 어뢰정을 잡을 새로운 개념의 무기가 등장했다. 사실 크고 느린 드레드노트급 전함은 도저히 알짱거리는 어뢰정을 잡지 못했다. 그래서 어뢰정을 잡으려고 어뢰정처럼 작고 빠른 전함을 개발했는데, 그 전함이 구축함이었다. 구축함은 어뢰정처럼 작고 빨라 어뢰정을 추격하며 함포사격으로 공격했다. 구축함의 크기가 작아서 적이 어뢰를 정확히 조준 발사해도 배 아래로 어뢰가 통과했기에, 어뢰 공격이 제대로 먹히지 않는 경우가 많았다. 그래서 어뢰 개발 이후, 해전은 전함이 진격하는 동안 구축함이 적 어뢰정의 공격을 미리 막고, 어뢰정은 적의 전함을 공격하는 방식으로 바뀌었다.

# 07

# 잠수함,

## 해상봉쇄 탈출구

　강력한 해군력으로 세계 바다를 장악한 대영제국 해군에 도전한 나라들은 모두 처참하게 패배했으며 해군력마저 상실했다. 압도적으로 많은 전함과 높은 훈련으로 무장한 대영제국 전함들은 마치 한몸처럼 일사불란하게 움직였던 것에 비해, 적은 전함 수와 부족한 훈련으로 우왕좌왕하던 다른 나라의 해군은 대영제국 해군에게 격파 당할 수 밖에 없었다. 미국 독립전쟁 시기에 일개 반란군인 미군은 제대로 된 전함도 없어 대영제국 해군의 해상봉쇄에 꼼짝없이 갇혔다.

데이비드 부쉬넬이 개발한 터틀 잠수함

한편 미국 예일대학에 다니던 데이비드 부쉬넬은 양조 나무통을 개량해 물속에 가라앉은 채 움직이면서, 드릴로 상대의 배에 구멍을 낼 수 있는 터틀 잠수함을 개발했다. 비록 터틀 잠수함은 전함에 구멍을 내는 데 실패했지만, 물속을 움직이는 잠수함이 개발되었다는 것만으로는 대영제국 해군을 놀라게 했다. 미국은 잠수함을 잘만 활용한다면 해상봉쇄를 돌파할 결전 병기가 될 수 있겠다고 판단했다.

1861년 남북전쟁에서 남부군은 육상에서는 승전을 거듭했지만, 해군력이 부족해 북부군에게 해상봉쇄를 당했다. 이 때문에 전쟁자원과 식량수급에 어려움을 겪었던 남부군은 멕시코를 통해 겨우 물자를 조금씩 지원받으면서 저항을 이어갔다. 철갑선을 개발한 남부군은 요새의 대포와 전함의 함포로 합동 공격하여 북부군을 격퇴하려고 했지만, 월등히 강한 북부군의 공격에 패배하여 전함을 모두 잃고 간신히 육지에서 버텨야 했다. 물자가 없어 빈곤에 시달리던 남부군은 잠수함으로 북부군 전함들을 격침하려고 시도했는데, 헌리함이 그 임무를 맡았다.

인력으로 프로펠러를 돌리고 창끝에 어뢰를 단 헌리함은 북

미국 엘리게이터 잠수함

부군 후사토니함을 공격했다. 하지만 헌리함은 어뢰 폭파의 충격으로 승조원이 모두 기절하는 바람에 바다속으로 가라앉아버렸고, 후사토니함은 적은 어뢰 충격파 덕분에 별다른 피해를 보지 않았다. 이에 북부군은 엘리게이터함을 개발해 저항했는데, 앨리게이터함은 은밀한 공격으로 남부군의 전함을 궤멸시켰다. 남북전쟁 이후 강대국 해군은 잠수함과 잠수함에 배치할 병기를 연구했다.

하지만 남북전쟁 당시 잠수함 개념은 여전히 완전화되지 않았다. 남북전쟁에 급히 출격한 잠수함은 적당히 바다 속에 가라앉는 배로 무게가 무거워 수심 1m 이내에서 잠수한 채 돌아다닐 수 있었으며, 꺼낼 때는 항구에서 도르래로 끌어올려야 했다. 그러다 보니 실전에서 수면 위로 부상해야 할 때, 제대로 부상하지 못한 채 그대로 침몰하는 경우가 잦았다. 이를 해결하기 위해서 공기탱크와 물탱크를 동시에 두고 탱크에 고인 물로 잠수함 무게를 바꾸는 방법이 연구되면서, 물의 증감에 따라 가라앉고 부상하는 잠수함 개념이 확립되었다.

남북전쟁 동안 남부군과 북부군은 잠수함의 위력을 목격했고 잠수함을 적극적으로 이용했다. 하지만 물속에 있는 잠수함은 마땅한 공격 병기가 없었다. 그래서 잠수함 앞에 절단기나 폭탄을 달고 수심에서 접근해 적선을 공격하는 방식을 택했다. 물론 훤한 대낮에 공격하면 바로 부표가 보여 강력한 저항을 받을 것이 뻔했기에, 잠수함은 어두운 밤에 은밀하게 공격했다. 워낙 은밀하고 조용히 움직이는 존재라, 시야가 어두운 밤에 공격하니 처음에는 잘 먹혔다. 하지만 함대가 아닌 홀로 떨어진 전함에만 공격을 시도할 수 있다는 한계가 있었으며, 나중에는 적선의 기뢰에 의해 잠수함이 격침당하거나, 폭탄 공격 시 그 충격에 잠수함이 찢겨나가는 문제도 발생했다.

그래서 남북전쟁 이후 해군은 잠수함이 멀리 발포할 수 있는 무기를 원했다. 어뢰에 이어 어뢰정이 등장했지만, 어뢰정은 수면 위를 달리기 때문에 적의 공격에 노출되기 쉬웠다. 또한 적은 어뢰정을 막지는 못해도 어디서 오는지는 잘 알 수 있었다. 결정적으로 어뢰정을 잡는 구축함이 등장하면서, 어뢰정은 더 이상 만능병기가 아니었다. 그래서 어뢰정을 대체할 무기로 잠수함은 천적이 없는 진정한 결전 병기였다. 이를 깨달은 공학자들은 잠수함에 어뢰를 탑재하는 것을 연구했으며, 1884년 스웨덴 왕국에서 어뢰로 무장한 노르덴펠트 잠수함이 등장했다.

노르덴펠트 잠수함 등장 이후 유럽 국가들은 잠수함을 적극적으로 도입했다. 대영제국에서 아일랜드 출신 공학자 존 필립 홀랜드는 홀랜드 잠수함이라는 어뢰 공격형 잠수함을 개발하여,

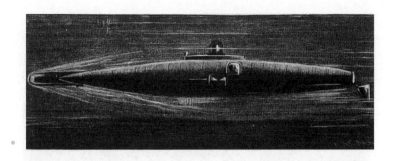

스웨덴의 노르덴펠트
잠수함

대영제국의 홀랜드
잠수함

독일제국의 우보트    일본제국의 제1형 잠수함

대영제국 왕립해군에 배치를 건의했다. 하지만 대영제국 왕립해군은 이를 받아들이지 않았으며, 대신 미 해군이 홀랜드 잠수함을 구매해 실전에 배치했다. 유럽 국가들은 해상봉쇄를 뚫을 어뢰 공격형 잠수함의 실전 배치에 열을 올렸다. 프로이센 왕국에 호되게 당한 프랑스 3공화국은 프로이센 왕국이 독일제국이 되자, 독일제국이 프랑스의 해상을 봉쇄할 것을 대비해 잠수함 개발에 열을 올렸다.

1863년 이미 프랑스 3공화국은 압축공기를 이용한 기계식 잠수함 추진법을 개발하면서, 잠수함의 엔진을 디젤엔진으로 교체하여 출력을 향상했다. 여러 실험을 통해 수상에서는 디젤엔진으로 다른 선박처럼 빠르게 이동하며 공격하고, 수중에서는 전기 엔진으로 느리지만 조용하고 은밀하게 접근해 어뢰 공격을 하는 패러다임을 완성했다. 프랑스 제3공화국은 이에 만족하지 않고 더 완벽한 잠수함을 개발하기 위해, 수많은 실험을 했으며 수많은 잠수함을 양성했다. 문제는 독일제국 역시 가만히 있지 않았다는 것이다. 독일제국은 프랑스-프로이센 전쟁 중 해전에서 호되게 당했던 것을 기억하였기에, 해군력 강화 목적으로 잠수함 개발과 실전 배치에 열을 올렸다. 그러다 독일제국이 대서양으로 나가기 위해 대영제국을 뚫을 수 있는 잠수함을 개발했는데, 그것이 바로 운터제보트Unterseeboot인데 일명 우보트 U-boot로 세계에 유보트로 악명을 날렸다.

해군력이 약해 프랑스 제3공화국과 이탈리아 왕국 해군에 밀리는 오스트리아-헝가리 제국도 독일제국과 협력하여 유보트를 개발했다. 프랑스 제3공화국 역시 독일제국에 대항해 전기식 잠수함을 개발하여 실전 배치했다. 하지만 이 전기식 잠수함은 어뢰 발사구와 물탱크 조절이라는 시스템을 갖고 있어서 전기 없이 작동되지 않았다. 한편 바다를 지배한 대영제국은 잠수함 개발에 미온적이었다. 그 이유는 이미 전함이 넘쳐났던 대영제국은 여러 나라를 해상봉쇄하고도 전함이 남아돌았기에, 잠수함 공격으로 전함을 잃으면 또 다른 전함을 배치하면 된다고 생각했기 때문이었다. 그래서 대영제국은 독일제국, 오스트리아-헝가리 제국, 프랑스 제3공화국이 잠수함 개발에 열을 올릴 때도 별로 신경을 쓰지 않았다.

대서양 건너 미국도 연이어 유럽 국가에서 잠수함을 배치한다는 것에 조금 긴장했지만, 그래도 해군력 자신감을 보였다. 일본제국은 본토가 태평양을 마주보는 섬나라로 미국보다 오스트레일리아와 거리가 가까웠다. 이런 이유로 대영제국은 장차 일본제국이 적국이 될 수도 있다는 긴장감을 놓지 않았다. 예상대로 일본제국의 해군이 강성해지자, 위기감을 느낀 대영제국은 뒤늦게 잠수함 보유에 나섰다. 하지만 군사기밀인 잠수함 기술을 선뜻 전수해준 나라는 없었으며, 이에 대영제국은 홀랜드 잠수함을 구해서 연구하면서 A급 잠수함을 개발하고 실험했다. 수차례의 실험 끝에 D급 잠수함을 개발하여 실전 배치했지만, 대영제국의 잠수함 기술은 다른 국가들보다 미약했다. 일본제국의 해군력이 아시아에서 점점 강력해지자, 이에 위기감을 느낀 오스트레일리아 연방도 대영제국의 AE1 잠수함, AE2 잠수함을 실전 배치했다.

# 08

# 드레드노트급 전함,
## 바다를 지배하는 괴물

    화포가 등장한 이후 오랫동안 앞에서 포를 장전하는 전장식이 지배적이었다. 전장식 장전은 발포하는 데 시간이 오래 걸렸기 때문에, 여러 대포를 동시에 발포하는 전열함이 등장했다. 1층, 2층, 3층, 심하면 4층까지 포구가 있는 전열함은 수많은 대포를 실어야 했기에 무겁고 속도가 느렸다. 무엇보다 전열함은 지정된 방향으로만 발포할 수 있었기에 조준하려면 배 전체를 돌려야 했다. 게다가 한 번 발포하면 장전하느라 시간이 걸려서 적을 놓쳤으며, 많은 적을 잡으려면 여러 대의 전열함이 연속적으로 발포해야 했다. 결국 수많은 전열함을 보유해야 했는데, 이는 승무원 훈련, 대포 배치, 전열함 건함, 유지 보수 등에 엄청나게 큰 비용이 들었다. 심하면 전열함을 운용하다 나라가 파산하는 지경에 이르렀다. 결국 국가는 비효율과 고비용의 극치인 전열함을 대체할 수단을 원했다.

그러다 19세기 후미장전식이 등장하자 함포의 양상도 달라졌다. 한 번 쏘면 함포를 선내로 끌고 들어가 대포알을 넣고 장전한 후 다시 배 밖으로 내밀어 발포해야 했던 전장식 함포와 달리, 뒤에서 열심히 장전 후 발사만 하면 되는 후미장전식 함포는 장전속도가 빨랐다. 그래서 공학자들은 배에 후미장전식 대포를 싣기 위한 연구를 진행했다. 이 실험은 먼저 단단한 육지에서 진

해안에 배치된 바베트 함포

행되었다. 육지 요새에 거대한 후미장전식 대포를 배치하였는데, 이를 바베트라 불렀다. 요새에 배치된 바베트는 자유롭게 회전하여 어느 방향이든 조준할 수 있었다.

이것이 회전포탑으로, 군대는 요새에 이 회전포탑을 배치해 적이 어느 방향에서 오든 대항할 수 있게 했다. 요새 깊은 곳에 포탄을 쌓아 유폭을 막았으며, 엘리베이터로 포탄을 올려 자동 포격하는 장치를 개발했다. 이어 회전포탑을 배에 적용했다. 이때가 마침 철갑선 시대였기에, 공학자들은 상대적으로 무거운 회전포탑을 물에 띄우려고 배를 평평하게 만들었다. 이것이 모니터함인데, 이 모니터함은 남북전쟁 당시 북부군 해군에서 처음 등장했다. 남북전쟁에서 보여준 모니터함의 전과는 실로 대단했다. 이 모니터함은 회전포탑을 자유롭게 회전면서, 여러 각도에서 전열 철갑선을 공격했다. 여러 대포를 주렁주렁 단 전열 철갑선은 회전포탑 하나만 단 모니터함에 농락당했다. 남북전쟁 이후 유럽 해군은 모니터함을 적극적으로 도입했는데, 유지비용만 비싸고 쓸모없는 전열철갑선을 분해해 모니터함의 재료로 사용했다.

하지만 배는 결국 크면 클수록 내구성이 높아진다는 법칙은 유효했다. 모니터함은 전열철갑선을 농락했지만, 포탄 한 대만 맞아도 격침당하거나 불능상태에 빠짐에 따라 결국 배의 크기를 다시 키워야 했다. 그래서 이후 전함은 회전포탑을 적용하게 되었다. 그런데 다시 배의 크기가 커지면서 조준이 안 되는 범위가 생기는 문제가 발생했다. 특히 주포는 근거리 공격이 불가능했으며, 어뢰정을 막기 위해서 속사포와 부포를 추가로 달아야 했다. 게다가 적의 전함 크기도 커지다 보니 그 크기에 맞게 각기 다른 함포를 주렁주렁 달아야 했으며, 함포 크기에 맞는 포탄도 따로 갖춰야 하는 등 유지비용이 높아졌다. 그뿐만 아니라, 지휘관은 상황에 맞는 함포사격을 일일이 명령해야 했는데, 결국 함포사격이 중구난방이어서 명중률과 파괴력이 제 실력을 발휘하지 못했다. 그야말로 비효율의 극치였다.

전 드레드노트급 전함이 전열철갑선이나 다름없이 돈 먹는 하마가 되자, 수많은 전함을 운용해야 했던 대영제국에게 전비 부담이 커졌다. 이에 대영제국은 더 좋은 전함에 관한 연구에 매

전함에 창작된 바베트 함포

진했으며, 드디어 1906년 드레드노트 전함을 실전 배치했다. 대영제국이 개발한 드레드노트 전함은 선체 전체를 두꺼운 장갑으로 둘러 어뢰 공격에도 멀쩡했으며, 신기술이었던 증기터빈을 적용해서 전함 속도를 크게 향상했다. 함포에서 주포 길이를 더 길게 하여 화약 폭발력과 함포 사거리를 비약적으로 증가시켰다. 또한 전함에 주포를 여러 대 배치함으로써 비약적인 함포 사거리로 저 멀리 적을 공격할 수 있게 되었다.

이때 드레드노트 전함은 전 드레드노트급 전함처럼 각각 함포들이 제각각 조준하고 발포하던 것과 달리, 동시에 발포하는 협차사격을 할 수 있었다. 조타실에서 적이 맞을 확률을 계산한 후 좋은 조건일 때, 주포들이 일제히 함포를 발포해 포탄비를 내리는 방식이었다. 그럼 적은 확률에 따라 몇 발은 피하지만 한 대라도 맞으면 치명적인 피해를 보았다. 이런 전투방식을 채택한 드레드노트 전함은 이전 전함들의 포격능력을 압도했다. 이전 전함들은 함포들이 각각 조준 발사했고 사거리도 짧아 가까이 접근한 후 각각 발포해야 했기에, 훈련이 제대로 되지 않으면 서로 손발이 맞지 않아 위력이 약했다. 하지만 드레드노트 전함은 조타실의 명령에 따라 일제히 발포했기 때문에 멀리서도 한 번에 강한 위력을 발휘했다.

이 덕분에 드레드노트 전함은 이전 전함들을 일방적으로 사냥할 수 있었고, 이전 전함 10척이 드레드노트 전함 1척을 이기지 못했다. 물론 드레드노트 전함은 이전 전함보다 제조비용이

건함 전쟁에 뛰어든 대영제국의 건함들

훨씬 더 비쌌지만, 한 척의 드레드노트 전함이 여러 전함을 일방
적으로 사냥했기에 전체적으로 비용도 줄었다. 그래서 드레드노
트 전함이 등장하자, 대영제국은 드레드노트급 전함들을 양산하
면서 제해권을 다시 장악하게 되었다.

  기존 전함들을 대량생산하며 지중해 패권을 장악한 프랑
스 제3공화국은 드레드노트급 전함을 보유한 대영제국에 머리
를 숙였다. 육군을 집중적으로 양성해야 했던 프랑스 제3공화국
에겐 더 큰 비용이 드는 해군을 더 키울 여력이 없었기 때문이
었다. 러시아 제국과 일본제국 역시 드레드노트급 전함을 양성
하기에는 빈곤했으며, 미국은 기술력이 없었기에 그냥 대영제국
의 후광을 업었다. 돈이 많은 대영제국은 드레드노트급 전함들
을 건함하고 실전 배치하면서, 세계 바다의 주인공은 대영제국
임을 세계에 다시 알렸다. 대영제국은 돈만 허비하는 기존 전함

을 100척 건함할 돈으로 드레드노트급 전함 10척을 건함하면서 흡족해했다.

하지만 새로 부상한 독일제국은 어차피 기존 전함들은 드레드노트급에 상대도 되지 않는다는 점을 판단했기에, 처음부터 드레드노트급 전함을 독자적인 기술로 개발하기 시작했다. 드레드노트급 전함을 독점하며 세계 바다를 지배하던 대영제국은 독일제국이 드레드노트급 전함을 건함하자 당황했으며, 머릿수에서 밀려나지 않으려고 더 많은 드레드노트급 전함을 건함했다. 문제는 당시 첨단산업의 절정이었던 드레드노트급 전함을 생산하는 데 비용이 많이 들었기 때문에, 대영제국과 독일제국은 서로의 건함경쟁으로 인해 국고를 소진할 지경에 이르렀다. 결국 독일제국이 먼저 돈이 바닥나자 건함경쟁을 멈췄고, 이어서 대영제국도 건함을 줄이기 시작했다.

# 09

# 회전나침반,
## 바다에 길을 내다

　12세기 중국 송나라는 항해를 할 때 자석을 가공해 만든 나침반을 활용했다. 언제나 북쪽을 가리키는 나침반 덕분에, 송나라 항해사들은 하늘이 흐려 북극성을 못 찾는 상황에서도 나침반을 보며 항해를 할 수 있었다. 이 자석식 나침반은 몽골제국 시기에 세계로 전해졌으며, 15세기 대항해시대에 유럽 항해사들이 적극적으로 활용했다. 자석식 나침반은 언제나 북극을 가리켜 항해사들이 길을 잃지 않게 하는 고마운 존재였다. 하지만 이 자석식 나침반이 무용지물인 상황이 벌어졌다.

19세기에 작열탄이 등장하고 작열탄이 목선을 순식간에 불태우자, 강대국들은 너도나도 목선 대신 철갑선으로 전함을 바꾸었다. 선체 외부를 모두 철로 두른 철갑선은 작열탄이 명중해도 뚫리지 않았을 뿐만 아니라, 작열탄이 터져도 불이 붙지 않았다. 그래서 강대국들은 모든 전함을 철갑선으로 바꾸었으며, 1861년 남북전쟁 때 처음으로 철갑선들끼리 대결을 했다. 미국과 대영제국은 유람선, 화물선 등 모든 선박을 철제 증기선으로 만들었으며, 프랑스와 독일제국 등 후발주자도 금방 철제 증기선을 만들었다. 하지만 문제는 배를 철로 덮으면서 자석식 나침반이 제대로 작동하지 않게 된 것이었다. 철제 증기선 위에서 나침반은 사방이 철인 환경에 우왕좌왕하며 북극을 제대로 가리키지 못하거나, 심지어 이상한 곳을 가리켰다. 그래서 철제 증기선 담당자는 임시방편으로 나침반이 있는 방을 나무와 천으로 덮어 철과 최대한 떨어뜨리려고 했다. 그럼 조금 나은 듯했지만 여전히 북쪽을 가리키는 데 오류가 발생했다. 이는 망망대해에서는 치명적인 문제였다.

1817년 요한 보넨베르거가 개발한 자이로스코프는 어떤 방향으로든지 팽이회전이 일어나게 만드는 장치로, 팽이가 각 운동량 보존법칙에 따라 외부에서 흔들려도 같은 방향으로 회전해 흔들림이 덜했다. 개발자 요한 보넨베르거는 자이로스코프를 별로 중요하게 생각하지 않았지만, 프랑스의 수학자 라플라스와 푸코는 이를 중요하게 생각했다. 그래서 자이로스코프를 활용하

• 요한 보넨베르거와
자이로스코프 나침반

•• 헤르만 안슈츠 카엠페와
회전나침반

는 법을 연구했다. 어려운 연구 끝에, 1906년 독일제국의 발명가 헤르만 얀슈츠 카엠페가 자이로 원리를 이용해 실용적인 회전 나침반을 개발했다.

회전나침반은 팽이가 회전하는 방향이 잘 변하지 않는 자이로 원리를 적용함으로써, 팽이가 항상 북쪽을 가리키게 만들었다. 회전나침반에 자석 재료를 빼 팽이를 일정하게 빨리 돌리기만 한다면, 어떤 환경에서도 북쪽을 가리켰다. 회전나침반은 철제 증기선과 철갑선에서도 무리 없이 잘 작동되자, 1908년 독일제국은 검증 실험을 마치고 전함에 실전 배치했다. 모든 것이 쇳덩어리인 전함에서도 회전나침반은 정확하게 북극을 가리켰으며, 항해사는 회전나침반을 보고 정확한 항해 방향과 배의 위치를 파악할 수 있었다.

제1차 세계대전에 사용된 군용 나침반

하지만 회전나침반에는 한 가지 큰 문제가 있었다. 팽이를 돌리기 위해 많은 에너지가 소모되었으며, 이러한 기술 또한 매우 정교했기에 대량생산하는 데 비용이 많이 들었다. 민간에 회전나침반이 도입되기는 쉽지 않았지만, 작전 성공을 위해 정교한 나침반이 절실했던 강대국 해군은 주저 없이 회전나침반을 도입했다. 1908년 독일제국이 해군 전함에 회전나침반을 도입해 해군력을 질적으로 향상하면서, 세계 최강대국인 대영제국에 도전장을 내밀었다. 1908년 미국의 발명가 엘머 스페리가 독자 기술로 회전나침반을 개발한 후, 이를 생산판매하는 스페리 자이로스코프 컴퍼니를 세웠다. 1911년 대영제국 왕립해군과 미국 해군은 스페리 자이로스코프 컴퍼니에서 회전나침반을 구매하여 전함에 도입했다.

# 10

# 첩보전,
## 적의 정보를 얻어라

　전쟁뿐만 아니라 평화 시에도 군대는 열심히 적국의 상태를 감시하며 동태를 살펴야 한다. 아주 오래전부터 군대는 척후병을 두어 적군이 어떤 행동을 하는지 살펴보았고, 적국의 정보를 수집하여 전략을 세우는 데 반영했다. 적을 알고 나를 알아야 전쟁에서 승리할 수 있기에, 첩보작전은 매우 중요한 과업이었다. 옛날 동아시아에서 정부나 군대는 간첩세작을 보내 정보를 훔치는 일을 시켰다. 중세시대까지만 해도 아랍에는 아사신이 정보를 탈취하기도 했다. 유럽에서는 교회나 수도원의 에스피오나지

Espionage라는 정보원이 교회와 왕실을 드나들면서 정보를 얻거나 이를 판매했다. 그들은 의뢰를 받아 정보를 탈취하는 일, 암살을 하는 일 등 용병으로서 활약했다. 그러나 그들은 민간인이었기에 이중간첩짓이나 거짓 정보를 흘려도 죄가 되지 않았다. 오히려 그들의 환심을 사야 적국의 정보를 얻어낼 수 있었다. 하지만 19세기 무선통신 기술이 발전하면서 국가는 정보장교를 양성해 첩보전을 벌였다.

유럽의 경우. 주변 인접국이 가장 많았던 오스트리아-헝가리 제국에서 가장 먼저 정보국Evidenzbureau이 등장했다. 1850년 등장한 정보국은 각종 전쟁 때 적국의 군사기밀을 탈취하는 활약을 펼쳤다. 특히 오스트리아-헝가리 제국은 다민족 국가로 수많은 언어가 사용되었는데, 정보국은 다양한 민족의 사람들을 정보장교로 양성해서 활동하게 했다. 이 덕분에 오스트리아-헝가리 제국은 유럽 전체의 암호문을 순식간에 해독할 수 있었다. 또한 안테나의 기술발전에 투자하여 무선통신을 가로채서 정보를 얻어내는 일을 집중적으로 교육했으며, 나아가 탈취한 무선통신 내용을 즉각 해독하는 인재를 양성했다.

다음으로 등장한 정보국은 프로이센-프랑스 전쟁에서 패배한 후, 1871년 프랑스 제3공화국이 설립한 정보기관인 참모 제2국Deuxième Bureau de l'État-major général, 약칭 제2국이다. 프랑스 제3공화국의 제2국은 암호해독과 첩자양성에 집중했으며, 독일제국과 대영제국에 첩자를 집중적으로 파견했다. 특히 제2국 사무

오스트리아-헝가리 제  국 정보국 마크

프랑스 제3공화국 참모  제2국 건물

대영제국 해군정보부  마크

소는 독일제국의 국경지대에 몰래 설치되어, 독일제국에 수시로 첩자를 보내 국가기밀을 탈취하고 위조했다.

대영제국은 크림전쟁 이후 1873년 러시아 제국을 비롯한 국가들을 감시하기 위해 군사정보총국Directorate of Military Intelligence을 설립하여, 전 세계의 기밀을 파헤치고 국내 기밀을 보호하는 국가기관으로서 역할을 수행하도록 했다. 이어 1887년 대영제국 해군도 따로 해군정보부Naval Intelligence Department를 설치하여 전 세계 바다를 감시했다. 그러다 1909년 대영제국 내에서 독일제국 스파이가 발견되자, 독일제국 첩자를 색출하기 위해 군사정보총국 산하기관으로 MI5를 설립했다. 이어 적국에 첩자를 보내 기밀을 수집하고 탈취하는 MI6을 설립했다. 해군정보부 역시 해군정보사단Naval Intelligence Division으로 개편되었다. 대영제국의 군사정보총국은 세계 유선 통신망을 활용하여 상대국의 비밀정보를 깨거나, 상대국이 눈치 채지 못하게 가짜 정보를 뿌리는 등 긴밀하게 첩보활동을 수행했다.

1882년 미국 역시 대영제국의 영향을 받아 해군정보국Office of Naval Intelligence을 설립했다. 이 해군정보국은 대영제국 해군정보부의 수준에 미치지는 못했지만, 다른 유럽 국가들이 관심을 가지지 않는 라틴아메리카를 상대로 첩보활동을 하면서 실력을 키웠다. 1899년 독일제국 역시 대영제국과 프랑스 제3공화국 첩자를 색출하는 제3b구역Sektion III b과 대영제국 왕립해군을 감시하고 군사기밀을 탈취하는 해군정보기관Marinenachrichtendienst

을 설립했다. 제3b구역은 설립된 지 얼마 되지 않아 경험이 부족했다. 그래서 오스트리아-헝가리 제국의 정보국과 협력하며 업무를 배웠으며, 해군정보기관 역시 실전경험이 부족해서 대영제국 왕립해군과의 첩보전에서 번번이 패배하는 등 별 소득을 얻지 못했다.

# 달라진 전쟁 패러다임

## Chapter 3

# 결국 터진 전쟁,

## 그리고 이전과 다른 전쟁

제1차 세계대전이 발발하기 직전부터 유럽에서 치열한 외교 전쟁이 한계점에 다다랐다. 당시에는 국가가 팽창해야 부강해지고 잘 사는 시대였기에, 다른 국가보다 더 강해지기 위해 팽창해야 했다. 그래서 자국은 팽창하고 타국은 팽창하지 못하게 방해했다. 외교전쟁이 그 일환이었고 시간이 흐르자 유럽은 양분되었다. 독일제국과 오스트리아-헝가리 제국을 중심으로 하는 동맹국, 프랑스 제3공화국과 러시아 제국을 중심으로 하는 협상국이었다. 독일제국 vs 대영제국, 독일제국 vs 프랑스 제3공화국,

오스트리아-헝가리 제국 vs 세르비아 왕국, 오스트리아-헝가리 제국 vs 러시아 제국의 구도가 만들어졌다. 독일제국, 오스트리아-헝가리 제국과 가까운 국가들과 프랑스 제3공화국, 러시아 제국, 대영제국과 가까운 나라들로 유럽 세계가 양분되었다.

그렇기에 어느 작은 국가들 끼리 대결이 일어나도 바로 강대국들 끼리의 전쟁이 되기 딱 좋았다. 보스니아 지역을 먹은 오스트리아-헝가리 제국과 반감을 품은 세르비아 왕국 사이의 충돌은 결국 1914년 6월 28일 사라예보 사건으로 이어졌다. 이 총성

제1차 세계대전의 원인이 된 사라예보 총격사건
출처 : 이탈리아 신문 《라 도메니카 델 코리에레》(1914년 7월 12일자)

에 오스트리아-헝가리 제국과 독일제국이 움직였고, 연이어 러시아 제국과 프랑스 제3공화국이 움직이면서 제1차 세계대전이 발발하고 말았다. 여기까지는 누구나 예상했던 것이었다. 유럽에서는 예로부터 수많은 국가가 두 파벌로 양분되어 전쟁을 수도 없이 벌였기에, 전쟁 초기에는 모두들 이번에도 예전처럼 또다시 뻔한 전쟁이라고 가볍게 생각했다.

1914년 7월 28일에 벌어진 제1차 세계대전 초반은 실제로 일반적인 전쟁의 양상을 보였다. 보병이 적당히 무릎을 굽히고 공격하면 전선이 바로 밀리고, 곧 이어 예상대로 적은 진격하는 전쟁이었다. 프로이센-프랑스 전쟁 때처럼 전선에서 큰 대치 없이 전쟁은 순조롭게 진행되었다. 그래서 이기는 세력과 지는 세력 모두 전쟁이 빨리 끝날 것으로 생각했다. 그러나 전쟁에 참전한 유럽 국가들은 그동안 발전시킨 병기기술이 엄청난 파괴력을 보이자, 전투 때마다 엄청난 병력손실이 일어난다는 사실을 알게 되었다. 이전 전쟁과 달리, 제1차 세계전쟁에서 모든 병기의 연사력과 파괴력이 향상되면서 쉴 틈 없이 전투를 치를 수 있게 되었으며, 항공정찰 기술도 비약적으로 향상되어 적이 어디 있는지 파악이 가능했다.

1914년 9월 9일, 서부전선 제1차 마른 전투에서 독일군이 후퇴하면서 참호를 파고 저항하자, 전쟁은 순식간에 참호전으로 바뀌었다. 서부전선뿐만 아니라 거의 모든 전선에서 참호전이 발발했으며, 이 참호전은 이전 전쟁에서는 볼 수 없었던 새로

1914년 세르 전투          1914년 갈리폴리 전투          1914년 마른 전투

운 전쟁의 양상을 보였다. 참호전은 방어자가 압도적으로 유리한 전형으로, 공격자는 적 참호까지 도달하는 데 수많은 병력을 잃어야 했다. 또한 공격자가 방어자의 참호를 점령한다고 해도, 방어자는 곧바로 후방에서 병력을 충원할 수 있어서 공격자는 다시 참호를 빼앗기게 되는 불리한 전술이었다.

지휘관 역시 전쟁 초반부터 참호전이 방어자에게 압도적으로 유리하다는 사실을 잘 알았지만, 어쩔 수 없이 참호에 병력을 투입해 점령하고 다시 물러나기를 반복해야만 했다. 결국 참호를 뚫을 수 있는 전술적 패러다임을 발견하기 전까지는 무수한 병력들의 손실을 감내할 수밖에 없었다. 1914년에도 수많은 시도가 있었지만 모두 실패했으며, 1915년 3월 13일 영국원정군이 수많은 인도원정군 병력을 희생시킨 끝에 독일군 참호를 완전히 돌파할 수 있었다. 영국원정군은 뇌브-샤펠 전투를 복기해 참호를 점령하는 전략을 완성하여 독일군 참호를 공격했는데, 독일군도 참호를 많이 만들어 적의 힘을 소모시키는 방식으로 방어태세를 구축했다. 이처럼 제1차 세계대전은 참호를 뚫으려는 창과 참호를 방어하려는 방패가 끊임없이 팽팽하게 싸운 전쟁이었다.

# 자원확보
## 경쟁

산업혁명 이후 국가경제는 산업력에 달려 있었으며, 산업은 결국 자원이 있어야 가동되었다. 그렇기에 산업혁명 이후 자원 매장지가 전략적 요충지로 등극했으며, 강대국들은 자원이 많은 곳을 선점하려고 경쟁과 전쟁을 벌였다. 결국 자원이 많은 국가가 국력도 강했을 뿐만 아니라, 유사시에 자원이 많을수록 전쟁에서 이길 수 있었다. 그래서 강대국들은 더 많은 자원을 확보하려고 치열하고 피비린내 나는 전쟁을 벌였다. 결국 전쟁이 발발하자, 상대 국가가 서로 자원을 얻지 못하도록 방해했다.

산업혁명 이후 철은 부식될지언정 내구성이 강해서 산업의 기본 자원이었다. 브리튼 섬의 웨일스와 스코틀랜드 지역에 철광석이 넘쳐났는데, 잉글랜드는 이들 지역의 철광석 덕분에 대영제국으로 성장한 후 산업혁명에 성공할 수 있었다. 한편 오스트리아 제국은 풍부한 철광석을 마음껏 채굴하면서 산업혁명을 이뤄냈으며, 스웨덴 왕국은 스칸디나비아반도의 풍부하고 질 좋은 철광석을 해외와 독일제국에 판매하여 막대한 무역흑자를 기록하면서 부강해졌다.

또한 라틴아메리카 역시 안데스산맥에서 나는 수많은 광물자원을 유럽으로 수출하면서 무역흑자를 기록했다. 대영제국은 남아메리카에서 가져온 광물자원의 최대 시장이 되면서 세계 자유무역을 주도했다. 뒤이어 독일제국도 대영제국보다 더 많은 광물을 구매하면서 남아메리카의 새로운 시장으로 등극했다. 남아메리카 국가들이 자연스럽게 독일제국과 경제적 협력자가 되자, 대영제국은 남아메리카에서 영향력이 강해지는 독일제국을 두려워하기 시작했다.

그래서 제1차 세계대전이 발발하자, 대영제국은 바로 해상봉쇄를 단행하여, 남아메리카 광물자원이 독일제국으로 가지 못하게 막았다. 나아가 지중해에서도 해상을 봉쇄함으로써, 오스트리아-헝가리 제국 역시 무역을 하지 못하게 조처했다. 이런 봉쇄조치로 인해, 독일제국과 오스트리아-헝가리 제국 해군은 대영제국 왕립해군과 정면승부를 가졌지만, 모두 패퇴하는 바람

알자스-로랭 지역을 점령한 독일제국

에 필요한 철강을 얻지 못한 채 전전긍긍해야 했다. 그래서 독일
제국은 스웨덴 왕국에게서 철강을 수입했지만 그 양이 늘 부족
했다. 이 때문에 러시아 제국에서 철강을 어떻게든 긁어모으려
애썼다.

결국 독일제국은 대영제국의 해상봉쇄에 대한 반격으로 잠
수함 작전을 펼쳐, 대영제국으로 가는 무역선을 가리지 않고 격
침함으로써 대영제국으로의 자원유입을 방해했다. 해상봉쇄로
승기를 잡았다 생각한 대영제국은 독일제국 해군의 반격에 적
잖게 당황했으며, 결국 유례없는 경제위기를 겪어야 했다. 한편
독일제국이 미국과 남아메리카 상선을 무차별적으로 공격하자,
어느 정도 호의적이었던 아메리카 국가들도 독일제국에서 등을
돌리게 되었다. 한편 대영제국은 이 기회를 노려 아메리카 국가

들을 자국의 편으로 만드는 데 성공했다.

산업의 기본 재료는 철강이었지만, 공장을 가동하기 위해서 석탄이 필요했다. 아무리 디젤엔진이 개발되었다고 하지만 가격만 따지면 석탄이 가장 저렴했기에, 대규모 공장은 여전히 저렴한 석탄을 사용했다. 그렇기에 유럽 강대국들은 어떻게든 석탄광을 더 확보하려고 했다. 독일제국은 프로이센-프랑스 전쟁에서 승리한 후, 프랑스에서 석탄 생산량의 90%를 차지하는 알자스-로렌 지방을 점령했다. 이 때문에 산업력이 위축된 프랑스 제3공화국은 독일제국과의 전쟁에서 무조건 알자스-로랭 지방을 수복하려고 노력했다.

비교적 흔했던 석탄과 달리, 석유는 채굴법도 어렵고 산지가 한정적이었다. 그런데도 석유를 원료로 사용하는 엔진의 성능이 월등히 뛰어났고 범용성도 좋았기에, 석유의 수요가 폭발적으로 증가했다. 강대국들은 석유 산유지 확보를 위한 전쟁에 뛰어들었다. 유럽에서 석유가 가장 많이 나는 곳은 카르파티아산맥 지역으로 루마니아 왕국과 오스트리아-헝가리 제국 영토였다. 루마니아 왕국은 카르파티아산맥 남부에 위치하던 국가로, 중세시대부터 땅에서 검은 기름이 나오는 곳으로 유명했다. 이에 유럽에서 석유 수요가 증가하자, 석유를 판매하며 엄청난 무역흑자를 기록했다. 그런데 문제는 이 무역흑자를 국왕 사비로 유출한 경우가 많아 루마니아 왕국 전체가 발전하지 못했다는 데 있다. 게다가 전쟁이 한창일 때 동맹국에게 석유를 팔며 흑자를 보면서 대루마니아를 건국했지만, 동맹국의 선전포고와 함께 수도를 점령당했으며 석유와 식량을 빼앗기는 수모를 당했다. 그나마 연합국에 다행인 점은 루마니아군이 후퇴하면서 산유지에 불을 질러, 동맹국이 루마니아 석유를 마음껏 사용하지 못하게 방해했다는 것이었다.

오스트리아-헝가리 제국은 카르파티아산맥 북부지역인 갈리치아에서 석유를 생산했다. 헝가리 대평원에도 석유가 있었지만, 당시에는 카르파티아에서만 석유가 생산되었다. 독일과 오스트리아-헝가리 제국이 석유 엔진 기술의 선봉장이 된 이유가, 갈리치아에서 풍부한 양의 석유로 많은 실험을 진행할 수 있었기 때문이었다.

반대로 갈리치아는 오스트리아-헝가리 제국의 약점이었다. 오스트리아-헝가리 제국의 적이었던 러시아 제국은 무조건 갈리치아를 점령해서, 오스트리아-헝가리와 독일 제국으로 가는 석유 공급을 차단하기 위해 작전을 세우고 전쟁을 일으켰다. 그것이 갈리치아 전투였다. 이 전투에서 러시아군이 승리하자, 동맹국은 석유공급의 난항을 겪었다. 이 석유공급을 해결하고자 동맹국은 갈리치아 수복에 목숨을 걸었고, 마침내 고를리체-타르노프 공세가 성공하여 갈리치아를 수복할 수 있었다.

한편 연합국은 텍사스주와 멕시코만에서 나는 석유를 수입했다. 멕시코만 유전지대는 모두 미국과 대영제국 정유회사의 소유였는데, 유전기업이 석유를 채굴한 후 국가에 일부를 보급하고, 나머지는 전부 전쟁터에 보급했다. 이에 따라 미국과 멕시코합중국의 석유가 연합국으로 수출되었다. 미국은 석유를 수출하면서 전쟁 특수를 누렸으며, 동시에 멕시코 내전에 개입하면서 멕시코만 전체를 차지하려는 야심을 갖고 있었다. 멕시코합중국은 혼란스러운 정국 속에서도 멕시코만의 석유가 미래 먹거리임을 잘 알았으며, 어떻게든 미국의 간섭에서 벗어나려고 애썼다. 그래서 제1차 세계대전 전부터 멕시코 혁명 와중에도 멕시코합중국은 미국의 영향력을 떨쳐내려고 노력했다. 하지만 문제는 멕시코 내 석유를 채굴하던 단체가 대영제국의 석유기업인 데다가 설상가상으로 내전상황으로 인해, 석유수출로 벌어들인 소득이 멕시코합중국에 잘 흘러가지 않아서 경제적 특수를 제대로 누리지 못했다는 데 있었다.

산유국 멕스코의 베르쿠르즈를 점령한 미군

아시아에는 카스피해 남부부터 페르시아만에 거대한 산유지가 존재했다. 아라비아반도에도 산유지가 있지만, 당시에는 발견되지 않았다. 게다가 이것마저도 대영제국과 러시아 제국이 차지하려고 혈안이 되어 있었다. 독일제국이라는 공동의 적을 갖고 있는 대영제국과 러시아제국은 카자르 제국을 남북으로 갈라 각 지역의 석유를 차지하기로 합의했다. 그후 대영제국과 러시아 제국은 새로운 산유지를 확보했다는 것을 기뻐하면서, 이란을 지배하던 카자르 제국의 귀족들을 돈으로 매수했다.

사치에 빠진 귀족들은 자국의 석유 채굴권을 대영제국과 러시아 제국에 넘겼다. 카자르 제국의 귀족들은 부패했으며, 그 피해를 국민이 온전히 받았다. 불행하게도 전쟁이 일어나자, 카자르 제국은 중립을 선포했음에도 산유지라는 이유로 전쟁터가 되고 말았다. 먼저 인도제국에 배치된 인도원정군과 러시아군이 카자르 제국으로 밀려들어 왔다. 카자르 제국의 어린 샤한샤는 무능했던 아버지 대신, 오스만 제국과 손을 잡고 그들을 격퇴하려고 시도했다. 하지만 오스만 제국 역시 카자르 제국의 산유지를 노리고 협력적 관계를 유지했다. 오스만 제국은 카스피해 남부지역을 점령했으며 샤한샤만 버림받았다. 그 와중에 지켜줄 자 없는 카자르 제국의 국민만 더 비참해졌다.

한편 카스피해 서부에 있는 바쿠는 러시아 제국의 산유지였는데, 오스만 제국은 바쿠를 침공했으며 러시아 제국은 바쿠를 필사적으로 막았다. 러시아 제국은 아르메니아인을 해방한다는 명목으로 오스만 제국의 동부 영토를 제거함으로써 바쿠로 가는 길을 차단했다. 반면 오스만 제국은 튀르키예인을 해방한다며 러시아 제국 내 튀르키예인들의 반란을 부추겼다. 대영제국 역시 러시아 제국을 도와 바쿠를 절대 사수하려고 했다.

이처럼 제1차 세계대전은 서로의 자원을 뺏는 전쟁이었으며, 특히 비행기와 자동차의 사용이 증가하면서 산유지를 두고 벌인 처절한 전쟁이었다. 제1차 세계대전 후반으로 가면서 산유지가 지정학적으로 중요한 거점이 되었다. 바쿠 유전지대 하나를 차지하기 위해 러시아군, 독일군, 오스만군, 영국군 모두 뛰어들었으며, 바쿠 주변의 아르메니아인과 아제르바이잔인이 바쿠를 어느 민족이 차지하느냐를 두고 서로 학살했다. 이 비극은 제1차 세계대전 후에도 끝나지 않았으며, 러시아 내전 동안 수많은 목숨이 잃은 후 소련 영토가 되면서 끝이 났다.

19세기 말에 발명된 무연화약은 종류가 다양했으며, 국가마다 다양한 무연화약을 사용했다. 전쟁에서 승전하는 데 꼭 필요한 것이 포탄이기에 화약 수요가 확 늘었다. 그래서 참전국들은 화약 재료 확보에 열을 냈다. 대부분 나라는 니트로구아니딘을 무연화약 재료로 사용했는데, 니트로구아니딘은 새똥이 굳어 생긴 구아노를 합성해 만든 것이었기에 구아노 확보가 필수였다. 양질의 구아노는 대부분 라틴아메리카에 있었기에 모든 참전국이 라틴아메리카에서 구아노를 수입하자, 라틴아메리카는 구아노 자원으로 전쟁 특수를 누렸다.

한편 대영제국은 라틴아메리카에서 구아노를 수입하는 대신, 인도제국에서 질산칼륨을 직접 얻었다. 인도아대륙의 토양

솜 전투에 사용된 탄창들    화약을 제조하는 모습

에는 질산칼륨이 풍부했는데, 우기 때 막대한 양의 비가 내린 후 땅이 굳으면 질산칼륨 결정이 지표면에 생겼다. 이를 긁어 화약 재료로 사용했는데 라틴아메리카에서 나는 초석만큼 양과 질이 우수해서, 대영제국은 인도제국에서 질산칼륨을 직접 조달했다. 그래서 대영제국은 인도제국을 절대 잃을 수 없었다. 영국령 인도제국으로서 남아시아의 인도아대륙은 그 거대한 크기 때문에, 문명이 태동한 인더스 문명 이래로 인도아대륙의 국가들은 한 번도 통일되지 않은 채 수천 년 동안 분열되었다.

독일제국은 독일인과 인도인이 같은 아리아인임을 강조하면서 인도인의 독립봉기를 부추겼다. 하지만 정작 독일제국의 의도는 대영제국의 생명줄인 인도제국을 대영제국에서 독립시키고, 독일제국과 인도제국의 강한 유대를 맺어 인도의 자원을 독일제국이 독점적으로 사용하는 데 있었다. 제1차 세계대전 동안 인도제국에서 반대영제국 독립운동인 가다르 운동이 일어났지만, 대영제국 정부의 강경진압으로 실패하고 만다.

한편 대영제국은 잠수함 작전으로 동맹국이 라틴아메리카에서 구아노를 수입하지 못하게 해상봉쇄했다. 이에 독일제국은 하버 질소 고정법을 통해 질소화합물을 인공적으로 생산하는 데 성공했다. 그래서 독일제국은 구아노 없이도 니트로구아니딘을 인공합성한 포탄을 생산했다. 독일제국은 대영제국의 해상봉쇄에 대한 역공으로 아세트산 수출금지를 단행했다. 대영제국이 무연화약인 코르다이트를 합성하려면 아세트산이 필요했다. 아세트산 산지인 독일제국과 오스트리아-헝가리 제국이 수출을 전면 금지하자, 대영제국은 무연화약을 생산하지 못하는 위기를 맞았다. 전쟁이 진행되면서 연합국과 동맹국 모두 생산되는 질소보다 소모하는 화약이 많아지자, 질소를 생산하기 위해서 민간의 오줌을 받아다 질소화합물을 합성하는 지경에 이르렀다. 독일제국에서 세금징수원이 직접 화장실을 돌며 오줌을 받아오기도 했으며, 대영제국과 프랑스 제3공화국은 요강을 배부하여 받은 오줌을 발효해서 질소를 생산했다. 이처럼 전쟁이라는 특수한 환경에서 질소의 엄청난 수요가 필요했으며, 후방에서는 질소를 확보하려는 오줌 사투라는 진풍경이 벌어졌다.

# 트럭, 도로를

## 지배하다

전쟁에서 전술만큼이나 중요한 것은 신속한 보급이다. 필요한 물자와 병력을 빨리 전쟁터로 투입할 수 있어야 문제없이 작전을 수행할 수 있기 때문이다. 그렇기에 제1차 세계대전이 발발하기 전부터 지휘관들은 보급을 항상 신경 썼으며, 보급장교들을 배치해 신속한 보급을 담당하게 했다. 신속한 보급을 위해서 자동차보다 기차를 교통수단으로 사용했기에, 철도는 중요한 보급선이었으며 보급장교들은 철도관를 담당하기도 했다. 철도 위를 달리는 기차는 철도에서 절대 벗어날 수 없었다. 역과 역사이의 빠른 수송은 기차로 가능했지만, 역에서 하역한 무거운 전쟁물자를 사람이나 가축이 수송해야 하는 번거로움이 있었다. 문제는 전장에서 소모되는 전쟁물자의 속도를 보급이 따라가지 못했다는 데 있다. 특히 전장이 평지가 아닌 산 등 지형적으로 험준한 곳에는 기차가 기존의 철로를 사용할 수가 없어서, 연합군은 철도역에 협궤를 연결해 협궤열차로 전쟁물자를 보급해야 했다.

협궤를 부설할 여유가 없는 국가들은 어쩔 수 없이 마차를 이동수단으로 활용할 수밖에 없었다. 1914년 독일군 병력은 430만 명이었으며 군마수는 140만이 넘었다. 국토가 드넓은 러시아군 역시 약 100만 군마를 집중적으로 운용해서 공격과 보급 모두 해결했다. 여기서 문제는 제1차 세계대전 당시 병기의 무게와 양이 비약적으로 증가했지만, 말의 체력은 그대로였기에 그만큼 보급속도가 너무 느렸다는 점이었다. 군마조차도 버티지 못하고 죽는 경우들이 허다했다. 1914년 전쟁 초반 독일군 140만 군마는 1915년에는 70만 마리만 살아남았다. 결국 독일군은 군마수가 너무 부족해지자 말을 닥치는 대로 약탈해 보충할 정도였다. 느린 군마 수송능력은 독일군의 쾌속 진격을 방해했다. 이는 프랑스군, 러시아군, 세르비아군, 독일군, 불가리아군 모두 직면한 문제였다.

한편 기차가 철도에서 절대 벗어날 수 없다는 뚜렷한 한계는 공격자에게 유리하게 적용됐다. 공격자는 일부러 철도가 없

● 제1차 세계대전 당시
독일군의 보급열차

●● 보급이 원활하지 못할
때 사용한 협궤열차

●●● 동부전선에서 진군하는
독일군과 군마

는 곳을 공격하여, 방어자가 신속한 보급을 받지 못하도록 했다. 그러자 동맹국은 철로가 아닌 어디든 이동하는 트랙터를 새로운 수송수단으로 선택했다. 마력이 좋은 트랙터는 기차처럼 여러 칸을 동시에 끌면서 어디든 대량물자를 보급할 수 있었다. 특히 석유가 부족한 동맹국은 트랙터로 한 번에 많은 양을 옮기며 석유를 아꼈다. 반면 석유가 풍부했던 연합국은 트럭과 트랙터를 자유롭게 사용했다. 특히 농업이 발달한 미국에서 트랙터가 발전했는데, 연합군은 미국 트랙터를 이용했다. 트랙터로 열차를 만든 동맹군과 달리, 연합군은 수많은 홀트 트랙터 하나하나에 야포나 포탄을 실어 동시에 보급했다. 트랙터는 출력이 좋아 쉬지 않고 일했지만, 속도가 너무 느리다는 단점이 명확해 공세용으로는 적합하지 않았다. 유럽의 참전국들은 여전히 보급문제에 발목이 잡혀 적극적인 공세를 하지 못했다.

1914년 유럽에서 제1차 세계대전이 발발하는 동안, 미국은 멕시코 혁명에 깊이 개입했다. 미국과 멕시코 국경에 판초 비야가 미국에 저항해 게릴라전을 펼치자, 미국 정부는 대대적인 판초 비야 소탕작전을 벌였다. 그리고 이때 이 임무를 맡은 존 조지프 퍼싱 장군은 멕시코 깊숙이 들어가 판초 비야를 소탕하기 위해, 만 명의 병력과 1,000대 트럭, 그리고 상당히 많은 군마를 보급받았다. 그는 신속하게 도망치는 판초 비야를 잡으려면 중간중간 휴식이 필요한 군마가 아닌, 24시간 진군 가능한 트럭을 더 많이 지급하라고 미국 정부에 요구했다. 미국 정부는 1917년

• 다임러의 M17　　•• 홀트 트랙터　　••• 트럭으로 멕시코에　　:: 게릴라전으로 미국에
　트랙터　　　　　　　　　　　　　　　　　진군하는 미군　　　　　저항한 판초 비야

연말까지 트럭 약 2,400대를 지급했으며, 미군은 트럭을 타고 멕시코합중국 깊숙이 침투하여 판초 비야 군대와 여러 멕시코 군대를 대대적으로 소탕했다. 이후 미국은 트럭에 관심을 가졌으며, 여러 미국 자동차기업이 트럭을 연구하기 시작했다.

제1차 세계대전에 뛰어든 국가들 가운데 트럭 생산에 가장 집중한 나라는 프랑스 제3공화국이었다. 파리 바로 위에 서부전선이 형성되어 위기감을 느꼈던 프랑스군은 트럭을 대량생산하여 독일군의 진격을 막았다. 1914년 9월 1일 독일군이 파리 북부 마른강까지 진격하자, 파리의 르노 택시협동조합이 병력과 보급품 운송을 자원해서, 하룻밤 5시간 동안 6,000명의 병력을 보충함으로써 마른 전투에서 승리하는 데 공헌했다. 1914년 프랑스군은 73만 마리의 군마와 6,000대의 트럭을 보유했지만, 마른 전투 이후 트럭만 집중적으로 생산했다. 1914년에는 1907년 등장한 베를리에 CBA 트럭이 가장 많이 생산되어 프랑스군 보급을 책임졌다. 특히 베를리에 CBA는 광산에 사용되던 트럭으

프랑스 베를리에 CBA 트럭          프랑스 르노 자동차의 르노 20CV

독일 다임러의 마리엔펠데 트럭

로 험지 돌파능력을 갖추고 있어 전장을 잘 누빌 수 있었다.

프랑스 제3공화국의 자동차기업 르노 역시 트럭 개발에 발 벗고 나섰다. 르노 20CV, 르노 EG, 르노 FU 등 수많은 트럭을 생산하면서 전쟁터에 보급을 책임졌다. 특히 1916년 독일군이 철도보급이 취약했던 프랑스의 베르됭을 집중적으로 공격한 베르됭 전투 때, 프랑스 트럭들이 베르됭에 병력과 물자를 끝임없이 보급하여 장장 8개월 동안 베르됭을 보호하는 공을 세웠다. 이후르노도 트럭을 10만 대 이상으로 생산을 끌어올렸으며, 1918년에는 서부전선 전역에 트럭을 보급했다.

한편 독일군 역시 군마 대체품으로 트럭을 생산했지만, 석유가 없고 자원도 부족해서 트럭을 대량생산하지 못했다. 게다가 다임러와 벤츠 등 여러 트럭회사가 다양한 트럭을 소규모로 자체 모델로 생산하였기에, 운전병은 모든 트럭의 운용법을 하나 하나 공부해서 운전해야 하는 불편을 겪었다. 설상가상 부품 역시 따로 구해야 해서 한시가 긴박한 전시상황에서 트럭이 큰 도움이 되지 못했다. 그 때문에 독일군은 트럭이 있음에도 불구하고 울며 겨자 먹기로 군마를 소모해야 했다. 독일제국은 1918년에도 트럭을 2만 5천 대밖에 생산하지 못했다. 이로 인해 넓은 전장을 우회하여 기동하는 동부전선에서 독일군의 전세는 불리하게 돌아갔다.

대영제국은 런던에서 과시용으로 사용하던 2층 옴니버스를 급히 전쟁에 투입했다. 옴니버스는 2층이어서 수많은 병력을 한 번에 대량으로 수송할 수 있어서 효율적이었다. 하지만 옴니버스는 애초에 사람만 타는 교통수단으로 포탄을 적재하기에는 부적합해서, 대영제국은 트럭도 개발을 시작했다. FWD 기업에서 개발된 FWD Model B를 비롯한 트럭들은 실전 배치했지만, 당시 대영제국은 자동차 기술강국이 아니어서 트럭 품질이

대영제국의 옴니버스로 이동하는 군인들    대영제국의 FWD Model B

인도원정군 포드 모델 T 트럭                    미국 포드 모델 T 야전 구급차

그다지 좋지 않았다. 약 5만 대도 생산하지 못하고 프랑스군과 미군의 트럭을 이용하면서 전쟁물자 보급을 수행해야 했다.

철도와 달리, 트럭은 물만 아니면 어디든 신속하게 이동할 수 있었으며, 트랙터보다 훨씬 빨랐다. 철도망 사이의 간격이 너무 멀어 기차가 수송기능을 제대로 하지 못하는 동부전선에서, 동맹군이 트럭을 사용하면서 러시아군의 허점을 마구 휘저었다. 오스만 제국 내부로 침투하는 중동전선에서는 트럭이 철도를 완전히 대체했다. 황량한 사막을 일주해야 했던 이집트원정군과 인도원정군은 처음에는 마차와 낙타로 보급수송을 했다. 하지만 뜨거운 지열을 견디고 속도와 기동성을 개선하고자 포드 모델 T 차량을 적극적으로 이용했다. 더운 사막에서 포드 모델 T로 이동하니, 병사들은 뜨거운 바닥에 닿지 않은 채 차 위에서 휴식을 취할 수 있었으며, 속도 역시 빨라 수송능률이 향상되었다.

제1차 세계대전이 발발하자, 포드 영국지사에서 포드 모델 T 를 대량생산하여 서부전선에 납품했다. 포드 모델 T는 구급차,

제프리 기업의 제프리 쿼드 트럭

장갑차, 택시, 지휘 차량 등 다양한 차량으로 사용되면서 연합군을 적극적으로 지원했다. 이때 한 달에 15,000대를 생산하는 기염을 토할 정도였으며, 연합군은 군용 트럭이 부족했기에 아쉬운 김에 포드 모델 T를 사용하기도 했다. 원래 화물이 아닌 인력 수송용인 포드 모델 T는 트럭 역할로는 부적합했지만, 전장에서 그런 것은 신경 쓰지 않았다. 포드 기업은 연합군이 포드 모델 T를 이용하는 것을 보고 트럭을 업그레이드하기로 했다. 그렇게 탄생한 것이 1917년 등장한 포드 모델 TT로, 이 트럭은 가벼운 화물만 운송이 가능했지만, 연합군에게 이것이라도 당시로선 감지덕지였다. 포드 모델 TT는 적재함 높낮이가 낮아 적재와 하역 모두 간편했기에, 세계 최초의 픽업트럭으로 인정받았다.

한편 토머스 B 제프리 기업은 제프리 쿼드라는 트럭을 유럽에 보급했다. 1913년에 개발된 제프리 쿼드는 공기압식 타이어가 아닌 통타이어였기에 승차감이 최악이었지만, 사륜구동으로 이륜구동인 당대 자동차와 차원이 다른 출력을 냈다. 이 덕분에 과적도 가능했고 갯벌에 빠져도 잘 빠져나올 수 있어서, 서부전선 겨울과 동부전선 봄가을 전쟁터의 갯벌에서도 유유히 질주했다. 그래서 프랑스군과 러시아군은 제프리 쿼드를 선호했다. 제프리 쿼드에 적용된 사륜구동은 지금도 험지를 주파하는 지프차 등 야전차량에 적용되는 기술이다.

1917년 미국이 제1차 세계대전에 참전을 결정하자, 존 조지프 퍼싱이 미국원정군을 이끌면서 더 많은 트럭 양산을 정부에 요구했다. 이에 미국 15개 자동차기업이 모여 완벽한 트럭을 연구하게 되었다. 그들이 제작한 트럭은 튼튼한 차체와 사륜구동이 만드는 강한 출력, 강한 물체와 부딪혀도 안전한 범퍼, 웜 기어, 명확한 전방주시등, 비에서 운전자를 보호하는 후드, 사람이든 물건이든 모두 탑재 가능한 적재소 등 이 모든 기능을 보유한 3톤 트럭이었는데, 이 트럭을 리버티 트럭이라 불렀다.

리버티 트럭은 군용 트럭의 표준을 제시한 모델로, 지금도 전 세계 군용 트럭의 기본으로 사용되고 있다. 1918년 10월 리버티 트럭은 7,600대가 유럽 전선 전체로 보내졌다. 서부전선, 이탈리아전선, 발칸전선으로 보내져 연합군의 총공세를 적극적으로 지원했다. 1918년 11월 말 독일제국이 항복하면서 리버티 트럭은 제 역할을 완료했지만, 동유럽에 등장한 신생국들은 여전

● 군용 트럭의 표준이
된 미국의 리버티
트럭

●● 스웨덴 볼보의 LV1

●●● 소련의 아모 트럭

히 리버티 트럭을 주문했다. 특히 동유럽의 맹주가 되어 볼셰비키의 침공을 막고 동유럽을 제패하려던 폴란드군과 발칸반도 서부를 통일한 유고슬라비아 왕국이 리버티 트럭을 적극적으로 원했다. 그래서 14,000대의 리버티 트럭이 유고슬라비아 왕국과 폴란드 제2공화국에 수출되었다.

제1차 세계대전은 트럭이 빛을 발하던 전쟁이었다. 무거운 것을 탑재할 수 있고 어디든 빠르게 달릴 수 있는 트럭은, 사륜구동과 공기압 타이어가 더해져 어디에서나 빠지지 않았으며, 편안하게 이동이 가능할 수 있어서 빠르게 도로를 차지했다. 미국 농촌에서 픽업트럭으로 자리 잡은 포드 모델 TT은 각종 농산물과 가축을 수송한 덕분에 농산물 유통속도가 빨라졌다. 유럽 역시 트럭에 대한 수요가 증가했다. 바이마르 공화국은 독일 제국 시절 전쟁에서 패한 이유를 분석한 결과, 트럭이 필요함을 깨달았다. 1927년 창립된 스웨덴의 자동차기업 볼보 역시 튼튼하고 안전한 자동차를 신조로 하면서, 1928년 LV1을 출시해 튼튼한 자동차라는 볼보 신화의 시작을 알렸다. 프랑스의 르노 역시 다양한 트럭을 개발하면서 자동차에 대한 기술력을 향상시켰다.

이탈리아 왕국과 스페인 왕국, 유고슬라비아 왕국은 르노 트럭을 모방해 트럭을 개발했으며, 바이마르 공화국 역시 르노 트럭을 참고해 트럭을 개발했다. 하지만 트럭의 가장 큰 시장은 소비에트 사회주의공화국연방이었다. 드넓은 땅에 진창이 많았던

도로와 엉망진창으로 설계된 철도 교통망 때문에 교통인프라가 최악이던 소비에트 사회주의공화국연방은, 빠른 경제성장으로 파탄 난 경제를 되살리고 주변국의 침공에 맞서 혁명수출을 완수해야 했다. 그래서 1928년 스탈린은 국민경제 5개년 계획으로 빠른 경제성장을 위해 교통 인프라 개선을 가장 우선적 목표로 삼았다. 그래서 스탈린은 이탈리아 왕국의 피아트 트럭을 수입해 아모 트럭을 개발하여 국내에 보급했다. 아모 트럭은 소련의 교통과 물자수송을 책임졌다. 스탈린의 국민경제 5개년 계획은 인민의 큰 희생을 치렀지만 소련의 큰 경제성장을 일궈냈다.

# 04

# 샤넬,
## 여성에게 편한 옷을

유럽에는 1900년대 초까지만 해도 독실한 기독교 국가들이 많아서 성인이라면 허리 아래 하체를 노출하는 것을 금기시했다. 배와 정강이 사이를 노출하는 것은 음란한 것으로 여겨, 여성의 경우 초경 이후에, 남성의 경우 몽정 이후에 배부터 정강이 사이는 무조건 가려야 했다. 그래서 유럽인들은 더운 여름에도 허리 아래는 무조건 긴바지와 긴치마만 입고 다녔으며, 남성의 경우 반바지를 입으면 스타킹으로 남은 다리를 무조건 가렸다. 또한 유럽에서 스코틀랜드와 아일랜드, 그리스를 제외하

1910년대 유럽 남녀의 패션　　　　　1910년대 유럽 여성들이 입은 긴 치마

면 남성은 무조건 바지, 여성은 무조건 치마라는 공식이 적용되었다. 1800년대에는 끌기도 부담스러울 정도로 폭이 넓은 치마가 유행했지만, 점차 의복 자체가 저렴해지면서 옷으로 사치를 과시할 필요성이 적어졌다. 이에 따라 치마폭이 줄어들었지만 여전히 땅에 끌리는 긴 치마를 입었다.

　부유한 부르주아 여성에게 이것이 별문제가 되지 않았지만, 모든 계급의 사람들에게 긴치마를 강요함으로써 불편함이 생겼다. 농사를 짓고 살아야 했던 여성들과 공장에서 일하던 여성 노동자들도, 폭이 넓어 걸리적거리는 치마를 입고 일을 해야 했다. 특히 공장에서 이 문제가 심각했는데, 증기기관 기계가 뿜어내는 뜨거운 증기가 치마 안으로 들어가 매우 더웠다. 게다가 기계가 치마를 삼킬 수 있는 위험과, 작업을 하면서 치마를 실수로 밟아 넘어지면서 기계와 부딪히는 사고가 일어나기도 했다. 이에 따라 여성 노동자들은 치마 대신 바지를 요구했지만, 당시에는 바지는 남자만 입는 것이라는 사고가 만연했다.

1883년 프랑스 제3공화국의 소뮈르에서 태어난 가브리엘 보뇌르 샤넬은 수녀원에서 성장했지만 승마에 관심이 많았다. 여성이 승마를 한다는 것은 문제없었지만, 승마를 할 때에도 치마를 입어야 했다. 그래서 말 위에 비스듬히 옆으로 앉아 승마를 해야 했는데, 이 자세는 낙마위험이 있어 말을 빠르게 모는 것은 불가능했다. 샤넬 역시 치마를 입고 승마를 했지만 이에 불만을 품었다. 당대 여성복이 불편하다고 생각했던 샤넬은 1910년 파리에 샤넬 모드라는 모자 전문점을 개업하여, 챙이 상대적으로 작아 가볍고 수수하면서도 편리한 여성 모자를 제작했다. 챙이 큰 모자에 공작과 타조 깃털로 장식하여 부를 과시하던 부르주아 여성들은 샤넬 모자를 싫어했지만, 중산층 이하 계급은 편리한 샤넬 모자에 열광했다. 모자로 자신감을 얻은 샤넬은 여성 바지도 디자인하여 판매했는데, 처음에는 판매율이 생각보다는 저조했다. 여전히 여성들 역시 굳이 남성처럼 바지를 입을 필요를 느끼지 못했던 것이다. 1913년 샤넬은 아르덴 숲이 있는 드빌에 2호점을 개설했다.

하지만 1914년 제1차 세계대전이 발발하고 아르덴을 독일군이 점령하면서, 드빌의 샤넬 모드 2호점은 독일제국의 수중으로

프랑스 패션 디자이너    1910년대 샤넬의 혁신적인
가브리엘 보뇌르 샤넬    여성 패션

넘어가면서 장사를 접어야 했다. 그러나 제1차 세계대전이라는 큰 사건은 오히려 그녀에게 전화위복이 되었다. 제1차 세계대전 초반 프랑스의 건강한 성인 남성들이 전쟁터로 징병되자, 군수 공장에는 노동력이 부족해졌다. 그래서 별수 없이 남성 노동자의 빈 자리를 여성 노동자들이 대체하기 시작했다. 그런데 군수 물자를 생산하는 공장에는 위험한 기계들이 많았기에, 여성 노동자들은 치마를 입다 보니 안전사고들을 당하기 일쑤였다. 이에 공장주는 치마폭과 길이를 줄이는 것을 허용했지만, 치마는 여전히 여성 노동자들에겐 불편했다.

이런 불편함과 위험성을 알아차린 샤넬은 얇은 저지 천으로 투피스 옷을 만들었다. 샤넬의 투피스는 얇고 가벼우며 시원해서, 증기기관에서 나오는 열기로 습하고 더운 공장 실내에서도 여성 노동자들이 편안하고 안전하게 일할 수 있게 되었다. 1915년 메종 드 쿠튀르를 개장한 후 공개된 샤넬의 투피스는 여성 노동자들이 선호하는 옷이 되었고, 이내 샤넬의 투피스와 이를 모방한 짧고 가벼우면서 시원한 투피스가 유행했다. 샤넬은 여기에 멈추지 않고 여성을 위한 바지, 청바지, 재킷 등 그동안 남성들이 입던 옷들을 여성 체형에 맞춘 옷을 개발했다. 많은 여성 노동자들은 바지에 환호했고 편한 바지를 입고 공장에서 노동을 했다. 바지는 농촌에서도 환영받았다. 건강한 남성이 모두 전쟁터에 끌려가 여성들이 모여 농사를 지어야 했는데, 치마보다 바지가 훨씬 편했기에 여성 농부들은 바지를 입고 농사를 지

1910년대 의류를 제작하는 여성 노동자들　1910년대 바지를 입은 여성 농민들

었다. 물론 일부는 바지를 꺼렸지만, 대부분의 여성 노동자와 농
민 들은 바지에 환호했다.

　샤넬이 1915년부터 여성 노동자와 농민 들에게 바지를 보급
하자, 이 소문이 참전국들 사이에 퍼졌다. 독일제국, 오스트리
아-헝가리 제국, 러시아 제국 들도 마찬가지 건강한 남성을 모
두 징병했기에, 여성이 공장에서 노동을 해야 했는데 여전히 치
마를 입히고 노동을 시켰기에 여성들의 불만이 많았다. 1914년
부터 1915년까지는 대영제국에서는 모병제로 직업군인이 참전
했기에, 여성들이 군수업체에서 일하지 않아 별다른 말이 나오
지 않았다. 하지만 1916년 연초에 징병제를 시행하면서 남성들
이 전쟁터에 가고, 여성들이 공장을 차지하면서 여성들의 불만
이 나왔다. 그래서 대영제국과 독일제국은 여성을 위한 바지를
만들어 보급했다. 미국 역시 대영제국을 보고 여성들에게 바지
를 보급했다. 물론 예외인 나라들도 존재했다. 러시아 제국은 애

초에 남성 인구가 많아서 남성들을 많이 징병했음에도 불구하고, 여전히 남아 있는 남성들이 공장에서 일했다. 이탈리아 왕국은 남성들 징병이 많지 않아 공장에는 남성만 있었다. 그래서 러시아 제국과 이탈리아 왕국에서 여성들은 치마를 고수했다. 오스트리아-헝가리 제국에서도 남성이 많아 공장에서 남성 노동자들이 일했으며, 보수적인 문화 때문에 여성들이 바지를 선호하지 않았다.

제1차 세계대전 동안 프랑스 제3공화국, 독일제국, 대영제국, 미국 등에서는 여성들이 공장에서 적극적으로 노동을 했기에, 전후 여성권리에 대한 목소리가 높아졌다. 그래서 정치인들도 여성들의 희생을 높이 사면서 여성권리를 이전보다 폭넓게 허용했다. 또한 이들 국가들은 전쟁 동안 여성들이 바지를 입었기에, 전쟁 이후에도 여성들이 바지를 입는 것을 터부시하지 않았다. 여성들도 바지와 편한 옷차림을 선호하는 풍조가 생기자, 샤넬은 편리한 여성 옷을 디자인하고 판매했다.

샤넬이 과감하게 정강이를 노출한 짧은 치마, 헐렁한 가디건, 얇고 날씬한 상의, 챙이 작은 모자 등을 제작하고 판매하자, 사람들은 이를 즐겨 입었다. 프랑스 제3공화국은 부르주아 여성들도 점차 샤넬 의복을 선호하기 시작했다. 제1차 세계대전 동안 부유한 여성들도 바지를 입으면 평민처럼 일해야 하는 것처럼 보여 싫어했지만, 편한 치마를 내심 좋아했던 것이다. 제1차 세계대전이 끝나고 평민 여성들이 바지를 입는 동안, 샤넬에서 긴

챙이 작은 샤넬 모자

제1차 세계대전 당시의
여성 패션

1920년대 플래퍼 패션을 입은 프랑스 여성들

치마가 나오자 부르주아 여성들은 이를 즐겨 입었다.

　한편 중산층이나 평민 여성들은 짧은 바지나 시원한 짧은 치마를 즐겨 입었다. 다만 여성은 치마를 입고 남성은 바지를 입는다는 풍조는 완전히 사라지지 않아, 바지보다는 치마를 선호하는 여성들도 있었다. 1920년대에 들어서 바지는 공장이나 농장에서 일해야 하는 가난한 평민 여성이나 입는 옷이라는 인식이 생기기 시작했다. 한편 1920년대 미국에는 자유분방함을 추구하는 플래퍼들이 등장하자, 샤넬이 출시한 과감한 옷을 즐겨 입는 풍조가 등장했다. 미국 여성들은 반팔에 짧은 치마는 기본이었으며 겨드랑이와 가슴을 드러내는 옷도 즐겨 입었다. 종교적으로 보수적인 프랑스 제3공화국과 달리, 종교적 영향이 약한 미국은 과감한 패션을 선도했다.

# 05

# 항공

## 패러다임의 변화

날개를 가진 생명체와 기계가 하늘을 날기 위해서는 날개 형태가 특별해야 한다. 앞은 둥글고 뒤는 뾰족해, 날개를 가로지르는 공기의 차이가 발생해야 한다. 뉴턴 제3법칙과 베르누이 법칙이 특이한 모양의 날개가 하늘을 날게 되는 이유를 설명한다. 뉴턴 제3법칙에 따르면, 날개에 부딪혀 꺾인 두 갈래의 공기는 이동하면서 작용과 반작용을 일으킨다. 그래서 날개 아랫부분과 부딪힌 공기는 아래로 이동하고 그 반작용으로 날개를 위로 밀어버린다. 덕분에 날개가 떠서 하늘을 날 수 있다.

타이타닉호의 거대한 프로펠러

베르누이 법칙은 이런 비행원리를 더 자세히 설명하는데, 날
개 윗면과 아랫면 면적이 달라져 격차가 생기는 것을 말한다. 결
국 같은 두 공기가 갈라지면 동시에 만나려고 하는 특성이 있기
에, 면적이 넓은 날개 윗부분을 통과하는 공기는 빠르게 이동하
고 날개 아랫부분을 통과하는 공기는 느리게 이동한다. 다른 공
기의 속도로 압력차가 발생하는데, 윗부분을 통과하는 공기는
공기압이 작고 아랫부분을 통과하는 공기는 공기압이 크다. 결
국, 날개 아랫부분에 가해진 압력이 더 커서 날개가 위로 밀려나
하늘을 날 수 있는 양력을 만들어낸다. 베르누이 법칙에 따라 날
개 윗부분과 아랫부분의 공기압 차이를 내려면, 공기 속도의 차
이가 날 정도로 빠르게 이동해야 한다. 이 이동을 가능하게 할
추진체가 필요했다.

공학자들은 그 추진체를 배에서 찾았다. 증기터빈이 발달하면서 노를 젓는 대신 사선 방향으로 기운 노를 360도 회전시키는 프로펠러가 새로 등장했다. 비스듬히 기운 날로 채운 프로펠러는 물속에서 스크루를 만들어 밀어내면서 앞으로 추진했다. 항공기를 개발하던 공학자들은 프로펠러에 집중했다. 그들은 공기도 물처럼 유체이기 때문에 프로펠러로 충분히 추진할 수 있다고 판단했으며, 프로펠러 회전속도를 증가시키고 면적도 넓히면 가벼운 공기를 충분히 밀어낼 것으로 생각했다.

처음 비행기를 개발하던 공학자들은 배처럼 비행기도 프로펠러 방향을 뒤로 향하게 했다. 라이트 형제와 알베르토 산토스 뒤몽은 배를 참조해 비행기를 설계했기에 프로펠러 방향을 뒤로했다. 하지만 프로펠러 방향을 뒤로하면 공기가 날개로 가기 전에 이미 동체와 부딪쳐 난기류가 형성되어 양력 효율이 떨어졌다. 이 때문에 라이트 형제는 사람이 날개 가운데에 들어가 동체 자체를 제거하고 전방 보조날개를 달아 미리 양력을 보조하려고 시도했다. 한편 알베르토 산토스 뒤몽은 전방 보조날개를 크게 키우고 동체를 뒤로 밀어내도록 설계했다. 그런데 전방 보조날개가 시야를 방해해 조종사가 앞이 잘 보이지 않아 비행에 어려움이 겪어야 했다. 또한 무엇보다도 착륙할 때 조종사에게 가해지는 충격을 방지하기 위해 뒷부분부터 착륙하는데, 잘못하면 프로펠러가 땅에 갈릴 수도 있었다.

미국 공학자들은 라이트 형제의 비행기 기술을 이어받아 푸

브라질 비행사 알베르토
산토스 뒤몽

산토스 뒤몽이 개발한
드무아젤2

셔식 비행기를 개량해갔다. 반면 알베르토 산토스 뒤몽은 14-bis 비행기를 직접 조종하면서 푸셔식의 단점을 확인한 후, 아예 동체를 돌려 프로펠러가 전방에 있는 트랙터식 비행기를 개발했다. 그는 세계 최초로 트랙터식 비행기 드무아젤2를 개발했는데, 전방 보조날개는 후방 보조날개가 되었으며 조종사는 프로펠러 바로 뒤에서 조종하도록 설계되었다. 트랙터식은 푸셔식보다 여러 면에서 훨씬 좋았다. 우선 프로펠러가 전방에 있다 보니 난기류 없이 바로 강한 후류를 만들어내면서, 공기 속도가 빨라져 양력 효율이 급격히 높아졌다. 이는 비행기 동체와 날개가 작아도 비행이 가능하다는 장점을 갖고 있었다. 따라서 비행기를 만들고 여러 번 보완할 것이 많은 푸셔식과 달리, 트랙터식 비행기는 웬만하면 하늘로 날았으며 제작하기에도 한결 쉬웠다. 또한 착륙 시에도 프로펠러가 땅에 닿을 염려가 없어 안전했으며, 출력이 좋아 두 명 이상의 사람들이 탑승할 수 있었다. 이런 장점을 가진 드무아젤2 등장 이후, 거의 모든 비행기는 트랙터식 방식을 채택하기 시작했다.

비행기 프로펠러 다음으로 문제는 날개에 있었다. 당시 비행기 엔진 출력은 그리 높지 않았을 뿐만 아니라, 비행기가 받는 양력 크기가 그렇게 크지 않아 동체 무게에 한계가 있었다. 새처럼 한 쌍의 날개를 고집하면 비행기 동체 크기와 무게에 한계가 있어서, 동체가 무거우면 비행기가 잘 날지 못했다. 한편 이를 개선한다고 날개 크기를 무작정 키우면, 나무틀과 철사로 뼈대

프랑스 공학자 루이 블레리오가 만든 블레리오    제차 세계대전 당시의 복엽기
단엽기

를 잡은 날개가 공기저항을 이기지 못하고 부러져 추락했다. 그
래서 단엽기는 크기가 한정적이었고 무장도 빈약할 수밖에 없
었다. 이처럼 부족한 양력을 채우고자 두 쌍의 날개를 단 복엽기
가 개발되었다.

　복엽기는 두 날개 사이에 난기류가 생겼지만, 오히려 그 난기
류가 양력을 보좌해서 비행을 잘 할 수 있게 했다. 복엽기는 단
엽기보다 조종을 더 어렵기는 했지만, 당장 뜨는 것이 문제였기
에 제1차 세계대전 동안 복엽기가 주력으로 활동했다. 그리고
복엽기보다 속도를 더 늘리기 위해 삼엽기까지 등장했다. 삼엽
기는 날개를 하나 더 달아 양력을 더 형성했으며, 베르누이 법칙
에 따라 공기 흐름을 더 빨라 속도가 더 증가했다. 하지만 비행
기가 받는 양력이 너무 강해져 날개가 부러지는 경우가 있었다.
그래서 삼엽기는 기습공격에는 효율적이었으며, 조심히 조종해
야 했기에 정예 조종사에게만 조종 임무가 주어졌다.

　비행기 대부분이 트랙터식으로 교체되었지만, 푸셔식이 완전

히 사리진 것은 아니었다. 트랙터식은 크기가 작은 비행기에서는 효율적이었지만, 비행기 동체의 크기를 키우면 한계가 명확했다. 또한 트랙터식은 프로펠러를 하나만 달 수 있다는 단점을 갖고 있었다. 푸셔식은 출력이 낮다면 날개를 두 개 달면 되었으며, 땅이 아닌 물이라면 그리 큰 위험이 없었다. 그래서 배에 날개를 단 비행정은 모두 푸셔식이 적용되었다. 하지만 곧 플로트가 개발되면서, 비행정이 아닌 비행기에 플로트를 단 수상기가 개발되었다. 수상기는 비교적 가벼운 동체가 장점인 트랙터식 비행기 기술을 적용함으로써 신속한 이륙이 가능했다. 그래서 신속한 출동이 가능했으며, 무거운 비행정도 민첩하게 사냥할 수 있었다.

푸셔식이 트랙터식보다 좋지 않음에도 공학자들이 푸셔식을 포기하지 못한 또 다른 이유가 있다. 트랙터식 비행기는 앞에 프로펠러가 달려 있어 공격하기 어려웠다. 그래서 공격하려면 목표물의 사선을 따라 비행하면서 옆에서 권총이나 돌을 던져 공격해야 했다. 1914년 8월 27에 벌어진 칭다오 전투에서 오스트리아-헝가리군은 조종사에게 권총을 쥐어주고 타우베 정찰기에 태워, 칭다오를 항공 정찰하는 일본제국 해군의 정찰기를 격추할 것을 명했다. 타우베 정찰기는 일본제국 해군의 파멘 수상정찰기와 요코스카 로고고가타 수상정찰기를 격추하는 데 어려움이 많았다. 트랙터식은 이처럼 사선에서 공격해야 한다는 단점을 안고 있었다.

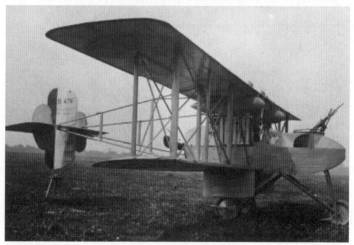

세계대전 당시 3세대
전투기로 인정받은 삼엽기

기관총을 앞에 장착한
푸셔식 전투기

그래서 전방에 프로펠러를 치우고 기관총을 단 푸셔식이 전투기의 규격이 되었다. 제1차 세계대전 초반에는 트랙터식 정찰기들 끼리 권총사격으로 교전했지만, 이내 대영제국 왕립항공대와 프랑스 항공대는 전투만 하는 푸셔식 전투기들을 개발하여 독일군 정찰기들을 사냥했다. 빅커스 전투기와 카드론 전투기, 브와쟁 전투기들이 개발되었는데, 이 전투기의 전방에 기관총을 설치함으로써 회전사격이 가능해졌다. 이 전투기들은 독일군 정찰기들을 집중적으로 사냥하면서 제공권을 장악했다.

그러나 푸셔식 전투기들은 전방 기관총 무게를 이기지 못해서, 착륙할 때 앞으로 추락하다시피 착륙하기도 했다. 이 바람에, 조종사들은 목숨은 건 착륙을 해야 했다. 이에 프랑스의 개발자 레이몬드 솔니에는 트랙터식 비행기에 효율성과 안전성을 갖추면서 기관총을 다는 방법을 연구했다. 비록 그의 시도는 실패했지만 꽤 의미 있는 실험이었다. 모랑 솔니에게서 비행기의 잔해를 얻은 독일제국은 이를 발전시켜 동조장치를 개발했는데, 그 결과 트랙터식임에도 전방 기총사격이 가능한 포커 아인데커를 생산하게 되었다. 포커 아인데커는 쉬운 조준 사격을 무기로 전투기들을 일방적으로 사냥했으며, 그 덕분에 독일제국은 제공권을 되찾을 수 있었다. 이에 레이몬드 솔니에도 급히 동조장치를 개발하여 트랙터식 전투기를 완성했다. 트랙터식은 모든 전투기에 적용되었으며, 하늘은 트랙터식 전투기가 지배했다. 한편 트랙터식 비행기의 약점인 작은 체구를 극복하고자 엔진 출

독일 항공엔지니어 휴고 준커가 개발한 C.L 전투기

력 기술이 향상되면서, 더 크고 튼튼한 비행기가 등장하기에 이르렀다.

1917년 독일제국 항공엔지니어 휴고 준커는 난기류 때문에 조종하기 어려운 복엽기 대신, 민첩한 조종이 가능한 단엽기 개발에 몰두했다. 기존 단엽기들의 날개가 동체 위쪽에 달려서 프로펠러와 같은 위치에 놓여 있는 것에도 변화를 주려고 했다. 왜냐하면 그동안 엔진 출력이 낮아 날개를 동체 위쪽이나 아예 동체 위에 달아야 충분한 양력을 받아 이륙하게 했지만, 그 대가로 날개가 조종사의 시야를 차단하는 결과를 만들었기 때문이었다. 1917년에는 비행기 엔진 출력이 강해져 비행기가 이륙할 때 충분히 양력을 받았기에, 동체 아래에 날개를 다는 시도가 가능했다.

실로 그 결과는 놀라웠다. 날개를 동체 아래에 달자 동체 아래쪽까지 공기가 통과하면서 공기 위쪽보다 더 심한 공기흐름을 발생시켰다. 베르누이 법칙에 따라 비행기의 속도가 더 빨라졌으며, 조종사의 시야가 넓어져 적이 어디에 있는지 확인하기 더 쉬워졌다. 물론 날개를 약간 V자 모양으로 해야 이륙할 때 충분한 양력을 받았다. 하지만 V자형 날개는 별다른 문제가 되지 않았으며, 다른 형태와 비교해도 상위호환이 가능했다. 그래서 휴고 준커는 1918년 초에 준커 전투기를 개발해 동부전선에 배치했지만, 1918년 동부전선은 이미 동맹군의 승리로 끝이 나고 말았다. 또한 동맹국은 만성적 물자부족으로 준커 전투기를 더 개발하지 못하면서, 준커 전투기는 50대도 채 양성되지 못했다. 그마저도 석유가 부족하여 제대로 이륙하지 못했다. 준커 전투기는 실전에 사용되지 못한 비운의 전투기였지만, 전쟁이 끝난 후 많은 나라가 주목했다. 다른 비행기보다도 훨씬 안정적이고 시야 확보가 더 잘된다는 장점 덕분에, 준커 비행기 모델은 전후 여러 나라의 항공 엔지니어들이 참고하고 개발함으로써 항공기 패러다임을 주도했다.

제1차 세계대전 동안 항공 엔진 출력과 날개 기술이 비약적으로 발전해, 단엽기로도 충분히 하늘을 나는 것이 가능해졌다. 날개 위치를 아래에 놓는 저익기와 날개 위치를 위에 놓는 고익기로 양분되었다. 나아가 개발자들은 수차례 연구를 통해 저익기와 고익기의 장단점을 파악했으며, 하나로 통일하는 대신 각

1920년대 여객기 내부

각의 장점을 살리는 방향으로 가닥을 잡았다. 특히 새롭게 뜬 사업인 민간항공산업에서 여객기를 개발하는 데 세계대전 동안 집약된 항공기술이 활용되었다.

먼저 저익기는 조종사의 시야 확보에 도움이 되어 조종사가 상황을 판단하는 데 도움이 된다는 장점을 갖고 있었다. 하지만 날개보다 기체 무게 중심이 위에 있어 전복되기 쉽다는 단점을 안고 있었다. 처음에 더 잘 날기 위해 날개를 V자 형태의 상반각으로 제작했지만, 항공 엔진 출력이 충분히 좋아지자 무게중심을 맞추기 위해 상반각을 유지하는 방향으로 바꾸었다. 상반각을 주면 양력이 감소했지만 이는 높은 항공 엔진으로 보완이 가능했다. 게다가 조종이 어렵지만 날렵하고 정교한 기동이 가능해서 전투기의 저익기 패러다임이 되었다.

한편 고익기는 운전이 간편하고 저익기보다 양력을 더 많이 받아 기체가 크고 무거워도 충분히 견뎌냈으며, 일자형이기에 조종이 쉽고, 구조적으로 안정적이어서 날개가 일부 파손되어도 버티면서 비행이 가능하다는 장점을 갖고 있었다. 반면 단점은 시야확보, 특히 비행기 위쪽 시야확보가 어려워 민첩한 전투용에는 적합하지 않다는 것이었다. 그래서 고익기는 보통 여객기에 많이 적용되었다.

# 06

# 무선통신,
## 획기적인 통신혁명

1914년 유럽의 거의 모든 지역에 철도와 기차역이 있어서 어디든 빠른 수송이 가능했다. 좁은 영토에 비해 드넓은 평야가 자리 잡은 서부전선의 작은 마을에도 철도가 지나갔기에, 많은 병력과 대규모 전쟁물자를 작전지역까지 이동시키는 일이 흔했다. 이처럼 철도로 대규모 인력을 수송하는 것이 가능해지자, 여러 지역에 많은 부대가 배치될 수 있었다. 그러다 보니 작전을 지휘하는 장군수보다 병사들이 모인 부대들이 넘쳐나는 상황이 발생하면서, 이런 수많은 부대들이 한몸처럼 움직여 일사분란하게 수행해야 하는 작전이 많아졌다. 그런데 문제는 지휘본부의 최고 지위자인 총참모장참모총장이 그 수많은 부대를 일일이 방문하여 작전을 지휘하는 것은 불가능했다는 데 있다.

나폴레옹 전쟁 때는 나폴레옹 혼자 프랑스군을 이끌면서 전장을 누볐지만, 너무 많은 부대가 있었던 제1차 세계대전에서 총참모장 홀로 전장을 누비는 것 자체가 불가능했다. 그래서 야전장교에게 부대 지휘를 맡기고, 총참모장은 작전본부에서 야전장교에게 임무를 하달해야 했다. 만일 총참모장이 야전장교들 각자에게 작전권한을 맡기거나 야전장교가 임의로 작전을 수행했다가는, 바로 적군의 공격을 받거나 포위당하는 경우가 많았다. 이를 여실히 보여준 전투가 타넨베르크 전투다. 이 전투에서 러시아군 야전장교들이 총참모장의 명령을 무시하고 서로 제멋대로 돌격했는데, 이에 반해 독일군은 총참모장의 명령에 따라 여러 부대가 한몸처럼 움직여 러시아군을 궤멸시켰다. 한 번의 전투로 러시아군은 독일제국을 침공하지 못할 정도로 큰 피해를 입었다. 그래서 이 전투는 모든 나라에 교훈이 되었다.

타넨베르크 전투는 두 가지 교훈을 주었다. 하나는 모든 부대가 한몸처럼 움직여야 한다는 것이었고, 다른 하나는 정보를 빠르게 송수신하는 쪽이 전투에서 유리하다는 것이었다. 그래서 부대들은 전보를 빠르게 보내는 데 집중했다. 기밀문서를 빠르게 전달하는 자전거 통신병이 이때 등장했다. 그러나 자전거도 육지를 달리는 운송수단이기에 이마저도 느리다고 판단하여 전

1914년 타넨베르크 전투
장면

제1차 세계대전 당시의
자전거 통신병

서구를 적극적으로 활용했다. 그래서 전장에 세워진 작전본부 인근에는 비둘기 버스나 비둘기집을 짓고 전서구들을 길렀다. 지휘본부는 후방에서 전서구가 가져온 편지로 전장상황을 파악하고, 이에 맞는 작전을 수립했다. 그러다 보니 적군의 전서구를 잡아 정보가 소통되지 못하게 방해하는 일도 빈번하게 일어났다. 각 군대는 사냥꾼을 소집해 전서구를 집중적으로 공격하는 부대를 창설했으며, 심지어 비둘기를 사냥해 잡아먹는 매도 따로 훈련해 전서구를 사냥하게 했다.

군대는 더 빠른 정보수신을 원했기에 전서구에 만족하지 않았다. 더 빠른 통신을 원했던 국가들은 무선통신기를 보급했다. 제1차 세계대전 전부터 군대에는 무선통신기가 보급되었지만, 그 수가 극히 적었다. 그것마저도 주로 지휘본부에 우선 보급되었으며, 최전방에는 제대로 보급되지 못했다. 그래서 전쟁 초반에 총지휘본부가 무선통신으로 명령을 전달하면 소통이 제대로 이뤄지지 않아서, 부대들은 각자 알아서 작전을 수행하는 바람에 작전이 꼬이는 경우가 허다했다.

제1차 마른전투 때 독일군 부대들은 총지휘본부에서 하달한 명령만 듣고 진격했는데, 전장에서 어떤 일이 일어나고 있는지와 아군 부대의 위치를 제대로 파악하지 못해서 작전의 혼선을 겪으면서 결국 후퇴해야만 했다. 이 교훈을 얻은 독일군은 최전방에도 무선통신기를 배치했으며, 연합군도 총지휘본부부터 최전방까지 무선통신기를 보급했다. 무선통신기는 모스부호로 송

전서구를 실은 비둘기 버스　　군용 전서구를 사냥하는 매

무선통신을 받는 지휘본부             제1차 세계대전 당시의 무선통신기

신했는데 모스부호를 아는 자만이 이용이 가능하다는 한계점을
안고 있었다. 하지만 당장 신속한 전보전달이 중요했던 전쟁터
에서는 이것은 좋은 선택지였다. 초창기 무선통신기는 크고 무
거워서 건물 안에만 설치할 수 있었다. 그러다 기술이 발전하면
서 무선통신기는 수레나 차량에 실어 이동할 수 있는 크기가 되
면서, 전쟁터 어디에서나 무선통신기를 배치하여 상황을 전달하
고 지휘본부의 명령을 받을 수 있게 되었다.

　1914년 모든 프랑스 사람들에게 흉물이라 천대받았던 에펠
탑은, 전쟁이 발발하자 전 세계에서 가장 큰 송신탑의 역할을 담
당했다. 에펠탑은 파리와 서부전선 전체에 무선통신망을 연결하
는 역할을 톡톡히 하면서, 프랑스군은 별도의 무선통신망을 설
치하지 않고도 신속하게 전쟁임무를 수행할 수 있었다. 당시 무
선통신은 높은 고도에서 먼저 신호를 잡고, 낮은 고도가 나중에
신호를 잡는 시스템이었다. 그래서 독일군이 파리 바로 앞 마른
강에서 무선통신을 하면, 프랑스군은 에펠탑에서 먼저 독일군의

무선통신 전보를 가로채 침투계획에 대응할 수 있었다.

프랑스 총참모부는 독일군 위치를 파악하여 병력을 신속히 파병해서 제1차 마른전투에서 승리를 이끌었다. 이후 지옥 같은 참호전에서도 프랑스군 총참모부의 명령은 에펠탑을 타고 프랑스군 참호로 이동했고, 프랑스군 참호의 무선전보도 똑같이 에펠탑을 타고 파리로 이동했다. 그 덕분에 프랑스군은 무너지지 않고 버텼으며 종국에 전쟁에서 승리했다. 제1차 세계대전 이전에는 에펠탑이 파리의 흉물이었다. 하지만 제1차 세계대전에서 통신탑의 역할을 훌륭하게 수행한 에펠탑은 구국의 영웅과 파리의 상징이 되면서, 에펠탑을 철거하라는 여론은 쏙 들어갔다.

모스부호를 주고받는 무선통신기와 함께 전화기도 널리 사용되었다. 각국의 군대는 민간에서 극소수가 사치품으로 사용하던 다이얼식 전화기에서 다이얼을 빼고, 주파수를 하나로 전쟁터와 지휘본부 사이의 통신이 가능한 전화기를 만들었다. 기계음으로 전달하던 모스부호와 달리, 전화기는 더 상세한 정보를 목소리로 전달할 수 있었으며 누구나 이용할 수 있어 편리했다. 한편 무선통신기와 전화기를 이용한 무선통신은 전달속도는 빨랐지만, 주파수만 잡으면 근처에 있는 누구나 들을 수 있다는 큰 허점을 안고 있었다.

그래서 정보요원들은 적군 기지 근처에 몰래 안테나를 세우고 무선통신 내용을 듣고 암호를 해독했다. 오스트리아-헝가리 제국의 정보국이 이 방법을 적극적으로 활용했다. 다른 방법은

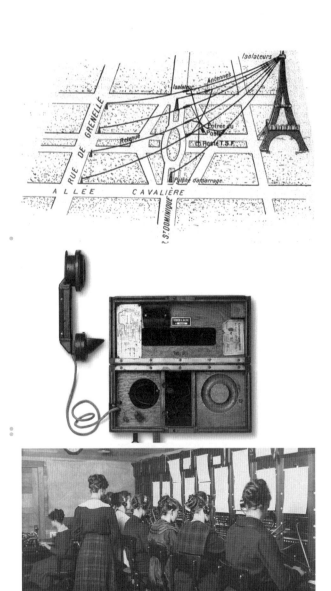

제1차 세계대전 당시
송신탑 역할을 한
에펠탑

제1차 세계대전 당시의
무전통신기

제1차 세계대전 당시의
전화교환원

전화연결선을 자국 정보국으로 연결하는 방법이었다. 당시는 전화교환원이 송신선과 수신선을 연결해야 하던 시대였기에, 각국 정부는 적국에 전화교환원을 간첩으로 심어서 전화연결을 빼돌려 정보를 도청했다. 결국 각국 전화교환소는 전화교환원의 신분을 철저히 확인함으로써 엄청난 보안과 통제를 유지했다.

제1차 세계대전 동안 대영제국은 독일제국을 해상봉쇄할 뿐만 아니라, 통신망도 차단하면서 다른 나라의 정보를 아예 듣지 못하게 했다. 당시 무선통신은 일정 거리 이상을 넘으면 통신이 되지 않았기에, 먼 나라와 소통하려면 유선으로 연결해야 했다. 이에 따라 1900년대 초반에 전 세계 바다에 해저 케이블이 연결되었으며, 각 나라들은 이 해저 케이블로 통신했다. 독일제국은 해저 케이블로 아메리카 대륙의 국가들과 송수신했으며, 아프리카의 독일제국 식민지와도 소통했다. 1914년 대영제국은 북해 바다 아래를 샅샅이 뒤져 독일제국이 설치해놓은 케이블을 발견하고 끊었다.

이 사건으로 독일제국은 아메리카 대륙의 국가들과 통신하지 못하게 되었다. 또한 대영제국은 제1차 세계대전이 발발하자마자, 독일제국령 토고란트를 점령하여 카미나 기지국의 거대한 안테나를 파괴했다. 이 바람에 독일령 아프리카 식민지는 본토 명령을 받지 못한 채 각자 알아서 행동하는 바람에 작전을 제대로 수행하지 못했다. 결국 독일제국의 영향력이 약해져 독일령 아프리카 식민지들이 통일되는 결과를 가져왔다. 대영제국이 통

독일제국 해저 케이블을 끊은 대영제국 왕립
해군

독일 본토와 아프리카 식민지를 연결한 토고
란트 카미나 기지국

신망을 차단하자 독일제국은 어쩔 수 없이 편지로 아메리카 국
가들과 통신해야 했다. 하지만 이 편지를 미국이 빼돌린 치머만
전보사건이 발생했다. 이 사건은 멕시코합중국이 동맹국으로 합
류하면, 독일제국이 멕시코합중국이 미국을 공격하는 일을 돕
겠다는 내용이었다. 결국 미국에 이 계획이 발각되면서, 중립국
을 자처하던 미국이 연합국으로 참전하는 계기를 만들었다.

　제1차 세계대전 동안 무선통신이 중요해지면서, 각국은 국토
전역에 무선기지국을 건설하고 안테나를 세웠다. 이 덕분에 무
선통신이 가능한 지역은 빠르게 확장되었으며, 통신기술이 비약
적으로 발전하게 되었다. 1918년에는 무선통신 안테나 기술이
발달하면서 더욱더 또렷한 소리를 수신할 수 있었다. 제1차 세계
대전 동안 프랑스에서 에펠탑이 송신탑의 역할을 우수하게 수행
하자, 미국도 부랴부랴 송신탑을 짓기 시작했다. 당시 미국에서는
해안가에 적이 출몰할 때를 대비해 미 해군만이 송신탑을 이용
했는데, 제1차 세계대전 동안 여러 기업이 송신탑을 제작하면서

제1차 세계대전 당시의
안테나

제1차 세계대전 당시의
미해군 송신탑

1920년대 라디오

일부를 민간용으로 내놓았다. 그 덕분에 제1차 세계대전 후 미국에 무선통신이 가능한 인프라가 구축되면서 라디오의 대중화를 이끌어냈다. 물론 라디오는 1920년대에도 여전히 최첨단 기계로서 부유한 중산층 이상만 즐기는 사치품이나 다름없었다. 그럼에도 미국 중산층들은 라디오를 들으면서 집안에서 여가를 즐겼다. 이에 따라 민간방송국이 등장하면서 라디오 DJ라는 새로운 직업이 생겨났다.

# 07

# 무제한 잠수함 작전과 역해상봉쇄작전

    제1차 세계대전이 발발하자, 대영제국은 독일제국을 합법적으로 방해할 기회를 놓치지 않았다. 대영제국은 독일제국을 침략자로 규정하고 해상봉쇄를 단행했는데, 단순히 독일제국 앞바다뿐만 아니라 지중해 전체 더 나아가 독일령 아프리카 식민지의 해상도 봉쇄했다. 더불어 태평양 독일제국 식민지는 물론, 중국 칭다오에 있던 동양함대, 대서양에 있는 독일제국 상선도 추적해서 나포했다. 남아메리카 국가의 상선은 나포해서 돌려보내거나 대영제국이 대신 구매하면서, 독일제국에 물자자원이 가

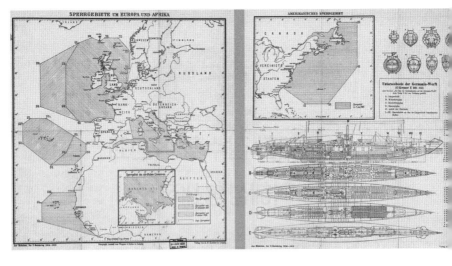

1917년 무제한 잠수함 작전 반경

지 못하도록 방해했다.

　그후 오스만 제국까지 동맹국에 가담하자 북해, 지중해, 인도 양 모두 봉쇄하면서 동맹국 전체의 해상을 봉쇄했다. 대영제국 은 동맹국 해안 바로 앞에 기뢰를 부설하고, 기뢰 너머로 초계선 과 전함이 순찰을 돌면서 동맹국의 동태를 감시했다. 독일제국 은 대양함대로 대영제국 왕립해군의 함대를 상대했지만, 모두 패배하고 해상봉쇄를 완전히 돌파하지 못했다.

　독일제국은 전쟁에서 승리하기 위해서 남아메리카 국가들 의 질 좋은 철광석이 필요했다. 그러나 대영제국이 해상을 봉쇄 하고 남아메리카 상선들이 항구로 들어오지 못하게 하자, 동맹 국에게 철이 턱없이 부족했다. 그러자 독일제국은 역으로 대영 제국에게 해상봉쇄로 맞대응하면서, 자원이 먼저 떨어지는 쪽 이 항복하는 치킨게임을 벌였다. 그 목표는 대영제국 본토인 브리튼섬 주변과 프랑스 제3공화국 북부 해안지대, 그리고 지중해였다.

그동안 적국의 해상을 봉쇄하는 방법은 전함을 적국 해안 앞에 배치해 무력시위 하는 동안, 기뢰를 부설하여 적국 함선이 대양으로 나오지 못하게 하는 것이었다. 그러나 1915년 2월 잠수함을 대량 보유했던 독일제국 해군은 전 세계 신문에 무제한 잠수함 작전구역을 알리고, 바로 잠수함을 출격시켜 무제한 잠수함작전에 돌입했다. 독일제국 해군과 오스트리아-헝가리 제국해군의 잠수함은 평상시에 수면 위에 부유하면서 잠망경으로적의 선박의 동태를 살피다가, 이를 발견하면 즉각 잠항해서 공격했다.

이런 무제한 잠수함작전의 목표는 대영제국을 시작으로 아프리카, 아메리카에서 오는 모든 선박을 무차별적으로 공격하는것이었다. 한편 대영제국은 동맹국의 해상을 봉쇄하면서 승기를잡았다고 생각했지만, 독일제국의 무제한 잠수함작전으로 본토로 오는 배를 잃는 바람에 당장 식량과 자원이 떨어질 직전에 몰렸다. 심지어 장교들의 이동을 위해 탄 배가 독일군 잠수함에게격침되면서 사상자가 무더기로 발생하기도 했다. 그나마 다행인것은 대영제국은 제2의 영토에서 물자를 받을 수 있었는데, 인도제국군이 중동과 아프리카 전선을 담당하면서 병기와 식량을보급했던 것이다. 여기서 여유가 있는 일부 물자가 스페인을 통해서 서부전선으로 조달됐는데, 인도제국은 제1차 세계대전 동

대영제국 여객선 루시타니아호 침몰 사건

안 대영제국 본토를 대신해서 전쟁을 수행하면서, 사방에서 동맹국을 막아내는 혁혁한 공을 세웠다.

독일제국과 오스트리아-헝가리 제국도 이에 뒤질세라 무제한 잠수함작전으로 해상을 봉쇄하면서 연합국의 보급을 방해했다. 그러나 이것은 오히려 다른 나라들이 동맹국에 등을 돌리고 연합국에 가담하는 원인이 되었다. 대표적인 사건이 대영제국의 여객선 루시타니아호 침몰이었다. 독일제국이 이 여객선을 무참하게 공격해서 침몰시켰는데, 정작 여객선에 탔던 미국인 사상자가 많이 발생하자 곧바로 미국 내에서 연합국 참전여론이 들끓었다. 다만 독일제국이 재빠르게 미국 정부에 사과했고, 미국 정부도 멕시코혁명 개입으로 바쁜 와중이어서 연합국 참전이 늦춰졌다. 반면 이탈리아 왕국은 자국민이 공격당하자, 곧

바로 독일제국에 선전포고하면서 전투의지를 엿보였다.

대영제국은 독일제국 잠수함을 잡으려고 노력했다. 한편 미국 역시 대영제국에 물자를 수출해서 돈을 벌어야 했는데, 독일제국이 훼방하니 대영제국의 독일 잠수함 잡기에 동참했다. 대영제국은 프랑스 제3공화국에게 지중해에 있는 오스트리아-헝가리 제국 해군의 잠수함 잡기를 요청했다. 그러나 정작 프랑스 제3공화국은 숱한 해전으로 해군력이 많이 약해지자 일본제국에게 이를 부탁했다.

일본제국 해군은 제1차 세계대전 동안 태평양과 인도양을 수색하면서 동맹군의 침입을 막는 역할을 담당했다. 일본제국 해군은 1915년부터 1916년까지 인도양에서 오스트레일리아-뉴질랜드 군대ANZAC를 무사히 수송하는 임무를 수행하면서, 나름대로 잠수함에 대한 지식을 익혔다. 이를 계기로 대영제국은 일본제국 해군에게 인도양에 이어 대서양과 지중해 대잠작전까지 지시했다.

이 당시 대잠작전의 대표적인 무기가 폭뢰였다. 바다 속에 설치된 폭뢰는 잠수함과 부딪히면 폭발하거나, 설치 몇 시간 후 자동폭발하면서 잠수함에 충격을 주면서 공격했다. 그러나 오류폭발이 자주 생기자, 폭뢰를 선박과 전깃줄로 연결해서 고기잡이배처럼 끌면서 잠수함에 부딪히면 터지게 하거나 버튼을 눌러 터트리는 방법을 채택했다. 당연히 잠수함이 순순히 전깃줄에 걸려줄 리 없었다. 그러자 잠수함이 약해지는 시기인 부상할

대영제국의 독일제국        오스트레일리아-뉴질랜드
잠수함 격침작전도          군대의 상륙작전

잠수함을 공격하는 대구경총 데이비스 총        제1차 세계대전 당시의 Q선

때 공격하는 방법을 시도했다. 잠수함도 결국 승무원들이 산소
가 부족해지면 수면으로 부상해야 했다. 연합군은 어뢰공격이
실패하면 잠수함이 부상하는 때를 노려 함포로 공격했다. 또한
수상기로 잠수함이 어디에 있는지를 수색하고 공격하기도 했다.
이것은 제일 잘 먹히는 방법이었다.

　한편 대잠전용 대구경총인 데이비스 총이나 대잠수함투 창
도 개발되었다. 데이비스 총은 잠수함에 어디든 구멍을 뚫어 침
수시키는 무기로 수상기뿐만 아니라 정찰 비행선, 전함, 심지어
잠수함 공격대상인 상선에도 설치해서, 수면으로 부상한 잠수
함을 공격했다. 당시 잠수함은 잠수하기까지 걸리는 시간이 길
었기 때문에 데이비스 총으로 공격하는 것이 꽤 효과적이었다.
이도저도 없으면 상선이 잠수함에 돌격해 부딪치는 작전도 펼
쳤다. 그래서 대영제국과 미국은 잠수함만 전문적으로 잡는 Q
선을 개발했는데, Q선은 어뢰, 폭뢰, 기뢰, 대잠수함용 대구경포,
그물 등 잠수함을 잡는 도구를 모두 동원해서 임무를 수행했다.

대영제국의 노력으로 1917년 말이 되면서, 독일제국 잠수함은 대영제국 왕립해군의 공격에 속수무책으로 당하게 되었다. 이로써 독일제국의 무제한 잠수함작전은 더 이상 무서운 작전이 아니었다.

1917년 포르투갈 제1공화국과 브라질합중국도 연합국에 가담했는데, 포르투갈 제1공화국 해군은 서아프리카 연안에서 동맹군 잠수함들을 수색했다. 한편 브라질합중국 해군은 남대서양 전체를 작전구역으로 설정해 동맹군 잠수함을 샅샅이 수색했다. 이들은 저인망 어선으로 바다를 훑으면서 동맹군 잠수함이 보이면 바로 공격하면서 소탕했다. 결국 동맹국 잠수함은 점차 무제한 잠수함작전을 펼칠 자리를 잃어갔다. 미국이 연합국에 가담하면서 본격적으로 병력과 물자를 실은 배가 대서양을 건너기 시작했다. 하지만 독일제국 잠수함이 미국 매사추세츠에 출몰했기에, 대서양은 결코 잠수함에서 안전한 곳이 아니었다.

이에 대한 미국의 해결책은 우선 많은 상선을 보내, 몇 척이 침몰해도 살아남는 상선이 물량을 운송하는 무식한 전략을 세웠다. 한편 상선들이 한데 몰려다녔는데 그 주변을 구축함이 지그재그로 움직이면서 잠수함의 동태를 살폈다. 또한 저인망 어선이 구축함의 뒤에 따라붙어 바다 밑바닥을 훑으면서 잠수함이 있는지를 살폈다. 또한 한가운데에 어뢰정을 두어 잠수함이 어뢰공격을 하면 바로 출동해서 잠수함에 어뢰와 폭뢰를 떨어뜨리는 일을 수행했다.

그럼에도 이마저도 부족할 수 있었다. 구축함이 호위해도 잠수함은 구축함 바로 아래에 숨어 기다리다가 기습을 할 수 있었다. 또한 해상에서 파도에 부서지는 빛 때문에 잠수함이 잘 보이지 않았다. 이 문제를 해결하고자 비행선이 하늘 위에서 바다를 넓게 보며 잠수함을 수색했다. 작고 체공시간이 짧은 비행기보다 수소탱크로 체공시간이 긴 비행선이 대서양을 건널 때 하늘에서 수색을 담당했다. 비행선에 폭뢰를 장착해 잠수함을 발견하면, 바로 공격하거나 잠수함의 공격을 저지했다. 또한 무선통신으로 구축함과 저인망 어선, Q선에게 잠수함 위치를 알려서 잠수함을 잡기 위해 몰려드는 작전을 펼쳤다. 이에 잠수함은 더 이상 상선을 공격할 수 없었으며, 급기야 1918년 중순 독일제국 해군의 잠수함 승무원들이 독일제국의 명령을 어기고 대거 항복하는 일까지 생겼다.

# 08

# 참호전,
## 극상의 방어력

후장식 총포가 발달한 이후, 사격속도와 정확성이 비약적으로 발전하자 보병들은 몸을 숨겨야 했다. 남북전쟁 때 병사들은 수레와 짚, 모래주머니를 쌓아 바리케이드를 설치한 후 적의 공을 대비했다. 이후 안전하게 땅을 파고 나무로 지지한 참호로 발전하게 되었다. 참호전은 방어자에게 상당히 유리한 전술이었으며, 전 세계 군대는 방어 교리로서 참호를 선택했다. 하지만 남북전쟁 때 참호기술은 부족한 상태였다. 그냥 땅을 판 참호는 기병이 돌격하면 단숨에 돌파 당하게 되었다. 이를 파악한 유럽 군대는 참호를 보완하기 위해 철조망을 선택했다. 말은 본능적으로 장미 덩굴을 무서워하는 것을 이용해, 장미 덩굴과 비슷한 철조망을 만들어 기병이 돌파하지 못하게 막았다.

이를 잘 보여준 사례가 러일전쟁이다. 러일전쟁 때 러시아군이 참호 앞에 철조망을 설치하여 일본군 기병의 돌격을 막았다. 일본군은 할 수 없이 보병들이 철조망 절단기로 철조망을 자르\면서 진격해야 했다. 러시아군은 이 기회를 놓치지 않고 기관총으로 일본 보병들을 소탕했다. 러시아군의 방어작전에도 불구하고, 일본군들은 무식하게 인해전술로 밀어붙이면서 러일전쟁에서 승리하게 된다.

유럽 군대는 러일전쟁을 보면서 인해전술로 밀어붙이면 참호가 돌파된다는 것을 배웠다. 그래서 방어력이 높은 요새를 건설하기 위해서 재료를 벽돌에서 콘크리트로 사용했다. 또한 요새 사이 간격을 좁게 해서 연합방어에 주력했다. 성곽처럼 높이 쌓은 요새를 땅 아래로 숨겼는데, 이는 포탄 위력이 강화되면서 높은 요새는 순식간에 파괴되었기에 참호처럼 요새를 땅에 묻는 전략이었다. 땅을 파고 콘크리트 요새를 지은 후, 그 위를 흙으로 덮었다. 포격을 받으면 흙이 먼저 충격을 흡수하고, 그 다음으로 콘크리트가 탄성으로 충격을 흡수해서 요새를 튼튼하게 보호했다. 또한 요새 밖으로 특화점이라는 기관총이나 야포를 쏠 수 있는 구멍을 만들어, 몰려오는 적을 공격하면서 능동적인 방어를 구사했다.

1917년 7월 솜 전투에서 참호전

1905년 러일전쟁 이후 요새는 땅 아래로 숨은 형태로 변했다. 특히 국토가 작은 벨기에 왕국이 요새를 적극적으로 건설함으로써, 적의 침입을 효율적으로 방어했다. 참호 역시 정교화되었는데, 독일군은 참호를 무조건 수직으로 파는 것을 원칙으로 삼았다. 이는 참호 내부에서 폭발이 일어나도 폭발반경이 적어서 옆 참호에 적은 피해가 가도록 한 것이었다. 여기에 더 나아가 독일군은 참호의 구조를 지그재그로 만들었다. 이유는 적군이 참호 안으로 들어와도 길을 잃고 우왕좌왕하는 사이, 후방에서 반격해 참호를 탈환하는 데 유리하기 때문이었다. 실제로 제1차 세계대전 동안 독일군은 프랑스군과 영국원정군, 러시아군이 참호에서 길을 잃고 헤매는 사이에 반격하여 참호를 탈환하기도 했다.

제1차 세계대전 동안 독일군뿐만 아니라 참전국 모두 참호 전술을 펼쳤다. 그러다 보니 공격자는 진격하려면 참호를 점령해야 했다. 전쟁 초반에는 모두 러일전쟁에서 사용된 고전적인 방법으로 돌파를 시도했다. 우선 야포로 참호를 무자비하게 포격한 후, 보병이 동시에 진격하여 철조망을 자르고 점령하는 것이었다. 하지만 제1차 세계대전 때 참호가 러일전쟁 때와 다른 점은, 포격하는 동안 참호 안 병력이 숨을 벙커가 있다는 것이었다. 포격을 하는 동안 참호 안 병사들은 벙커 안에 숨어 대기하다가, 포격이 끝나면 기관총을 참호 앞에 설치하고 응사하면서 몰려오는 보병을 소탕했다. 그래서 진격하던 보병들은 순식간에 궤멸되어 공격은 실패로 돌아갔다.

이전보다 훨씬 강해진 참호에 모든 군대는 당황했으며, 이를 돌파하는 방법을 시도했다. 가장 일반적인 방법은 무식한 인해전술이었다. 1915년 뇌브 샤펠 공세 때 수많은 영국원정군과 인도원정군이 그냥 밀어붙여 참호를 돌파했다. 동부전선에서 러시아군 장교들은 압도적으로 많은 병사들을 동맹군 참호에 무식하게 밀어넣는 전술을 구사했다. 당연히 이런 방법은 공격할 때마다 너무 많은 병력이 손실되었기에 비효율적인 전술이었다. 그래서 정면을 돌파하는 대신 지뢰폭파로 적 참호를 파괴하는 방법을 택했다. 주로 산 위에서 전투가 벌어진 이탈리아 전선에서 지뢰를 이용한 공격이 많았는데, 문제는 땅굴을 파는 비용이 만만치 않았다는 데 있었다. 무엇보다 공격법이 발전하면 방어

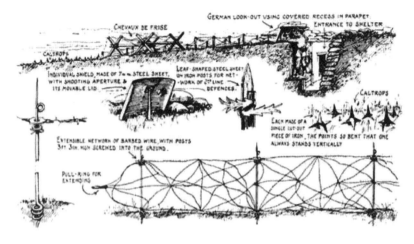

제1차 세계대전 당시 독일군 참호전 방어전술도

법도 이에 맞춰 발전하기 마련이었다.

사실 인해전술은 피해는 크지만 가장 효과적인 참호 돌파법이긴 했다. 1914년 서부전선에서 프랑스군은 인해전술을 사용했는데, 병력을 선발대만 보내는 바람에 기껏 참호를 차지하고도 탄약이 떨어져 독일군의 반격에 후퇴해야 했다. 1915년 이를 분석한 영국원정군은 선발대와 후발대를 순차적으로 보내는 전술로 참호를 하나씩 점령해갔다. 이에 독일군은 참호를 뺏기지 않기 위해 참호수를 늘리는 방법으로 대응했다. 또한 최전방 참호에는 일부러 병력을 적게 두고, 후방 참호에 대규모 병력을 배치하는 전술을 펼쳤다. 최전방 참호에서 적군과 어느 정도 대응하다 후방 참호로 도망치고, 적군이 참호를 점령하면 후방의 본대가 바로 반격해 참호 안에 갇힌 적을 소탕하는 방식을 택했다.

이것은 점령한 적들은 좁은 참호 안에서 도망가지도 못하고 속수무책으로 당할 수밖에 없었기에, 아군 피해를 최소화하면서 적군 피해를 극대화하는 최고의 방어작전이었다.

참호 방어작전이 더 강화되자, 공격자는 약한 허점을 찔러 우회하는 방식을 택했다. 적군 참호들 가운데 약한 참호를 먼저 기습공격하거나, 적군으로 위장한 특수부대원이 몰래 잠입한 후 기습공격으로 적을 당황하게 만든 후 참호나 기지를 점령했다. 그럼에도 참호는 방어군이 상대적으로 약해도 더 강한 공격군을 효과적으로 막을 수 있는 방어수단이었다. 그래서 공격군은 막대한 희생을 각오하고 참호를 공격해야만 했다. 기습도 몇 번 하고 나면 이에 대한 대비가 생겨 더 먹히지 않았다. 결국 참호를 정면 공격해야 했다. 이에 공격법도 발전하기 시작했다.

# 09

# 장갑차,
## 기대와 실망

방어자에게 압도적으로 유리한 참호를 점령하기 위해, 공격자도 강한 화기로 무장하자는 의견이 나오면서 공격화기가 발전했다. 특히 개인용 폭탄의 필요성이 대두되면서, 드디어 개인이 휴대하는 폭탄인 수류탄이 1915년에 등장했다. 수류탄은 긴박한 전투상황에서 공격자와 방어자 모두에게 유용하게 사용되었으며, 불리한 전황을 반전하는 데 도움이 되었다. 그리고 독일군을 시작으로 모든 진영에서 독가스 공격이 시도되었다. 하지만 독가스는 바람의 방향에 영향을 받는지라, 바람이 역풍이면

제1차 세계대전 당시에 사용된 수류탄들

화염방사기 훈련을 하는 독일제국군

오히려 아군을 공격했다. 결국 너도나도 방독면을 쓴 상황이 되
자, 제대로 독가스 위력을 발휘하지 못한 채 실패하기도 했다.
그래서 독가스는 기습공격이 아닌 이상 잘 사용되지 않았다. 화
염방사기 역시 등장했지만, 생각보다 사정거리와 사용시간이 짧
아서 벙커 안의 적을 위협해서 쫓아내는 것 외에는 별다른 활약
을 하지 못했다. 무엇보다도 화염방사기는 무거워서 이동속도를
지나치게 느리게 만드는 바람에, 그 쓸모가 무실했다.

　공격화기도 생각보다 위력이 약하자, 무기 개발자들은 무거
운 기관총을 가볍게 만들어 들고 다닐 수 있도록 하는 아이디
어를 냈다. 당시의 기관총은 크고 무거워서 군인이 쉽사리 들
고 다니기 힘들었으며, 사격할 때에는 바닥에 고정해서 사용해
야 하는 불편함을 갖고 있었다. 그래서 기관총을 방어용으로만
사용했다. 이런 기관총을 경량화하는 시도가 진행되면서, 휴대
가 가능할 정도로 가벼운 기관총이 만들어졌다. 하지만 당시 기
술로는 정교한 무기인 기관총을 가볍게 만들다보니 자주 고장

이 일어나 사용하기에 불편했다. 결국 가벼운 기관총은 고장이 잦아 쓸모가 없고, 쓸모 있는 기관총은 무거워 들고 다니기 불편하다는 딜레마에 빠졌다.

이 딜레마를 해결하는 방법은 차량에 무거운 기관총을 장착하는 것이었다. 사실 장갑차는 제1차 세계대전 전부터 존재했다. 국토와 인구가 적은 벨기에 왕국은 자국을 보호하기 위해 요새를 건설했지만, 적들이 요새 사이를 피해가는 때를 대비해 움직이는 요새 개념으로 미네르바 장갑차를 개발했다. 그래서 제1차 세계대전 당시 독일군이 벨기에 왕국을 침공하자, 벨기에군은 주요 길목에 장갑차를 매복시켰다. 장갑차는 적이 오면 기습적으로 공격하거나, 길 한가운데에 서서 적을 막아내는 활약을 했다. 이것은 연합군과 동맹군 모두 미네르바 장갑차를 주목하는 계기가 되었다.

연합국은 미네르바 장갑차에 영감을 받아 각자만의 장갑차를 개발했다. 프랑스 제3공화국의 경우, 당대 전 세계에서 가장 우수한 자동차기업인 르노가 무거운 자동차의 무게를 견디기 위해서 최고급 엔진을 탑재함으로써, 두꺼운 장갑으로 무장하고도 빠른 속도로 이동할 수 있는 르노 장갑차를 개발했다. 이 덕분에 제1차 세계대전 초기에 르노 장갑차는 명품 장갑차로 인정받았다. 르노 기업은 이에 만족하지 않고 야포를 차에 얹는 대담한 구상을 실현했다. 이 계획으로 탄생한 무기가 르노 자주포다. 르노 자주포는 보병이 진격할 때, 지원사격하면서 움직이는 야

연합군과 동맹군 모두가
사용한 미네르바 장갑차

프랑스 르노기업이 개발한
르노 장갑차

포 역할을 수행했다. 사실 르노 기업은 자동차에 야포를 얹어 참호를 돌파하려는 계획을 세웠다. 하지만 자동차는 무거운 포를 견디기 힘들었으며 그 속도마저 느려, 이 계획은 실패로 돌아갔다.

르노 장갑차는 서부전선에서는 별다른 활약을 하지 않았지만, 동부전선에서 러시아군을 든든하게 보호하는 무기로 활약했다. 르노 장갑차를 주목했던 대영제국은 오스틴 모터 기업에 장갑차 제작을 의뢰했는데, 때마침 자동차 판매가 부진해 기관총을 만들던 오스틴 모터 기업은 장갑차를 만들면서 자동차 제작기술을 익혀갔다. 이탈리아 왕국의 피아트 기업과 러시아 제국의 이조르스키, 푸틸로프 기업이, 2정의 기관총이 달린 오스틴 장갑차를 라이센스 생산하면서 자동차 개발 노하우를 익혔다. 한편 미국은 자동차 엔진과 항공 엔진을 연구하던 롤스로이스에 장갑차를 의뢰했는데, 롤스로이스는 1914년 연말에 작고 빠른 롤스로이스 장갑차를 개발했다. 롤스로이스 장갑차는 항공 엔진급의 출력 덕분에 신속한 기동이 가능했는데, 서부전선에서 독일군의 기습공격을 바로 반격하면서 벨기에를 지키는 역할을 해냈다. 항공기업이었던 롤스로이스는 이 경험을 바탕으로 민간용 자동차 개발의 토대를 마련할 수 있었다. 기관총을 전문적으로 개발하는 란체스터 기업도 장갑차 개발에 뛰어들었다. 비록 란체스터 장갑차는 롤스로이스 장갑차에는 밀렸지만, 그런대로 준수한 성능을 보이면서 제 몫을 다했다.

제1차 세계대전은 기병 돌격이 잘 통하지 않는 전쟁이었다.

러시아 므게브로프       대영제국의 오스틴       미국의 롤스로이스
-르노 장갑차           장갑차                 장갑차

비단 참호전뿐만 아니라 시가지 전투 등 다양한 전장환경에서도, 기관총의 강한 저항은 기병돌파를 어렵게 만들었다. 특히 러시아 제국은 총검을 잘 다루는 유목민족인 카자크 민족을 앞세워 전선돌파를 시도했지만, 강한 기관총의 화망에 카자크 기병은 번번이 패배했다. 심지어 전쟁 발발 2년 후에는 수많은 카자크 민족의 남성이 사망하면서 인구마저 감소했다. 이에 러시아군은 카자크 기병을 대신할 존재를 원했으며, 그 대안으로 장갑차를 선택했다.

먼저 러시아 제국은 대영제국의 오스틴 장갑차와 프랑스 제3공화국의 르노 장갑차를 수입하여, 루소발트 장갑차를 자체 개발하여 기병의 역할을 대신하게 했다. 얇게나마 철판이 두른 장갑차는 기관총의 화망에도 꿈쩍하지 않고 저항했기에 방어용으로 잘 이용되었다. 또한 공격에도 적극적으로 이용되었다. 광활한 동유럽 평지에서 벌어진 동부전선은 그 넓은 영토만큼 허점이 많았기에, 장갑차는 빠른 기동과 총탄을 막는 방어력으로 적의 허점에 빠르게 침입하여 적 후방을 궤멸시켰다.

이 전과를 보면 장갑차는 드넓은 동부전선에 적합한 병기였지만, 만능은 아니었다. 먼저 장갑차를 투입하려면 전쟁터까지 말이 장갑차를 끌어야 했다. 결국 여전히 많은 말이 필요했고 총탄을 막지만 참호를 쉽사리 돌파할 수 없는 한계를 안고 있었다. 무엇보다도 봄가을이면 땅이 질퍽해져 장갑차도 땅에 푹 빠지기 일쑤였다. 이런 한계에도 불구하고 장갑차는 위력적이

독일제국이 개발한 에르하  이탈리아가 만든 란치아 장갑
르트 E-V/4 장갑차          차

어서 동맹군도 장갑차로 대항했다. 오스트리아-헝가리 제국도 장갑차를 개발했지만 그 성능이 좋지 않았고, 독일제국이 개발한 에르하르트 E-V/4 장갑차가 동부전선을 누볐다. 에르하르트 E-V/4 장갑차는 독일 기병의 역할을 많이 대체했다. 주로 루마니아 전선에서 기병으로 돌격하는 루마니아군을 격퇴하거나, 도시 안에서 보병을 소탕하는 용도로 사용되었다. 그러나 에르하르트 E-V/4 장갑차의 위력이 생각보다는 약하자, 독일군은 장갑을 두른 자동차 개발에 관심을 갖게 되었다.

오스만 제국 내부에서 벌어진 중동전선에서 대영제국은 팔레스타인과 시리아, 이라크 사막 내부를 침투해야 했다. 대영제국은 오스트레일리아 사막을 누빈 말들을 투입했지만, 낮이면 40도가 넘는 무더위로 아무리 오스트레일리아 사막 환경에 적응한 말이라 하더라도 중동 더위에 지쳤다. 이때 대영제국은 미국 포드기업의 포드 모델 T 자동차를 보냈는데, 이집트 원정군과 인도 원정군은 이 자동차에 기관총만 얹고 질주했다. 무장이 빈약했기 때문에 포드 모델 T 자동차를 개조한 장갑차는 수색과 기습 임무로만 사용되었다. 1915년부터 보급된 롤스로이스 장갑차는 뜨거운 지열을 식히고자 뚜껑을 열어 사막을 질주했다. 지면과 동체가 떨어져 있어서 탑승자에게도 지열을 전하지 않았으며, 말처럼 지치지 않아 뜨거운 중동전선에서도 무리 없이 활약했다. 반면 오스만군은 뜨거운 사막을 걷거나 느린 낙타를 이용했기에 빠른 장갑차를 따라잡지 못하고 후퇴해야 했다.

캐나다가 만든 장갑 자동차

롤스로이스 장갑차는 빠른 기동력으로 오스만군 진지나 철도를 게릴라전으로 공격하면서 오스만군을 괴롭혔다.

장갑차는 작아서 참호를 넘기에는 부적합했기 때문에, 제1차 세계대전 동안 장갑차는 참호를 공격하기보다는, 적의 허점을 빠르게 비집고 들어가는 공격하는 용도로 사용되었다. 그래서 드넓은 동부전선과 중동전선에서 장갑차가 활약했다. 하지만 빽빽한 참호와 장애물로 가득한 서부전선이나, 험준한 알프스산맥이 걸친 이탈리아 전선에서 장갑차의 역할은 축소될 수밖에 없었다. 한편 캐나다 원정군은 장갑차가 참호를 넘는 것은 불가능하지만, 병력을 참호까지 안전하게 수송할 수 있다는 장점을 활용하여, 비미 능선을 점령할 때 장갑차를 투입했다. 그 결과, 독일군 참호 바로 앞까지 병력을 무사히 투입하는 성과를 냈다. 하

지만 독일군도 수류탄을 던지면서 저항했으며, 지붕이 없는 장
갑차 안에 수류탄이 자주 들어가 큰 피해를 보기도 했다. 군대
는 장갑차를 대신하여 참호전을 끝낼 수 있는 무기를 고안해야
했다.

# 폭격,
## 하늘에서도 공격하다

　1870년 프랑스-프로이센 전쟁 당시 프로이센군은 빠른 속도로 파리를 포위하면서, 파리와 프랑스 내 다른 도시들 사이의 연락을 두절시키려고 했다. 이에 프랑스군은 열기구에 전보와 중요한 인물을 탑승시켜서, 하늘 위로 날아 파리 내부와 외곽을 오가며 포위를 빠져나갔다. 프로이센군은 프랑스군의 열기구를 격추하려고 총과 포를 발포했지만, 탄환이 열기구에 구멍만 내고 지나갈 뿐 격추하지 못했다. 1871년 프랑스-프로이센 전쟁은 프로이센 왕국의 승리로 끝이 났지만, 프로이센군은 이 경험으로

1870년 12월 23일 파리에서 올려진 열기구                    1910년대 독일의 다믈러-크루프 대공차량

공대공 전투를 준비할 필요가 있다고 판단했다. 프로이센 왕국에서 독일제국으로 변한 후, 독일제국은 본격적으로 하늘 위의 적을 격추하는 대공포를 연구하기 시작했다. 몇 년의 연구 끝에 차량에 속사가 가능한 대공포를 탑재하고, 예광탄으로 포탄 궤적을 두 눈으로 확인하면서 일정 거리에서 자동폭발하는 대공포탄을 개발했다. 독일제국만이 대공포를 연구하고 실전 배치했다.

그 사이 하늘 위를 날아다니는 기계는 나날이 발전해갔다. 독일제국의 그라프 폰 체펠린이 개발한 체펠린 비행선은 유럽과 미국을 연결하는 국제선으로 주목받았으면서 많은 이들이 즐겨 사용했다. 그만큼 비행선은 수많은 사람을 동시에 태울 뿐만 아니라, 안전하면서도 이전보다 빠른 속도로 하늘을 이동할 수 있는 교통수단으로 인정받았다. 비행기도 빠르게 발전하여 1913년 이탈리아-튀르키예 전쟁에서, 이탈리아군이 세계 최초로 비행기를 정찰기로 사용했다. 그 효과는 뛰어나서 모든 국가가 비

이탈리아-튀르키예 전쟁 중 이탈리아 정찰기 　　　대영제국이 경계했던 체펠린 비행선

행기에 관심을 가지고 정찰기를 활용했으며, 1914년에는 강대국 모두 육군과 해군에 정찰기를 기본적으로 배치했다.

1914년 7월 말, 제1차 세계대전이 발발하고 생각보다 전쟁이 오래 이어지자 참전국들은 당황했다. 그래서 전선뿐만 아니라 후방도 교란시켜서 적국을 혼란에 빠뜨리려고 했는데, 그 수단으로 하늘을 나는 기계들을 선택했다. 전쟁을 준비하던 독일제국 공군은 체펠린 비행선에 포탄을 달아 폭격하는 개념을 구상했는데, 실제로 제1차 세계대전이 발발하자 바로 실행에 옮겼다. 1914년 8월에 독일제국 공군은 서부전선에서 벨기에군이 항전하자, 벨기에 요새와 도시들 위로 체펠린 비행선을 보내 폭격했다. 나아가 9월에 동부전선에서 러시아군을 혼란에 빠뜨리고자 바르샤바를 체펠린 비행선으로 폭격했다.

당시로선 하늘 위에서 폭격한다는 개념은 독일제국 외에는 그 누구도 생각하지 못한 발상이었기에, 벨기에군과 러시아군은 체펠린 비행선의 폭격에 무력하게 당하고 말았다. 1914년 9

초장기 폭격기에는 조종사가 직접 폭탄을 투하했다

월 대영제국 왕립해군은 독일제국 체펠린 비행선의 폭격에 대한 보복으로, 체공시간이 긴 Avro 504 비행기를 이용해 독일제국의 공장을 폭격했다. 이렇게 독일제국과 대영제국이 하늘 위에서 기계로 공격하자, 폭격이라는 새로운 전쟁 패러다임이 등장했다.

1914년 10월 서부전선에선 거듭된 참호전 탈환으로 전투는 수렁에 빠지고, 동부전선에선 도시를 뺏고 뺏기는 고지전이 반복적으로 일어났다. 1914년 12월이 지나고 1915년이 되어서도 전쟁은 끝날 기미가 보이지 않았다. 전선은 굳어졌고 그 어떤 군대도 적진을 넘어 쉽사리 진격하지 못했다. 이런 답답한 전시상황에서 유일하게 적진을 마음껏 공격할 수 있는 존재는 하늘을 나는 기계뿐이었다. 그래서 각국은 비행선과 비행기로 적의 전략적 요충지를 폭격했다. 처음에는 조종사가 직접 폭탄을 투하하는 수동폭격이었다가, 나중에는 비행기 하부에 폭탄을 장착하는 비행기가 등장했다. 처음에는 전투기에 폭탄을 달아 적 전투기의 훼방을 뚫고 목표지점을 폭격했었다. 그러다 비행기 기술이 발전하자, 폭격임무만 수행하는 폭격기가 등장했다. 폭격기는 크기가 커서 한 번에 많은 폭탄을 탑재하여 지상을 폭격할 수 있었다. 이것이 작은 전투기 여러 대가 출격하는 것보다 비용이 적게 들고 효과는 좋았다. 그래서 각국은 폭격기를 개발하기 시작했으며, 특히 대형 비행선에 대한 기술이 빈약했던 프랑스군과 영국군이 폭격기를 즐겨 사용했다.

폭격기의 활약이 두드러진 곳은 참호전이었다. 서부전선에서는 그동안 별다른 소득이 없던 참호전을 타개할 목적으로, 폭격기가 참호를 미리 폭격한 후 육지전이 이어졌다. 한편 동부전선, 이탈리아 전선, 중동전선에서 폭격기는 적진을 교란하는 용도로 사용되었다. 특히 깜깜한 밤하늘에는 아무것도 보이지 않지만, 사람이 있는 지상참호는 불빛이 조금만 있어도 위치가 파악되었기에 야간폭격이 자주 일어났다.

한편 전투기들은 하늘 위 적 전투기들을 제거하고 나서 지상을 공격했다. 처음에는 전투기가 전방 기관총으로 지상 목표물을 겨냥하여 발사하고 다시 떠올랐지만, 워낙 위험해서 나중에는 후방 기초사수가 지상의 목표물을 공격하는 방식으로 바뀌었다. 전투기는 동시에 지상공격기의 역할도 수행했는데, 적

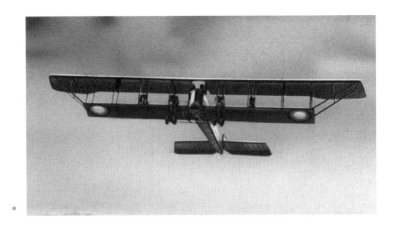

러시아군의 일리야
무로메츠 폭격기

영국군의 핸들리 페이지
폭격기

들이 참호 밖으로 나오면 즉시 출격하여 이들을 공중에서 공격했다. 전투기 하부에 기관총을 장착할 수 있게 되면서 보다 정교한 지상공격이 가능했다. 특히 적군 참호 중 부실한 참호는 상대적으로 노출된 공간이 많았기에, 그 공간을 집요하게 공격하는 지상공격을 시도했다.

결국 참호는 앞에서 공격하는 적뿐만 아니라, 하늘 위의 적의 공격에도 대비해야 했다. 모든 참호에 탐조등을 배치하여 밤하늘에서 어떤 적이 오는지 탐색했으며, 폭격기를 요격하기 위한 대공방어체계도 급하게 설치됐다. 미리 대공방어체계를 연구한 독일제국은 탐조등과 대공포를 배치하여, 적 폭격기의 공격에 꽤 능률적으로 방어했다. 특히 예광탄은 야간 방어에 유용하게 사용되었다. 독일제국은 참호로 접근하는 연합군 폭격기에 예광탄으로 채운 기관총을 난사하여, 총알이 제대로 가는지를 두 눈으로 확인하면서 저항했다. 연합군은 독일군의 정교한 예광탄 사격기술에 놀랐다. 연합군도 이어 예광탄을 개발하고 체펠린 비행선과 독일군 폭격기를 요격하는 용도로 사용했다. 한눈에 총탄의 이동방향을 볼 수 있는 예광탄은 유용한 대공방어체계의 필수품으로 자리 잡았다.

비행기로 공격하는 시도는 바다에서도 있었다. 바다에서 수차례 해전이 일어났고, 어뢰는 해군의 전략적 공격수단이었다. 문제는 해군방어체계가 너무 좋았다는 점이었다. 드레드노트급 전함이 중장거리 공격을 담당하면서 구축함을 보호하였다. 한

제1차 세계대전 당시 독일
군의 방공부대와 대공포

세계 최초 뇌격기 프랑스의
솝위드 쿠쿠

편 어뢰정이 드레드노트급 전함을 격침하려고 접근하면, 구축함이 어뢰정을 공격하는 방어체계를 구축하는 바람에 어쩔 수 없이 멀리서 어뢰를 주고받아야 했다. 가까이 접근하는 방법도 있었지만, 위험한 작전이어서 잘 활용되지는 않았다. 그 대안으로 떠오른 것이 비행기에서 어뢰를 발사하는 것이었다. 당시 전함은 비행기를 격추할 수단이 없었기에, 비행기의 접근과 공격에 속수무책일 수밖에 없었다. 실제로 대영제국 왕립해군은 솝위드 쿠쿠라는 프랑스 공군 전투기에 어뢰를 달아, 독일제국 해군 전함 2척을 격침하기도 했다. 이렇게 전투기에 어뢰를 단 뇌격기는 화려하게 데뷔했다.

한편 폭격기와 지상공격기가 지상의 야포 포격보다 공격하는 효율이 높지 않았지만, 예외적으로 체펠린 비행선은 비행속도가 느려 폭격 정밀도가 높은 편이었다. 그래서 독일제국은 높은 제작단가에도 불구하고 체펠린 비행선을 해안경비대로 활용했다. 무엇보다도 체펠린 비행선의 진가는 높은 체공시간으로 장거리 폭격이 가능하다는 점이었다. 체펠린 비행선은 독일제국 내륙에서 출발해 프랑스 제3공화국, 대영제국, 벨기에 왕국, 러시아 제국까지 날아가 도시를 폭격할 수 있었다. 그래서 당시 폭격을 당하는 도시민들에게는 체펠린 비행선의 폭격이 충격이었다.

체펠린 비행선이 도시를 폭격하며 공격하자, 도시민들은 갑자기 가해진 공격에 당황했으며 적이 벌써 도시 코앞까지 왔다는 공

영국 밤하늘을 떨게 한 독일의 체펠린 비행선

포심을 느꼈다. 독일제국은 체펠린 비행선의 폭격에 대영제국의 도시가 아수라장이되면서 사람들이 혼란에 빠지자 흡족해했다. 한편 프랑스 제3공화국과 대영제국은 등화관제를 시행함으로써, 밤에도 불빛 하나도 없이 깜깜하게 만들어 체펠린 비행선의 폭격에 대응했다. 하지만 오히려 등화관제까지 등장하자, 사람들은 정말로 전쟁에서 지기 직전이라는 공포에 사로잡히면서 여론은 더욱 악화되었다.

이에 연합국은 전투기를 출격시켜 체펠린 비행선을 잡아나갔으며, 체펠린 비행선의 잔해를 대중에 공개하여 연합군이 절대 체펠린 비행선에 패배하지 않았음을 선전했다. 또한 지상에서 탐조등으로 체펠린 비행선을 발견하면, 무선통신으로 체펠린 비행선 위치를 알려서 즉각 대응하는 방어체계를 갖추었다. 점차 체펠린에 대항한 방어체계가 정교화되었고, 느린 체펠린 비행선은 전투기의 사냥감이 되었다. 1917년 체펠린 비행선의 폭격은 연합군 전투기의 항전으로 줄어들었지만, 고타 폭격기의 등장이 잠잠하던 폭력 분위기를 다시 원점으로 돌렸다. 결국 연합국은 전쟁이 끝날 때까지 수차례 폭격을 받아야만 했다.

제1차 세계대전 동안 수차례의 해전에서 해군부는 전함이 하지 못하는 작전을 수행하는 비행기의 효과를 상당히 보았다. 아직 체공시간이 짧은 비행기가 작전을 수월하게 실행하기 위해서 수상기를 탑재할 수상기모함을 만들었다. 수상기모함은 귀환할 때 수상기가 바다에 착수하면 크레인으로 끌어올렸다. 실제로 수상기모함과 수상기의 연합작전은 기습공격과 상륙작전에 유용했다. 그래서 각국 해군은 수상기를 적극적으로 사용했지만, 귀환 때마다 바다에 떠 있는 수상기를 크레인으로 끄집어 올리는 불편함을 겪었다. 특히 바람이 강한 날이면 수상기가 바다에 착수하는 것이 불가능했으며, 사고로 애꿎은 조종사만 잃었다. 이에 대영제국 왕립해군은 비행기가 선박 위에 착함하자는 아이디어를 내면서, 비행기가 착함할 수 있는 항공모함을 개발하기에 이르렀다. 1918년 기존 전함을 개조한 퓨리오스가 세계 최초 항공모함으로 탄생했으며, 솝위드 카멜 전투기 8대를 실어 독일제국 도시를 기습적으로 공격하는 작전을 감행했다.

이처럼 제1차 세계대전 동안 하늘에서 지상을 공격하는 공대지 및 공대함 전투가, 새로운 전투 패러다임으로 등장하면서 전쟁향방을 바꾸었다. 특히 전선이 알프스산맥과 그라파산이었던 이탈리아 전선에서, 지상포격을 할 수 없는 높은 거점을 폭격기가 활약했다. 그래서 오스트리아-헝가리군 항공대와 이탈리아군 항공대는 서로 폭격기로 적 거점을 무자비하게 폭격했다. 멀리 떨어진 도시를 하나씩 점령해가야 하는 중동전선에서도 폭격기와 지상공격기가 큰 도움이 되었다. 한편 덥고 황량한 이집트 사막에서는 적을 찾기 어려웠으며 용케 적을 찾아도 공격하는 것에도 체력이 많이 소모되었다. 그래서 이집트 원정군은 지상공격기로 오스만군의 보급로를 집중공격하면서 오스만군을 교란했다. 이런 공중공격 덕분에 오스만군은 갈수록 약해졌으며, 1918년 7월 이집트 원정군이 쾌속 진격할 수 있었다.

# 11

# 참호돌파전술,
## 해결법이 보이다

하늘에서 공격하는 것도 만능은 아니었고, 결국 지상문제
는 지상에서 해결해야 했다. 결국 지상의 육군이 거점을 점령하
고 참호와 방어진을 구축해야 비로소 적의 거점을 점령할 수 있
었다. 폭격기나 지상공격기가 공격해서 적군을 와해시켜도, 그
거점으로 적이 계속 밀고 들어오면 처음부터 다시 점령을 해야
하는 지난한 전투가 이어졌다. 결국 지상전투는 육군이 마무리
지어야 했다. 여전히 참호전의 늪에 빠진 서부전선에서 참호전
작전은 지속되었지만 완전한 참호돌파는 쉽지 않았다.

1915년 3월 프랑스군은 아르투아에서 독일군 참호를 공격했는데, 선제공격으로 독일군 후방 지휘소와 통신탑, 보급로를 먼저 집중포격하는 허리케인 포격Bombardment de l'Ourage를 시도했다. 이는 독일군이 공격을 받으면 후방으로 후퇴했다가 역공하는 전술에 대비해, 후방을 완전히 파괴해 최전방의 독일군이 고립되게 만드는 작전이었다. 이 포격에 독일군은 통신이 끊겨 최전방에 고립된 채, 프랑스군을 맞이하여 제대로 싸워보지도 못하고 항복해야 했다. 이 덕분에 프랑스군은 독일군 참호를 점령하면서 허리케인 포격을 즐겨 사용했다.

프랑스는 이 전술을 연합군에 공유했으며, 1916년 러시아군의 명장 알렉세이 알렉세예비치 브루실로프 장군은 이를 연구해서 브루실로프 공세에 적용했다. 그는 항공정찰로 오스트리아-헝가리군의 교통-통신망을 파악하고 약한 부분을 지정한 후, 그곳을 집중적으로 포격했다. 포격이 끝나면 적들이 대비하기도 전에 재빠르게 공격해서 적의 진영을 돌파하는 목표를 세웠다. 기병, 장갑차, 그리고 전투기의 합동공격으로 참호를 공격한 후, 최종적으로 기병들이 오스트리아-헝가리군 참호를 넘나들며 쾌속진격을 감행했다.

그러나 무소불위 같았던 허리케인 포격도 기관총의 포화 앞에서는 속수무책이었다. 그래서 돌격하는 병력의 희생을 최소화하기 위해 갑옷을 입히는 시도를 했다. 산 위에서 오스트리아-헝가리군 참호를 점령해야 했던 이탈리아군은, 갑옷을 입은 돌

●
프랑스가 독일군
참호를 폭격한 아르투아
전투

●●
이탈리아 돌격대
아르디티 군인들

●●●
독일군 참호돌격대
슈트름트루펜

격대를 선봉에 세워 참호 안으로 돌진하도록 했다. 그 효과는 없지 않았지만 여전히 위험천만한 일이었다. 목숨을 건 이들은 용감한 자라는 뜻으로 아르디티Arditi라 불렸다. 오스트리아-헝가리군과 독일군 역시 적 참호에 가까이 붙어 참호를 공격하는 슈트름트루펜Sturmtruppen을 결성했는데, 이들이 입은 갑옷은 총탄도 튕겨낼 정도였다. 이들을 대항하기 위해 영국원정군은 돌격대Assault를 결성했으며, 프랑스군도 갑옷을 입힌 부대를 편성했다.

서부전선과 동부전선, 발칸전선, 중동전선에서는 참호의 허점을 빠르게 쳐서 돌파하는 전술을 가동했다. 특히 드넓은 동부전선과 중동전선에서 이 전술이 잘 먹혔다. 하지만 알프스산맥에 위치했던 이탈리아 전선에는 우회가능 구역이 부족했기에, 어쩔 수 없이 오스트리아-헝가리군의 함정을 정면으로 돌파해야 했다. 1917년 민족주의로 똘똘 뭉친 산악사람들은 아르디티로 정규 편성되어 정면 돌파를 시도했다. 이들은 허리케인 포격이 시작되자마자, 수류탄과 칼만 들고 바로 눈앞에 있는 오스트리아-헝가리군 참호로 달려갔다. 이 무자비한 작전이 끝나면 아르디티 대원들 가운데 무려 30% 이상이 희생되었지만, 이들은 죽음을 명예롭게 여겼고 말 그대로 죽으려고 싸웠다. 그래서 아르디티는 오스트리아-헝가리군 사이에서는 죽으려고 덤비는 독종으로 취급받았지만, 이탈리아군 내부에서는 영웅으로 찬사를 받았다.

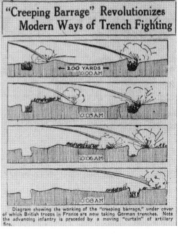

"Creeping Barrage" Revolutionizes
Modern Ways of Trench Fighting

2,00 YARDS
10:00 A.M.

10:03 A.M.

10:06 A.M.

10:09 A.M.

Diagram showing the working of the "creeping barrage," under cover of which British troops in France are now taking German trenches. Note the advancing infantry is preceded by a moving "curtain" of artillery fire.

1915년 독일군이 프랑스군 참호를 탄막       이동탄막사격 기술을 담은 전략도
사격하는 모습

한편 공학자들이 대포 성능을 향상시키자, 대포는 점차 정확성을 가지면서 원하는 부분만 집중포격하는 효율을 높였다. 이에 프랑스군과 영국원정군은 특정 지역을 무자비하게 포격하는 탄막사격을 시도했는데, 탄막사격을 당한 곳은 아무것도 남지 않을 정도였다. 또한 탄막사격은 사격범위 외에 탄이 떨어지는 경우를 확실히 줄였다. 이를 유심히 살펴본 프랑스군 장교 로베르 니벨은 새로운 작전을 구상했다. 그것은 이동탄막사격Barrage Rampant이었다. 무인지대에서 포격하는 동안, 아군이 참호 밖으로 나가 포격지점 바로 후방이나 적 참호 바로 뒤에서 대기하다가, 탄막폭격이 끝나면 바로 참호로 진격하는 전술이었다. 이동탄막사격은 적군 후방 참호까지 순차적으로 포격하면서 적

군이 즉각적으로 방어하지 못하게 했다. 베르됭 전투에서 프랑스군이 처음으로 이동탄막사격을 시도하면서, 독일군 참호에 큰 방어허점을 만들었다. 물론 이동탄막사격이 만능은 아니었지만, 아군을 안전하게 적 참호까지 보낼 수 있는 좋은 방법이었다.

선임 로베르 니벨의 작전을 곁에서 지켜본 페르디낭 포슈는, 전술 사례와 기록을 조합하여 더 정교한 공격법을 연구했다. 페르디낭 포슈는 그동안 보병 주도로 참호를 공격한 것을 바꿔서, 포병이 야포와 중포 모두 동원하여 적 참호의 구조물을 각각 정확하게 공격해서 파괴하는 전략을 펼쳤다. 이뿐만 아니라 이어 적이 반격하면 바로 대응포격함으로써, 반격을 적극적으로 저지하는 식으로 포병의 역할을 강화했다. 이를 위해 정찰기와 포병장교 끼리 직접 무선통신을 하면서, 정찰기가 적의 참호상황을 보고하면 포병이 즉각 포격하는 전투를 벌였다. 예전처럼 보병 전체가 동시에 돌격하던 방식이 아니라, 보병을 참호청소병 Nettoyeurs de tranchées과 예비군으로 나뉘어서 작전을 펼쳤다. 이동탄막사격을 하는 동안 참호청소병이 먼저 적 참호를 기습하고, 예비군이 뒤따라 참호청소병을 보조하는 임무를 수행했다.

참호청소병은 신속한 기습공격을 펼쳤으며, 적의 공격을 보호하기 위해 철갑옷을 입었으며 여건이 되면 양모도 덧입어 방호력을 향상했다. 철갑옷이 무거워서 무기는 가벼운 권총, 참호검, 기병 검, 도끼, 수류탄 등이었다. 그래서 참호청소병은 수류탄으로 참호를 파괴하고 근접전을 벌이면서 적군을 소탕했으며,

프랑스군 참호청소병　　　　　　　참호공격의 큰 장애물 철조망

예비군은 기관총과 화염방사기 등 강력한 화력으로 참호청소병
의 후방을 지원했다. 그래도 위험하면 기병이 돌격해 급한 문제
를 해결했다. 페르디낭 포슈는 이를 과학적인 전투방법이라고
판단했으며 솜 전투 후반부터 적용했다.

　그 결과, 솜 전투에서 영국원정군이 약 130만 명 가운데 42만
명 병력의 사상자를 내면서도 10km도 채 전진하지 못한 것에
비해, 프랑스군은 약 120만 명 중 20만 병력의 사상자를 내면서
도 솜 전투의 후반기를 주도했다. 사실 영국원정군이 솜 전투에
서 5km도 전진하지 못하자, 프랑스군이 먼저 공격하면서 진격
한 덕분에 10km를 전진할 수 있었다. 하지만 포슈의 과학적인
전투방법에도 장애물이 있었는데, 바로 철조망이었다. 철조망은
웬만한 대포로도 파괴되지 않은, 유일하게 멀쩡한 방해물이었으

오스트리아-헝가리의 야크트드코만도 부대

며 진격을 방해하는 중요한 요소였다. 그래서 철조망을 효과적으로 제거할 무언가가 필요했다.

한편 페르디낭 포슈는 전방참호든 후방참호든 마음껏 넘나들면서 강한 장갑으로 보병을 방어할 무기를 고민했다. 독일군도 선봉에서 참호를 파괴하고 교란하는 슈트름트루펜의 역할을 더 강화하기 위해서, 슈트름트루펜과 일반 보병의 긴밀한 작전을 구축했다. 그 작전은 의외로 간단했다. 먼저 허리케인 포격으로 적군 후방을 파괴한 후, 취약한 참호를 이동탄막전술로 초토화하면서, 탄막을 따라 접근한 슈트름트루펜이 참호들을 무너뜨리고 전진하는 것이었다. 한편 일반 보병은 바로 뒤따라 참호 안으로 진입한 후, 다른 곳으로 이동하면서 남은 적들을 공격하고 항복을 받아냈다.

독일군은 이를 침투전술Infiltration이라 불렀으며, 프랑스군은 이 작전을 즐겨 사용한 오스카 폰 후티어 장군의 이름을 따 후티어 전술Hutier Taktik이라 불렀다. 독일군은 서부전선과 동부전선, 발칸전선에서 침투전술로 연합군 참호를 빠르게 돌파했다. 독일군이 개발한 침투전술은 바로 동맹군에 공유되었는데, 오스트리아-헝가리군은 이를 모방해 야크트코만도Jagdkommando를 창설하여 러시아군과 이탈리아군을 상대했다. 프랑스군의 과학적인 침투방법과 독일군의 침투전술은 지난한 참호전을 끝낼 새로운 돌파법으로 주목받았지만, 늘 그랬듯이 이 방법에 대한 방어책도 등장했다.

한편 프랑스군은 콘크리트 참호와 특화점으로 무장하여 참호들 사이에서 적들을 포위하여 섬멸하는 독일제국군의 지크프리트선Siegfriedstellung을 넘지 못했다. 프랑스군과 영국원정군은 지크프리트선을 돌파할 시도를 제대로 하지 못하다가, 프랑스군은 철도와 작전본부 등 중요한 거점에 방어병력을 집중하는 종심방어Défense en profondeur를 침투전술로 구사했다. 결국 참호전은 다시 원점으로 돌아갔고, 뭔가 다른 특별한 해결책이 필요했다.

# 12

# 참호를 넘을

## 기계들

예로부터 전쟁의 난관은 방어할 때는 방어만 가능하고, 공격할 때는 공격만 가능했다는 것이다. 그래서 방어 도중 공격자의 허점이 보여 공격하고 싶어도 방어자가 직접 공격하기는 불가능했다. 결국 후방에 있는 공격대가 공격해야 했으며, 공격 도중에는 방어할 수 없어서 무조건 수많은 병력이 희생되어야 했다. 그래서 많은 전쟁 전문가들은 방어와 공격이 동시에 가능한 병기를 연구했으며, 실험적인 병거가 많이 개발되었다. 공성탑, 목우유마, 화차 등 병기들이 등장했지만, 방어를 위해 장갑을 두르

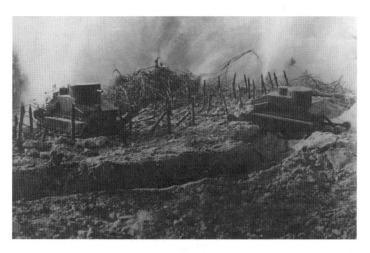

오스트리아-헝가리 모터게슈츠의 참호공격

니 매우 무거워 사람의 힘으로는 이동하기 어려웠으며, 말과 소
가 끌어 겨우 움직일 정도였기에 그 실용성이 떨어졌다.

　19세기 무거운 쇳덩어리인 기차가 마차보다 더 강한 힘을 내
면서 빠르게 움직이자, 이런 자동동력원의 힘에 주목한 사람이
등장했다. 그는 오스트리아-헝가리 제국 장성인 군터 아돌프 브
루스틴이었다. 그는 참호전이 주류 전쟁양상이 될 것을 예측하
고, 참호를 넘나드는 공격병기 개발에 매진했다. 1911년 브루스
틴은 모터게슈츠Motorgeschütz라는 병기를 개발했다. 브루스틴
모터게슈츠는 높낮이가 다른 참호를 돌파하기 위해 고안된 병
기로서, 앞 지지대의 높낮이를 다르게 하여 어떤 참호도 돌파할
수 있도록 개발했다. 하지만 오스트리아-헝가리군과 독일군은
이에 관심이 없었고, 설상가상 프로토타입도 제대로 개발되지

못한 상태여서 이 병기는 이내 사라지고 말았다.

한편 제1차 세계대전이 발발하기 전, 프랑스군 내부에서도 러일전쟁과 발칸전쟁을 더 깊이 탐구하면서, 이전과 달라진 전쟁양상을 파악하고 그 해결책을 내놓으려는 사람이 있었다. 그가 장 바티스트 외젠 에스티엔이었다. 포병장교였던 그는 기관총의 위력을 실감했는데, 항공정찰로 적군의 위치를 파악하고 포격하는 개념을 프랑스에 최초로 도입하여 움직이는 대포 개념을 창시했다. 또한 그는 트랙터에 야포를 설치해 진격하면서 포격하는 포병의 위력을 높이자는 아이디어를 제안했지만, 제1차 세계대전이 발발하자 그 제안은 일단 묻혀버렸다. 그런데도 그는 포기하지 않고 프랑스군 총참모장인 조제프 조프르 장군에게 포를 얹은 트랙터 개념을 선보였으며, 1914년 말부터 포를 단 트랙터 연구가 본격적으로 시작되었다.

1914년 이후 각국의 여러 기술자들은 참호를 돌파하는 장갑차량을 고안했는데, 특히 프랑스군이 참호돌파 차량에 대한 연구에 적극적이었다. 프랑스군은 중세시대 공성탑에 대포를 탑재하고 진격하는 방안을 연구했는데, 이때 공성탑이 참호에 빠지지 않도록 하기 위해 바깥에 크게 캐터필러를 장착해서 전진했다. 이를 브와롤 기계Appareil Boirault라 불렀다. 그런데 막상 전장에서 거대한 캐터필러가 제대로 작동하지 않아서 작전이 실패하기도 했다.

그러자 로드롤러로 참호를 넘으려고 시도했다. 큰 원통형 바

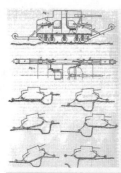

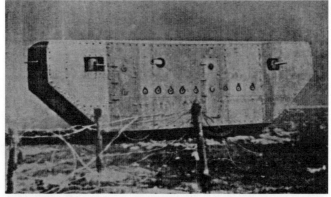

●
프랑스군이 개발한 참호
공격장갑차 브와롤 기계와
브와롤 기계 참호공격 원리

●●
갯벌에서도 잘 움직이는
참호공격장갑차 프로퇴
멜-라플리 장갑롤러

●●●
러시아군이 개발한
큰 바퀴가 달린 차르
전차

357

퀴를 굴리는 로드롤러는 갯벌에서도 잘 움직였으며, 큰 바퀴로 넓은 참호도 쉽게 넘었다. 또한 적의 공격을 막기 위해 외부에 장갑을 부착했다. 이를 프로튀멜-라플리 장갑롤러Char Frot-Turmel-Laffly라고 불렀다. 여기에 기관총과 박격포도 달아 공격력을 높였다. 하지만 무게가 무거운 만큼 진격속도가 느릴 수밖에 없었다. 한편 러시아 장갑차 개발자들은 참호를 넘으려면 무식하게 바퀴가 크면 된다고 생각해서, 장갑차의 바퀴 크기를 키웠다. 그렇게 등장한 것이 차르 전차Царь-танк다. 차르 전차는 너무 무겁고 커서 기동력이 떨어졌으며, 적의 쉬운 표적이 되는 바람에 폐기되고 말았다.

그러던 중 연합군은 미국이 보낸 홀트 트랙터에 주목했다. 캐터필러가 부착된 홀트 트랙터는 어느 지형이든 적당히 빨리 이동할 수 있었으며, 출력도 좋아서 무거운 주포를 무리 없이 빠르게 수송할 수 있었다. 홀트 트랙터를 원조받은 대영제국은 여기에 장갑을 응용하여 참호돌파 기계Trench crosser 개발에 집중했다. 1915년 6월, 대영제국의 장갑차 개발자들은 장갑차 동체에 트랙터를 단 킬렌스트레이트 장갑 트랙터Killen-Strait armoured tractor를 개발했다. 이보다 더 빠른 시기인 1915년 2월, 러시아군은 베즈데코드Вездеход라는 소형 돌파기계의 개발을 시도했으나 기술력 부족으로 성공하지 못했다. 대신 홀트 트랙터 개념이 들어오기도 전인 1911년부터 개발 추진했던 멘델리바Менделеева가 1915년에 시연되었다. 움직이는 대포를 표방한 멘델리바는

대영제국이 개발한 트랙
터 모델 장갑차 킬렌스
트레이트

러시아군의 베즈데코드
소형 돌파장갑차

러시아군의 멘델리바
대포

프랑스군의 샤르 푸세

대포 아래에 여러 바퀴를 달았으며, 그 바퀴를 캐터필러로 연결했다. 그래서 속도와 방어력, 공격력을 모두 잡은 획기적인 발명품이었는데, 하필 차르 니콜라이 2세는 차르 전차Царь-танк를 선택하는 바람에 멘델리바는 역사 속으로 사라지고 말았다. 1915년 12월 프랑스군은 수앙에서 홀트 트랙터를 개조한 기계를 시연했는데, 이 기계는 암호명 수앙Souain이라 불렸다. 1916년 초에 수앙은 참호를 넘는 기계 샤르 푸세Char Fouché로 발전했다.

# 13

# 전차의
## 무대

　대영제국은 홀트 트랙터에 장갑을 씌운 장갑 트랙터는 캐터 필러 궤도가 짧아 참호를 넘기에 부적합하다는 결론을 내렸다. 그래서 캐터필러 궤도를 늘리고 그 위에 장갑을 씌우는 기계를 개발했다. 1915년 12월에 완성된 그것을 리틀 윌리<sub>Little Willie</sub> 라 불렀다. 리틀 윌리의 속도는 사람보다 느렸지만, 방어력이 양호 하고 참호를 잘 넘었기에 대영제국 기술자들은 희망을 보았다. 대영제국은 리틀 윌리의 개발 경험을 바탕으로 게임체인저를 준 비했다.

대영제국의 리틀 윌리

육상철갑선을 개량한 마크 육상전함

1910년 대영제국의 SF소설에서 육상철갑선Land Ironclad이라는 개념이 처음 나왔고, 당시 해군성 장관이었던 윈스턴 처칠은 육상전함Landship을 만들 것을 지시했다. 그래서 기술자들은 큰 캐터필러를 마름모꼴로 형성해 전함을 위에서 본 것과 같은 모양을 만들고, 거기에 전함에서 사용하는 함포를 달았다. 캐터필러 사이에 조종간을 설치해 시야확보를 도왔다. 개발진들은 이를 마크 육상전함Mark Landship이라 불렀으며, 전함이 바다 위를 항해하듯이 육상전함은 철조망과 참호를 짓뭉개면서 순항하는 역할을 기대했다. 또한 전차를 암수로 나누어 암컷 육상전함은 기관총으로 무장하고, 수컷 육상전함은 소형 함포로 무장했다. 이때 개발과정에서 비밀병기임을 들키지 않으려고 연구실 밖에서는 물탱크를 옮기는 기계라고 설명했는데, 훗날 이 육상전함이 탱크Tank라고 불리게 되었다. 당시 독일제국 첩자들도 이 육상전함을 물을 옮기는 기계라고 생각하고 별로 신경 쓰지 않았다고 한다.

솜 전투가 시작되자 영국원정군은 탱크라 불린 이 육상전함을 독일군 참호로 보냈지만, 결과는 실망 그 자체였다. 무거운 하중 때문에 대부분은 무인지대에서 갯벌에 빠지고, 엔진이 퍼져 멈춰버렸다. 딱 3대만이 참호를 돌파했는데, 그마저 뒤에 보병이 따라오지 않은 채 육상전함만 도착하는 바람에 적의 수류탄 공격을 받고 파괴되고 말았다. 이 때문에 솜 전투에 등장한 육상전함은 제대로 활약도 못 하고 그냥 버려진 고철 신세가 되었다. 하지만 거대한 기계가 모든 걸 깔아뭉개면서 참호를 돌파했다는 것 자체가 독일군에게는 엄청난 충격이었다. 독일군의 눈에는 거대한 쇳덩어리 요새가 굉음을 내며 진격하는 소리와 수많은 기관총의 공격에도 끄떡하지 않는 탱크는 공포 그 자체였다. 거기에 탱크에서 발포되는 포탄은 독일군 참호를 무참하게 파괴할 정도로 무시무시한 존재였다.

한편 프랑스의 장 바티스트 외젠 에스티엔은 전차를 철조망을 자르고 돌격하여 참호를 넘나드는 돌격차량Char d'Assault을 중점적으로 개발했다. 에스티엔은 포격으로도 잘리지 않는 철조망을 자르기 위해서, 철조망 절단기를 탑재한 전차를 개발하려

트랙터 위에 장갑을 두른 프랑스 슈네데르 CA1 전차    슈네데르 CA1 전차에 탑재한 브르통-프레토 톱

고 했다. 이에 포병 장비를 개발하던 프랑스의 슈네데르 기업은 트랙터 위에 장갑을 두른 슈네데르 CA1 전차Schneider CA1를 개발했다. 슈네데르 CA1 전차는 공격력을 줄인 대신 장갑으로 적의 공격을 막아내면서, 철조망을 자르고 보병이 투입할 길을 열어주는 역할을 담당했다.

그래서 슈네데르 CA1 전차는 브르통-프레토 톱Machine Breton-Prétot을 정면에 탑재하여, 독일군의 기관총 공격을 온몸으로 막아내며 철조망을 절단하면서 진격했다. 정예부대는 슈네데르 CA1 뒤에 붙어 전차가 잘라낸 철조망을 치우면서 독일군 참호로 돌격했다. 니벨 공세작전이 독일군에게 노출된 상황에서도, 슈네데르 CA1 전차는 진격하면서 불리한 전황을 어떻게든 무마했다. 하지만 독일군의 집중포화에 장갑이 잘 찢어졌고, 무엇보다 크기가 너무 작아 피격으로 엔진이 불타버리는 경우가 흔했다. 한편으론 보병의 지원 없이 슈네데르 CA1 전차가 홀로 진격하다 보니, 독일군 집중사격을 받아서 파괴되기 일쑤였다.

한편 1914년 말부터 조제프 조프르 총참모장은 에스티엔와 다른 개발진에게 움직이는 대포를 개발하라고 명했다. 그 명에 따라 슈네데르 CA1 전차 출시 직후 등장한 것이 생샤몽Saint Chamond이었다. 생샤몽은 트랙터에 장갑을 씌우고 75mm 야포를 탑재한 후, 그 무게를 견디기 위해 엔진을 크게 만들고 캐터필러를 달았다. 그렇게 생샤몽은 대규모 포격 이후 적진으로 돌격하여, 재정비하는 독일군의 마지막 방어마저 파괴해버리는 역할을 수행했다.

생샤몽은 공격에 집중한 전차Char d'Assault로 주포 개념을 처음으로 도입한 것이었다. 무겁고 튼튼한 장갑으로 무장한 주포는 독일군에게 공포를 안겼으며, 무자비한 주포 공격에 독일군 진영은 순식간에 흐트러졌다. 다만, 단점은 캐터필러가 약해서 언덕 등 오르막길에서는 쉽게 이동하지 못하고 퍼지거나, 갯벌에 갇히면 무게 때문에 쉽사리 빠져나오지 못했다. 그래서 땅이 단단한 지형에서 주로 활동했으며, 보병이 생샤몽 바로 앞에 나무판자를 대면서

프랑스군이 개발한 생샤몽 전차

야포로 무장한 생샤몽

이동을 지원해야 했다. 슈네데르 CA1 전차와 생샤몽은 니벨 공세에 처음으로 등장했다. 하지만 프랑스군의 전략을 알고 있었으며, 마크 육상전함을 상대하면서 전차에 대항하는 법을 익혔던 독일군은 프랑스군 전차들을 포격으로 대적했다.

　니벨 공세가 처참하게 실패로 돌아가자 전차가 쓸모없다는 여론이 일어났지만, 에스티엔은 전차를 포기하지 않았으며, 오히려 페르디낭 포슈 장군을 설득했다. 이동탄막사격으로 독일군 진영을 우선 파괴하면, 생샤몽 전차가 선봉에 서 독일군 방어진들을 무자비하게 파괴했다. 그 다음 슈네데르 CA1 전차가 진격해서 철조망을 자르면 뒤를 따르던 정예부대가 독일군 참호를 파괴하고, 그 다음 예비군이 뒤를 따라 마무리를 지었다. 이런 전술은 1917년 10월 23일 말메종 전투에서 처음 사용되었다. 그 결과, 프랑스군은 병력손실을 거의 내지 않았으며, 피해를 입은 대규모의 독일군은 후퇴했다. 말메종 요새는 독일군이 건립한 가장 튼튼하고 정교한 방어체계를 가진 요새였지만, 프랑스군은 연합공세로 빠르게 진격하여 이 요새를 초토화했다.

　프랑스군이 말메종 전투를 하는 동안, 영국원정군은 벨기에 브뤼허 항구를 점령해 대규모 상륙작전을 준비했다. 영국원정군은 브뤼허 항구로 병력을 보내고, 육지에서 이프르와 파스샹달을 거쳐 브뤼허로 육군을 보냄으로써, 바다와 육지 동시에 브뤼허를 포위하려고 했다. 하지만 영국원정군 상륙군은 독일군 잠수함과 해안포에 의해 저지당했으며, 육군은 파스샹달에서 대다수의 병력을 상실하면서 브뤼허 포위작전은 완전 실패로 돌아갔다. 1917년 11월 20일 영국원정군은 땅이 단단한 캉브레에서 사전포격 없이 전차로 돌격했으며, 보병은 전차 뒤를 따라 이동하면서 보호받았다. 더불어 공격기도 이륙해 독일군 참호를 먼저 공격하여, 독일군이 대응할 시간을 주지 않았다. 비록 작전 후반에 전차들이 퍼지는 바람에 독일군이 침투전술로 탈환했지만, 캉브레 전투는 말메종 전투와 함께 전차의 가능성을 여실히 보여준 전투였다.

참호를 어렵게 점령한 이탈리아군은 대영제국과 프랑스 제3공화국의 전차를 수입하려고 했지만, 두 나라도 당장 전차가 너무 부족해 수출할 여력이 되지 않았다. 그래서 이탈리아군도 당시 개발된 전차기술의 장점을 모아 움직이는 요새라는 피아트 2000Fiat 2000을 개발했다. 피아트 2000은 상부에 회전포탑으로 화력을 보유하고 사방에 기관총을 설치해 화망을 형성했다. 40톤이라는 중량으로 나무와 철조망을 무참히 밟고 지나가면서, 험준한 산악지역에서 훌륭한 전투력을 보여주었다. 하지만 너무 무거워 속도가 느리고 잘 퍼지는 바람에 지속적인 실전 사용이 제대로 이뤄지지 않았다.

1917년 캉브레 전투에서 전차의 유의미한 효과를 본 영국원정군은 사각지대가 많은 마크 전차를 개량 및 보완하여, 마크 A 휘펫 전차MK A Whippet Landship를 개발했다. 마크 A 휘펫 전차는 기동력을 높여 포를 쏘면서 빠르게 적진에 진격하는 파괴용과

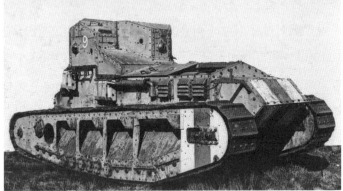

이탈리아군이 개
발한 피아트 2000
전차

마크 전차를 개
량한 영국군의
마크 A 휘펫 전차

기관총으로 무장한
MK. IX 전차

독일제국이 개발
한 장갑차량 A7V

진지 방어용으로 동시에 사용되었다. 한편 마크 전차들의 엔진이 전차 한가운데에 있어서 열기가 높아서 쉽게 퍼진 점을 보완해서, 엔진을 앞으로 빼고 엔진룸과 탑승칸을 분리하여 엔진 열기와 소음을 어느 정도 차단했다. 1918년에는 전투용뿐만 아니라 병력을 안전하게 수송하는 장갑전투차량으로 MK. IX 전차가 개발되었다. MK. IX 전차는 포탑을 제거하고 기관총으로 무장함으로써, 전장 한가운데로 돌파한 후 보병들을 내려주면서 근접 전투를 수행했다. MK. IX 전차는 보병을 확실하게 보호한 세계 최초의 장갑전투차량이 되었다.

독일제국도 슈트름트루펜을 보완하는 전쟁성 제7국 일반교통 및 군수송부 장갑차량Allgemeines Kriegsdepartement 7 Abteilung Verkehrswesen, 약칭 A7V이라는 전차를 개발했다. 독일제국은 이 차량을 장갑전투차량Panzerkampfwagen으로 불렀다. A7V는 전면 포탑과 사방 기관총으로 연합군 전차의 장점들을 합쳐 개발한 전차였는데, 이 덕분에 마크 육상전함보다 대포 조준이 수월했다. 이론적으로는 다른 전차들보다 광범위한 범위에 기관총의 공격이 가능했다. 하지만 실제로는 기관총의 각도 제한으로 사각이 많았으며, 다른 전차들처럼 엔진이 가운데에 있어 승무원들은 열기와 소음으로 고생해야 했다. 게다가 근본적으로 철광석 자원이 너무 부족해서 A7V는 20대만 생산되었고, 그마저도 석유가 부족해서 적극적으로 활용할 수 없었다. 사실 독일제국은 이미 많은 양의 연합군 전차들을 노획해서 사용했기에, A7V를 굳이 더 만들려고 하지 않았다.

# 14

# 르노 FT,
## 완성된 전차 패러다임

제1차 세계대전 중반기까지만 해도 전차는 육상전함과 이동하는 대포라는 개념을 갖고 있었다. 엔진은 가운데 있고 사람이 뒤에서 조종하는 홀트 트랙터에서 조종석을 앞으로 이동하였지만, 엔진의 위치를 그대로 두었다. 특히 마크 전차는 육상전함으로서 실제 전함을 모방하였기에, 엔진을 전차 내부 한 가운데에 배치했다. 그래서 전차 안의 승무원들은 엔진의 소음 때문에 서로 의사소통이 원활하지 않았으며, 다른 한편 엔진의 열기 때문에 실내가 더워 이중으로 고생해야 했다. 움직이는 대포인 생샤

전쟁은
어떻게 기술을
발전시켰나?

370

마크 V 전차의 내부 운전석　　　　　　생샤몽 탱크의 내부

몽은 엔진과 전기식 조향장치를 뒤에 배치하고, 엔진 바로 위에 환기구를 두어 열기가 밖으로 빠져나갈 수 있어서 그나마 다행이었다. 그래도 소음과 열기는 여전히 해결해야 하는 숙제였다.

그래서 전차 기술자들은 실전경험과 승무원의 요구사항을 종합하여, 조종석과 엔진룸을 분리해서 열기를 차단하려고 노력했다. 마크 A 휘펫 전차는 동체 전체를 엔진룸으로 두어 엔진 출력을 높이고, 조종석은 엔진룸 위에 배치함으로써 물리적으로 조종석과 엔진룸을 분리했다. 또한 엔진룸 사이에 배출구를 마련하여 엔진 열기가 바로 밖으로 빠져나가게 설계함으로써, 전차 전체가 뜨거워지는 것을 막을 수 있었다. 이 덕분에 마크 A 휘펫 전차는 소음만 있을 뿐 그렇게 뜨겁지 않아 승무원의 만족도가 높았을 뿐만 아니라, 엔진 출력이 강력해서 속도가 빨랐다.

대영제국이 마크 육상전함과 마크 A 휘펫 전차를 생산하는 동안, 프랑스의 에스티엔은 갯벌에 빠지는 않는 가벼운 전차를 개발하려고 했다. 그의 이런 생각을 실현해줄 개발자를 찾았는데, 그가 르노 기업을 책임진 루이 르노였다. 루이 르노는 열렬한 애국자로 프랑스 제3공화국의 승리를 위해 돈도 받지 않고, 장갑차를 비롯한 다양한 병기를 적극적으로 개발했다. 에스티엔과 루이 르노는 전차 청사진을 공유했다. 그들은 차체가 가벼워 어느 참호든 넘나들면서 공격할 수 있으며, 크기가 작으면서도 엔진룸과 조종석을 분리해서 승무원이 효율적으로 조종할 수 있는 전차를 개발하려고 합심했다.

루이 르노는 작고 가벼워서 제작비를 줄이면서, 승무원을 조종사와 사수 2명으로 한정해서 탑승할 수 있는 전차를 개발했다. 그것이 바로 르노 FT<sub>Renault FT</sub> 전차였다. 이 전차는 엔진을 뒤에 설계하여 조종석과 엔진룸을 분리하였으며, 라디에이터와 냉각탑, 그리고 배기구를 설치하여 엔진 열기를 밖으로 배출하여 엔진을 식혔다. 또한 사수가 담당하는 회전포탑에 모든 무장을 집중했으며, 포탑 상부에 큐폴라를 배치하여 사수가 바깥 상황을 파악한 후 조종사에게 알려 조종사의 원활한 조종을 도왔다.

하지만 1917년 완성된 르노 FT 전차는 프랑스 군부의 환영을 받지 못했다. 당시 군부는 생샤몽처럼 큰 전차를 원했으며, 작은 전차는 쓸모가 없을 것으로 생각했던 것이다. 실제로 르노 FT 전차는 성인 남성 크기만 했는데, 전차로서 위압감은 없었다. 하지만 이 작은 전차도 결국 전차였기에 실전에서 보병이 대적하기 쉽지 않았다. 독일군 1개 분대가 르노 FT 전차 3대의

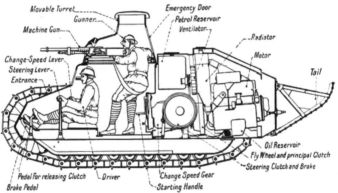

Movable Turret
Gunner.
Machine Gun
Change-Speed Lever
Steering Lever
Entrance

Emergency Door
Petrol Reservoir
Ventilator
Radiator
Motor

Tail

Oil Reservoir
Fly Wheel and principal Clutch
Steering Clutch and Brake

Pedal for releasing Clutch
Brake Pedal
Driver
Change Speed Gear
Starting Handle

DIAGRAMMATIC SECTION OF A FRENCH LIGHT (OR "MOSQUITO") TANK.

르노 기업이 개발한 르노 FT 전차와 내부 구조도

공격에 발이 묶여 4시간 넘도록 공격하지 못했을 정도였다. 이처럼 전차로서 방어력을 보유한 르노 FT 전차는 작은 크기와 적은 무게의 이점을 살려 전차의 몫을 톡톡히 발휘했다.

실전에서 쓸모를 입증한 르노 FT 전차는 전차의 3요소인 장갑, 공격력, 기동성을 잘 살려 전차다운 면모를 보여주었다. 또한 이 전차는 회전포탑에 강한 주포를 장착함으로써 '움직이면서 방어하고, 동시에 움직이면서 공격한다'는 새로운 전차의 패러다임을 완성했다. 무엇보다 르노 FT 전차의 장점은 생산단가가 매우 저렴했기에 대량생산이 가능했으며, 차체 무게가 가벼워서 무른 땅이나 물가, 산, 밭 등 어디든 가리지 않고도 잘 달리고, 엔진도 쉽사리 퍼지는 일이 거의 없었다. 게다가 기차는 물론 트럭, 자동차, 심지어 마차로 수송이 가능해서 어디든 배치할 수 있었다. 그래서 산이든 들이든 강이든 어디서든 적을 공격할 수 있었다. 다만 단점은 얇은 장갑 때문에 기관총의 집중적인 포화에 장갑이 찢어진다는 것이었는데, 이는 수많은 르노 FT 전차들을 동시에 적진에 배치함으로써 적에게 공포를 안겨주는 것으로 해결되었다.

생샤몽이 거대한 덩치와 장갑, 화력으로 최전방 참호를 점령하면, 르노 FT 전차가 최전방 참호를 가볍게 넘어 2차 참호와 3차 참호까지 진격하여 후방 참호의 독일군을 소탕하는 역할을 담당했다. 보병들은 르노 FT 전차 뒤에 몸을 숨기고 전차의 진격을 돕는 역할을 했다. 한편 독일군은 대전차포로 르노 FT 전차를 공격

라디오 송신탑을 단 지휘전차 르노 FT TSF

하면서 하나씩 격퇴했다. 하지만 프랑스군이 더 많은 르노 FT 전차를 사방에 투입하는 물량공세를 펼치자, 독일군은 오히려 포가 떨어져 후퇴를 해야 했다. 라디오 송신탑을 단 지휘전차 르노 FT TSF가 전체 상황을 파악하고 명령을 내리면, 무선통신으로 명령을 받은 르노 FT 전차가 벌떼처럼 조직적으로 독일군을 공격했다.

미국원정군 역시 르노 FT 전차를 수입해 사용하여 프랑스군의 전차 전술을 실전에 활용했다. 1918년 너무도 많은 프랑스 젊은이들이 전쟁터에서 희생되어 병력이 부족했기에, 갓 전투에 참전한 미국원정군이 백일전투의 선봉에 서고, 르노 FT 전차가 대량 투입되어 독일군 참호를 빠르게 점령해나갔다. 이런 실전경험 덕분에 미국은 전차의 중요성을 실감했으며, 전차부대를 양성하고 전차 개발에 관심을 보였다.

제1차 세계대전이 끝나자, 오스트리아-헝가리 제국과 러시아 제국이 무너진 동유럽과 아프리카에서 독립을 위해서 크고 작은 전투가 끊이지 않았는데, 프랑스 제3공화국은 르노 FT 전차를 계속 생산하여 동유럽과 아프리카에 파병했다. 동유럽에서는 폴란드군이 르노 FT 전차를 대거 수입하여, 볼셰비키의 침공을 격퇴하고 우크라이나 침공에 활용했다. 폴란드-우크라이나 전쟁 외에도 루마니아 전쟁, 러시아 내전에도 르노 FT 전차가 투입되어 전장을 누볐다.

아프리카에서는 스페인의 식민지배에 반발한 모로코인들이 일으킨 리프 전쟁에서, 스페인군이 고전하자 프랑스군은 르노 FT 전차를 투입하여 압도적인 화력으로 리프군을 소탕했다. 수많은 나라는 르노 FT 전차를 모델로 새로운 전차들을 개발하고 실험했다. 세계 최초로 전차를 개발한 대영제국도 육상전함을 버리고, 르노 FT 전차를 모방한 다양한 전차를 추가적으로 개발했다. 특히 프랑스군에게 압도적으로 밀린 뼈아픈 경험을 얻은 바이마르 공화국과 아돌프 히틀러가 건국한 독일제국은, 르노 FT 전차보다 더 좋은 전차 개발에 혈안이 되었다.

# 15

# 장갑열차,
# 동유럽의 지배자

제1차 세계대전 동안 서부전선에는 마을들이 오밀조밀하게 모여 있어서, 장소는 협소하지만 병력들이 넘쳐났다. 그래서 서로의 참호를 뺏고 뺏는 참호전이 반복적으로 되풀이하는 전투가 이어졌다. 한편 동유럽 평원 일대에서 벌어진 동부전선은 너무도 드넓은 장소였기에, 전부 참호로 방어하기란 불가능했다. 게다가 초원밖에 없던 서부전선과 달리, 동부전선의 드넓은 영토에는 산과 강이라는 자연장애물이 많이 존재했지만, 영토 대비 인구는 적어서 모든 전선에 병력을 분산하는 것은 불가능

제1차 세계대전 동부전선의 평원 일대 전투

했다. 그래서 주요 거점을 점령하는 형태로 전쟁을 치러야 했다.

하지만 주요 거점, 다시 말해 수많은 도시들을 모두 점령하는 것 역시 쉬운 일은 아니었다. 영토가 좁아 어디든 열차로 빠르게 수송이 가능했던 독일제국과 달리, 영토가 넓은 러시아 제국에는 많은 철로를 부설한다해도, 열차로 이동이 불가능한 지역이 너무 많았다. 사실 열차로 이동이 불가능한 곳은 어차피 시골이었기에 전투에 별다른 이점이 없었다. 더 중요한 점은 너무 넓은 러시아 제국은 열차 외에 이동할 수 없다는 것이었다. 자동차는 러시아 제국의 드넓은 영토를 이동하면 중간에 퍼졌다. 봄과 가을에는 진흙땅으로 변하는 라스푸티차로 자동차는 다닐 수도 없었다.

이러다보니 동유럽 평원에서는 철로를 만들어 그 위를 내달리는 열차가 필수였다. 러시아 제국은 열차의 중요성을 매우 잘 알고 있었기에, 전쟁 전부터 장갑열차를 개발하여 적의 침공에 대비하고 공격을 준비했다. 대영제국과 프랑스 제3공화국도 장갑열차를 개발하여 제1차 세계대전에 투입했지만, 애초에 철로 위만 달리는 장갑열차는 참호돌파가 불가능해서 이내 사라졌다. 하지만 동부전선에서 러시아군은 장갑열차로 병력을 수송했으며, 동맹군의 침공과 공격을 동시에 수행할 수 있었다.

장갑열차는 출력이 크다는 장점을 갖고 있었으며, 외부에 두 꺼운 장갑을 설치하여 방호력을 높일 수 있었다. 그래서 장갑열차는 적의 어떠한 공격에도 꿈쩍하지 않는 괴물이나 다름없었다. 전쟁 초반 러시아군은 장갑열차로 도시를 방어하자, 동맹군은 공격에 애를 먹었다. 반대로 동맹국이었던 오스트리아-헝가리 제국에서 오스트리아 KUK 기업과 헝가리 왕립강철기계회사MÁVAG는, 무장한 장갑열차를 전장에 배치하여 러시아군, 이탈리아군, 루마니아군을 격퇴했다. 특히 열차로 이동할 수 밖에 없는 산간지역에 있는 루마니아 왕국과 전쟁을 할 때, 오스트리아-헝가리군의 장갑열차는 루마니아군의 대열을 파괴하고 격퇴하면서 진격했다. 동부전선에서 장갑열차는 참호를 넘는 전차와 같은 강력한 병기로 전선을 밀어내는 역할을 했다. 오스트리아-헝가리군의 장갑열차가 동부전선에서 크게 활약하자, 1918년 러시아군 역시자무레츠라는 대형 장갑열차를 개발했다.

두꺼운 장갑으로 사면을 보호하고, 두 개의 회전포탑에 탑재

제1차 세계대전 당시 동부전선에서 운용되었던 러시아군의 자무레츠 장갑열차

1914년 오스트리아-헝가리 제국의 마바그 장갑열차

된 함포로 능동적인 대응사격을 수행했던 자무레츠 장갑열차는 러시아군의 가장 강력한 병기로 활약했다. 1917년 러시아 내전이 발발하자, 혼란스러운 정국에 빠진 러시아 제국은 전쟁에서 이탈했다. 이때 체코슬로바키아 독립의용군은 러시아 적군의 공격에서 피하려고 자무레츠 장갑열차를 오를릭 장갑열차로 이름을 바꿔, 모스크바에서 시베리아 노선을 타고 블라디보스토크로 이동했다. 장갑열차의 필요성을 잘 알고 있었던 러시아 적군은, 병력을 빠르게 수송하고 러시아 백군을 격퇴하는 데 장갑열차를 요긴하게 사용했다.

러시아 적군은 세계혁명을 명분으로 동유럽 신생국도 침공했는데, 이때 장갑열차를 비롯한 각종 병기를 대량 투입했다. 또한 핀란드 내전이 발발하자, 핀란드 적군은 바르티사니 장갑열차로 핀란드 남부 해안가의 주요 대도시들을 방어했다. 수도 헬싱키를 비롯한 도시들은 장갑열차로 방어했으며, 백군의 영토를 장갑열차로 돌파하려는 시도를 수차례 했다. 폴란드 제2공화

폴란드군의 장갑열차    에스토니아의 장갑열차

국, 에스토니아 공화국, 리투아니아 공화국, 라트비아 공화국 등 동유럽 신생국은 장갑열차를 개발해 적군의 침공을 막았다. 특히 러시아 적군의 침공을 막고 동유럽 일대를 평정하여 폴란드-리투아니아 대공국의 부활을 원했던 폴란드 제2공화국은, 공격에 적합한 장갑열차를 적극적으로 활용했다. 이외에도 폴란드-소련 전쟁, 폴란드-우크라이나 전쟁, 폴란드-리투아니아 전쟁, 에스토니아 독립전쟁 등에서도 장갑열차는 적극적으로 활용되었다.

# 16

# 비행선과 비행기,
## 갈라진 운명

1900년, 독일제국 공학자 페르디난트 그라프 폰 체펠린이 개발한 비행선은 하늘을 난다는 이점 하나만으로도 엄청난 혁신이었다. 항상 장애물에 막히는 지상, 기상에 크게 영향을 받으며 침수위험이 큰 바다와 달리, 하늘은 상대적으로 고요하고 평화로운 공간이었다. 아무것도 없는 텅 비어서 기상만 좋다면 편안한 이동이 가능했다. 헬륨 탱크로 하늘 위에 부유하는 거대한 체펠린 비행선은 작은 프로펠러로도 푸른 하늘을 유유히 항해했다.

또한 체펠린 비행선은 앞뒤가 길어 승객이 타는 선실을 2개로 만들어 많은 승객을 태울 수 있었다. 체펠린은 더 나아가 체펠린 비행선을 기존보다 더 크게 만들어 바람에도 흔들리지 않으면서, 공간적 여유가 있는 내부를 아늑하게 꾸몄다. 체펠린 비행선은 독일제국에서 대서양을 횡단하며 미국까지 쉬지 않고 편안하게 이동하는 데 성공했다. 그는 여객기업을 설립하여 체펠린 비행선을 여객선으로 활용했다. 체펠린 비행선은 난기류가 형성되는 높은 고도 대신 상대적으로 안전한 저고도에서 비행했기에, 비행선의 실내는 그리 춥지 않았으며 승객들은 편안히 도시와 바다를 구경할 수도 있었다. 그래서 부자와 귀족 들은 편안함과 고급스런 서비스를 제공하는 체펠린 비행선을 이용했다.

1900년 체펠린 비행선이 '하늘 위 배'라는 신화를 만들어냈고, 1903년 비행기가 등장하자 많은 공학자들은 비행기를 여객기로 개발하려고 시도했다. 러시아 제국의 항공 엔지니어 이고르 이바노비치 시코르스키는 많은 사람이 탑승할 수 있는 거대한 비행기를 연구했다. 1913년 그는 큰 항공 엔진 2개를 탑재한 세계 최초의 여객기 시코르스키 루스키 비탸즈를 개발했다. 하지만 시코르스키 루스키 비탸즈는 크기가 작았으며, 처음 만든 여객기였기에 결함이 많았다. 이를 개선한 시코르스키 일리야 무로메츠는 4발 엔진으로 출력을 내면서, 승객 좌석과 조종석을 분리하고 화장실과 침실도 제공하는 세계 최초의 여객기였다. 심지어 식탁이 따로 있어서 세계 최초로 기내식을 제공한 비행기로 이름을 알렸다. 하지만 1914년 2월 시코르스키 일리야 무로메츠가 처음으로 여객기로 운항했을 때 당시 이용객의 평은 그다지 좋지 않았다. 비행선보다 훨씬 좁은 내부, 날개로 하늘을 날았기 때문에 공기저항을 받아 흔들리는 기체, 4발 엔진의 엄청난 회전이 유발하는 소음 때문이었다.

1914년 7월 제1차 세계대전이 발발하자, 두 기계는 전쟁에 동원되면서 각기 다른 운명을 맞이했다. 먼저 전쟁에 동원된 비행선은 공중에 오래 체공하면서 정찰임무를 맡았다. 독일제국은 체펠린 비행선을 전략폭격기로도 활용했지만, 비행선의 주된 임무는 공중정찰이었다. 특히 드넓은 바다는 비행기로 횡단할 수 없었기에 비행선이 바다를 담당했다. 독일제국 해군은 비행선으로 발트해를 지배하면서 러시아제국 해군을 농락했으며, 북해를

세계 최초의 여객기
시코르스키 루스키
비탸즈

시코르스키 일리야
무로메츠

시코르스키 일리야
무로메츠 실내

건너 대영제국의 본토를 폭격했다. 한편 미 해군은 대서양을 건널 때 비행선을 수송선단을 보호하고 잠수함을 수색하는 목적으로 사용했다.

비행선에는 많은 장점이 있었지만 치명적인 한계점도 있었다. 비행속도가 느리고 수소탱크가 너무 커서 사각지대가 많아 방어범위가 한정되었다. 이는 심각하게 낮은 방어력을 보였으며, 비행기가 비행선에 접근해도 비행선이 능동적으로 방어할 수 없었다. 그래서 전쟁 후반으로 갈수록 비행선의 수요는 감소하고 비행기의 수요가 증가했다. 특히 많은 양의 폭탄을 수송하고 폭격할 수 있는 폭격기의 수요가 증가했다. 대영제국, 프랑스 제3공화국, 이탈리아 왕국, 독일제국, 러시아제국 모두 동체가 큰 데도 엔진 출력이 강해서 많은 사람과 폭탄을 탑재할 수 있는 폭격기 개발에 열을 올렸다.

제1차 세계대전 전에는 비행기란 그저 모험가들이 즐기는 고급 취미로 인식되었으며, 일반인은 비행기를 볼 일이 별로 없었다. 그러나 전쟁으로 비행기의 수요가 증가하고 비행기 기술이 빠르게 발전하면서, 민간에도 비행기가 널리 알려지는 계기가 많았다. 각국 정부도 비행기를 승리를 가져다 줄 최종병기라며 떠들면서, 도시 한가운데에 비행기 모형을 설치해 적극적으로 홍보했다. 또한 폭격기가 도시 하늘 위를 날아 폭격을 하고, 이를 막기 위해 전투기가 출격하는 모습을 보면서, 민간인들도 비행기를 직접 보게 되는 기회가 많았다. 이 덕분에 사람들 사이

에서 비행기 이야기는 유행이 되었으며, 비행기를 타고 싶다는 여론마저 생기기 시작했다.

지옥 같은 전쟁이 끝나고 비행선 기술은 그대로였지만, 비행기 기술은 비약적으로 발전했다. 어느새 10명 이상의 사람들이 탑승할 수있는 비행기가 등장했으며, 비행속도도 비약적으로 빨라졌다. 그에 비해 엔진과 외부의 소음을 완벽히 차단하는 동체 기술 덕분에 소음이 비약적으로 감소했다. 1919년 2월, 프랑스 제3공화국의 항공기업 파멘은 파멘 F.60 골리앗 여객기를 개발하여, 파리 인근 투쉬르노블에서 런던 인근 크로이던을 왕복하는 여객상품을 출시했다. 탑승가능 인원은 12명으로 많지 않았고 비행가격도 매우 비쌌지만, 편한 승차감과 빠른 비행시간 덕분에 부유층을 중심으로 많은 인기를 끌었다.

이에 자극받은 많은 나라는 각각 여객기를 개발해 운영했다. 이들 여객기는 대부분 폭격기를 개조해서 만든 것이었는데, 세계전쟁 동안 가장 우수한 폭격기로 평가받은 핸들리 페이지 폭

1919년 프랑스 파리에서 열린
항공전시회

1937년 5월 6일 미국에서
비행선이 불탄 힌덴부르크 참사

격기 역시 여객기로 개조되어 대영제국의 여객기를 대표했다. 더욱 편안하고 안전한 기술을 갖춘 헨들리 페이지는 대영제국과 프랑스 제3공화국을 연결하는 여객기로 활약했다. 이외에도 바이마르 공화국의 준커 기업이 여객기 사업에 뛰어들었고, 미국에서는 러시아 내전을 피해 이민한 이고르 이바노비치 시코르스키가 시코르스키 여객기를 개발했다. 또한 포드 기업도 항공 엔진을 제작해 여객기 개발에 뛰어들었다. 1919년 파리 항공 전시회에 수많은 여객기가 전시되면서, 본격적인 여객기 시대가 열렸다.

하지만 여전히 여객기가 장악하지 못한 곳이 있었다. 바로 드넓은 대양이었다. 대서양, 인도양, 태평양을 쉬지 않고 횡단할 여객기는 당시 기술로는 불가능했으며, 비행선만이 대양이동이 가능했다. 체펠린은 유럽, 북아메리카, 남아메리카, 아프리카, 중동, 일본, 동아시아, 러시아를 연결하는 장거리 항공사업을 독점하면서 비행선사업을 유지했다. 여러 여객기 항공사들이 대양이동에 도전했지만 한 번에 이동하기란 불가능했다. 그래서 많은 사람을 태울 수 있는 비행정으로 대양을 이동하는 상품이 출시되기도 했다. 비행정은 대양을 지나가다가 연료가 떨어지면, 바다 위에서 연료를 다시 채우고 엔진을 식힌 후 다시 운항했다. 대서양을 횡단할 때 2번 정도 중간에 쉬어야 했기에, 사람들은 여객비행정 이용에 불편함을 느꼈다. 이런 비행정의 불편함 덕분에 1930년대에도 체펠린 비행선은 장거리 이동수단으로 많이 이용되었다. 하지만 1937년 5월 6일 미국 뉴저지 레이크허스트에 있는 해군 항공기지에서 갑자기 비행선이 불타면서 수많은 탑승객이 사망한 힌덴부르크 참사가 발발했다. 이는 미국 언론에 대서특필되었는데, 이 엄청난 사고로 인해 체펠린 비행선은 민간 여객기시장에서 완전히 퇴출당하고 말았다. 결국, 비행선의 자리를 비행기가 채웠다.

# 전쟁이 낳은 기술

## Chapter 4

# 아드리안 철모,
# 안전모의 아버지

대포와 총기가 등장하면서 철모의 의미가 없어지자, 장교들은 철모 대신 멋진 모자를 만들어 군복처럼 입었다. 장교들은 모자를 더 멋있게 부각할수록 더 많은 사람들이 군대에 지원하고 싶어한다는 것을 알았다. 그래서 모자는 더욱 멋을 살려 화려해져 갔으며, 한눈에 봐도 어느 나라 군인인지 알아볼 수 있게 만들어졌다. 19세기에는 군모가 군대의 상징이자 나라의 자존심이 되었다. 혼란스러운 전쟁터에서 지휘체계를 명확히 드러내기 위해서, 모자는 멋과 실용성을 넘어서 계급을 상징하는 역할을 했다. 한편 수많은 병사들에게 군모를 씌우기 위해 제작비가 많이 들지 않는 천으로 모자를 만들었다. 어차피 군인들이 철모로 무장해도 총에 직사로 맞으면 사망했기에 철모가 무의미해졌다. 그래서 적은 돈으로 화려한 모자를 디자인하게 되었다.

19세기 말 작약탄이 등장하면서 대포는 더 이상 굴러다니는 쇠공이 아니라, 땅에 떨어지면 땅을 통째로 엎어버리는 치명적인 무기가 되었다. 그래도 미리 참호를 파고 숨으면 치명적인 피해가 없었다. 왜냐하면 그 당시 작약탄은 땅 표면에만 위력을 발휘했기 때문이었다. 하지만 제1차 세계대전 발발 직전, 작약탄 위력은 벽돌집 정도는 쉽게 가루를 낼 정도로 강해졌다. 땅이 깊숙이 파헤쳐졌고 한 번 포격에 참호도 무너지고 전체가 뒤엎어질 정도였다. 그래서 수차례 포격을 받으면 모래주머니와 나무로 채운 참호 정도는 순식간에 파괴되었다.

참호 안에 숨은 병사들은 인체의 급소인 머리를 보호하지 못해서 많이 다치거나 사망했다. 특히 나무, 모래주머니, 돌 등의 파편들이 머리 위로 떨어져 심하게 다쳐 사망하거나 혼수상태에 빠지기도 했다. 천으로 만든 모자는 아무런 방어기능을 하지 못했으며, 병사들은 속절없이 포격의 직간접피해에 온전히 노출되었다. 병사들의 사기진작을 위해 화려하고 정수리에 뾰족하게 모양을 낸 모자는 오히려 적의 눈에 너무 잘 띄는 표적이 되었다. 제1차 세계대전 전쟁에 참전한 야전장교들은 이 문제를 절실히 깨달았으며, 병사들이 무의미하게 희생당하지 않는 방어

무기를 도입해달라고 상부에게 요구했다. 독일군은 피켈하우베 pikelhaube라는 가죽모자를 착용했다. 하지만 이 또한 가죽으로 만든 모자이기에 나무 정도는 막았지만 돌가루 파편을 막지 못했다.

한편 병사수가 부족한 프랑스군은 포격만으로 엄청나게 많은 사상자가 나오자, 병사를 보호할 방법을 급히 찾아다녔다. 프랑스군의 조제프 조프르 총참모장은 캐피 모자를 버리고 철모를 다시 사용하는 것은 프랑스군의 명예를 더럽힌다고 처음에는 반대했지만, 급증하는 사상자에 대한 통계로 반박해 들어오자 결국 철모 사용을 허락했다. 1914년 말 프랑스의 오귀스트 루이스 아드리안 장군이 지휘했던 연구진은 세르블리에르Cerveliere 라는, 캐피 모자 안에 쓰는 반구 철모를 개발했다. 그러나 세르블리에르에는 착용감이 불편했으며, 두께가 얇아 돌가루조차도 제대로 막지 못했다. 결국 프랑스군은 어차피 쓸모없기에 세르블리에르를 모자 위에 대충 쓰고 다녔다. 오히려 이것이 돌가루 등 파편을 일차적으로 막아주었으며, 그 충격을 캐피 천이 흡수하면서 병사들이 크게 다치지 않게 되었다. 아드리안 장군은 이를 보고 보호구 개념을 대폭 수정했다.

아드리안 장군은 중세시대 철모처럼 머리 윗부분 전체를 덮는 반구형 철모를 개발했다. 특히 머리에서 치명적 약점인 정수리를 보호하고 프랑스의 상징인 수탉을 형상화하기 위해서, 정수리에 볏을 만들어 2차 보호막으로 사용했다. 철모를 쓰면 머

가죽모자 피켈하우베를        반구 철모 세르블리에르를
착용한 독일군              착용한 프랑스군

리가 더워져 현기증이 나기에 볏을 살짝 띄워 공기통로를 만들었다. 또한 철모의 챙은 그늘을 만들어주고 눈과 귀로 파편이나 모래가 쏟아지는 것을 막았다. 철모 안에 천으로 안감을 덧대어 나무나 돌가루에 맞는 충격을 천이 흡수할 수 있도록 제작되었다.

1915년 여름 아드리안 철모Casque Adrian가 처음으로 프랑스군에 보급되었는데, 당시 절반만 보급되었음에도 사상자수가 44% 감소하는 기적을 보여줬다. 아드리안 철모는 연합군의 베스트셀러가 되어, 프랑스군뿐만 아니라 영국원정군, 이탈리아군, 그리고 훗날 연합군으로 참전하는 타이원정군이 즐겨 쓰는 철모가 되었다. 심지어 동맹군도 연합군의 아드리안 철모를 노획하여 대충 동맹군 색으로 칠한 후 사용할 정도였다.

정모를 쓰던 영국원정군은 프랑스군의 아드리안 철모에 관심을 보였다. 그러나 세계 1등 국가가 만년 2등 국가의 제품을 사용한다는 것에 자존심이 허락하지 않았던 대영제국은, 둥근 철판을 움푹 판 브로디 철모Brodie Helmet를 개발하여, 영국원정군과 캐나다원정군, 미국원정군에게 보급했다. 브로디 철모는 생산과정이 간편해서 가격이 저렴했지만, 챙에 돌가루가 쏟아지면 명확한 시야확보가 어려운 문제점을 안고 있었다. 브로디 철모를 보급받은 군대는 별 수 없이 그 철모를 사용했지만, 병사들의 선택에 따라 언제든지 아드리안 철모로 교체할 수 있었다.

1917년 프랑스군, 이탈리아군, 세르비아군이 아드리안 철모

STEEL-HELMETED AND "TEDDY-BEAR"-COATED BRITISH OFFICERS : READY FOR THE GERMANS AND FOR WINTER

Head-wounds have been more than usually numerous during the war, owing to the trench-fighting, and more than usually severe, owing to the extensive use of shrapnel. But the danger, although it cannot be avoided, can be minimised. Our Army has now followed the French by adopting steel helmets, calculated to stop shell-splinters and shrapnel. Even in cases of extreme risk, not only has death been avoided, but injuries have been confined to bruises or superficial wounds. Cases have occurred in which the wounds have been hit, saved by these helmets from what without them would have meant certain death. The fur coats, as they did last year, mean mitigation of the rigours of winter. The French helmets are known as "Adrians," after their inventor.—[Photo. by Illustrations Bureau.]

아드리안 철모를 쓴        브로디 철모를 착용한
프랑스군              대영제국군

로 완전무장하자, 포격으로 인한 사상자 발생률이 22%까지 급감했다. 아드리안 철모는 전쟁이 끝날 때까지 연합군 병사의 목숨을 책임졌으며, 전쟁이 끝난 후에도 아드리안 철모에 대한 찬사가 끊이지 않았다. 제1차 세계대전이 끝난 이후 벨기에군, 일본군, 타이군, 유고슬라브군, 라트비아군, 멕시코군 등 대영제국을 제외한 거의 모든 국가가 아드리안 철모를 생산해서 병사에게 보급했다. 프랑스 제3공화국은 아드리안 철모를 경찰모와 소방모로 발전시켜서 전투용이 아닌 산업용으로 개발하려고 했다.

1912년 안전모가 세계 최초로 개발되었지만 불편해서 외면을 받아왔으며, 전후에 아드리안 철모을 안전모로 도입했지만 무거웠다. 안전모의 무게 때문에 건설 노동자들이 오히려 중심을 잃고 낙사하는 경우가 생겨서 잘 보급되지 않았다. 그래서 건설 노동자들은 한동안 안전모 없이 작업해야 하는 위험을 감수했다. 그러다 가벼운 플라스틱이 개발된 이후, 모자의 엄청난 내구성을 필요로 하는 광산모에 아드리안 철모를 모델로 하는 안전모가 빠르게 개발되었다. 아드리안 철모를 개량한 안전모는 산업현장의 표준 모델로 정착했다.

# 슈탈헬름,
## 보호구의 표준

1915년 여름부터 프랑스군과 이탈리아군이 아드리안 철모를 쓰고 돌격하자, 동맹군은 충격에 빠졌다. 연합군이 가벼운 포격에도 멀쩡했으며, 기관총 공격을 가해도 빗맞으면 살았기 때문이었다. 반면 동맹군은 연합군의 포격에 속수무책으로 당하면서 병력이 먼저 소진될 판이었다. 그래서 동맹군도 급히 철모 개발에 나섰다. 처음 독일군의 한스 게데 장군이 중세 철모를 모방하여 게데 철모를 개발하여 사용했다. 하지만 코 보호대는 오히려 코에 걸리적거려서 시야만 방해했기 때문에 동맹군 병사들은 게데 철모를 선호하지 않았다.

프리드리히 슈베르트 공학박사는 가벼운 중세 투구인 샐릿
Sallet을 참고해 새로운 철모를 개발했는데, 정직하게 철모라는
뜻으로 슈탈헬름Stahlhelm이라고 불렀다. 넉넉한 공간과 강한 곡
률을 자랑하는 슈탈헬름은 제작비용이 비쌌지만 그만큼 엄청난
방어력을 자랑했다. 강한 곡률은 파편이 꽂히지 않고 빗겨가거
나 튕겨나가게 했으며, 넉넉한 머리 공간은 나무가 떨어져도 충격
을 감소시켰다. 눈 바로 위부터 귀까지 덮는 챙 덕분에 웬만한 포
격에도 눈과 귀, 목을 잘 다치지 않아 병사들의 사망률이 적었다.
거기에 우수한 독일제국의 철강기술 덕분에 내구성도 단단해
웬만한 공격을 잘 막아냈다. 자원이 부족했음에도 독일제국은
슈탈헬름을 대량으로 생산하여 정예부대부터 보급했다. 나아
가 슈탈헬름은 오스트리아-헝가리군, 불가리아군, 오스만군 정
예부대에 보급되어, 후티어 전술을 담당할 돌격대의 필수품으로
자리 잡았다.

훌륭한 철모지만 후두부 보호에 약했던 아드리안 철모에 비
해, 슈탈헬름은 사방에서 오는 공격을 잘 막아냈기에 많은 관심
을 받았다. 제조국인 독일제국은 바이마르 공화국이 되어서도
슈탈헬름을 계속 생산해서 군경모로 사용했다. 남아메리카, 핀
란드군, 스웨덴군, 중국군도 슈탈헬름을 수입해서 사용했다. 미
국원정군 역시 슈탈헬름을 선호했지만, 대영제국의 눈치를 봐야
했기에 M1 철모로 개량하여 자체적으로 생산했다. 스페인 왕국,

슈탈헬름을 착용하고
참호전을 펼치는 독일군

오스만군의 돌격대

소비에트 연방사회주의공화국, 네덜란드 왕국, 포르투갈 제1공화국 등 다양한 국가도 슈탈헬름을 모방한 철모를 개발했다. 제2차 세계대전을 거치면서 슈탈헬름 모델이 전 세계 방탄모의 표준이 되었다.

19세기부터 물을 급수할 수 있음에 따라 소방관이 등장했다. 당시 소방관은 불과 맞서 스스로를 보호할 장비가 없어 군대가 쓰는 장식용 철모를 쓰고 화재를 진입해야 했기에, 쉽사리 내부로 진입하지 못했다. 전쟁에서 방탄모로 사용됐던 슈탈헬름는 소방구조 헬멧으로 바뀌었다. 전쟁상황만큼이나 위험천만한 화재상황에서 소방관들은 천장이 무너져 다칠 위험에서도, 헬멧 안의 공간과 단열재 덕분에 머리로 직접 닿는 충격과 화기를 이겨낼 수 있었다. 현재 소방구조 헬멧은 슈탈헬름의 형태에서 많이 벗어났지만, 후두부와 목 보호라는 패러다임을 잃지 않으면서 발전했다.

# 트렌치코트,
## 방수복에서 패션으로

19세기 말 대량생산된 개버딘Gabardine은 소모사나 무명실을 능직으로 짠 옷감으로, 토머스 버버리가 세운 버버리 기업에서 즐겨 사용한 옷감이었다. 그러나 개버딘은 제작과정이 복잡하고 원재료가 많이 들어 단가 자체가 비싸고 무거웠다. 대신 옷감이 여러 실로 촘촘하게 두꺼운 층을 형성해서 작은 물방울도 스며들지 않으며, 표면에는 매끄러운 직물로 덧대어 체온을 따뜻하게 유지해주었다. 그래서 1년 내내 비가 자주 내리는 대영제국 본토의 부유한 부르주아들이 선호하는 옷감이었다. 부르주아들

역시 항상 우산을 챙기기는 일이 귀찮았고, 보슬비에 젖지 않으면서 따뜻한 옷을 원했기에, 개버딘으로 만든 코트는 버버리의 명품 브랜드로 자리 잡았다.

이탈리아와 발칸 전선에는 겨울이면 지중해 물방울이 북상해 안개가 자욱하게 껴 전투 자체가 불가능했다. 동부전선은 북극의 맹추위가 차가운 스칸디나비아반도 숲의 공기를 거쳐 직접 타격하는 곳이었기에, 군인들은 따뜻하고 두꺼운 면직 방한복을 입어야 추위를 견딜 수 있었다. 문제는 서부전선의 겨울에는 북해기단 때문에 비가 자주 내려서 참호는 늘 비에 흠뻑 젖었다. 특히 영국원정군과 벨기에군이 방어하던 플랑드르 지방은 갯벌을 모래로 덮어 간척한 곳이었기에, 포격으로 배수구가 망가지면 지하수인 해수가 뭍으로 올라와 심각한 뻘밭을 만들었다. 그래서 비와 눈이 자주 오는 겨울부터 봄까지 서부전선 플랑드르 지역에는 비가 수시로 내려 병사들이 우비를 입기도 귀찮을 정도였다. 기존 우비는 몸 전체를 덮는 가죽 우비로, 덥고 뻣뻣했으며 게다가 무겁고 입기도 불편했기 때문에 병사들이 선호하지 않았다. 그러자 대영제국의 버버리 기업은 가죽 우비보다는 가벼운 개버딘 모직으로 만든 코트를 군납했다.

버버리 기업은 개버딘 코트를 전시에 맞게 개량했다. 먼저 계급이 있는 군대 특성을 고려해서 어깨에 끈을 만들어 견장이나 계급장을, 허리 벨트에는 수류탄이나 참호칼 등 각종 전투 장비를 달 수 있었다. 군용에 맞게 개량된 이 코트를 트렌치코트Trench

버버리 기업이 제작한 트렌치코트 광고          제1차 세계대전에 장교들이 입은 트렌치코트

Coat라 불렀다. 트렌치코트는 영국원정군, 프랑스군, 캐나다원정군에 보급됐으며, 1918년에는 미국원정군에게도 보급됐다. 병사들은 우비보다도 훨씬 가볍고 따뜻한 트렌치코트에 만족했다. 한편 서부전선에서 싸우던 독일군은 동부전선의 추위를 막기 위해서 제작된 면직 오버코트를 입었다. 면직 오버코트는 당연히 비에 잘 젖어 무거워서 독일군들의 불만이 많았다. 그래서 독일군은 연합군 참호를 점령하면, 트렌치코트를 약탈해 야전색을 바꿔서 독일군 옷처럼 입었다.

제1차 세계대전 동안 사랑받던 트렌치코트는 전쟁이 끝나고 나서도, 병사들이 집에 입고 갔을 정도로 인기가 많았다. 또한 버버리 기업은 트렌치코트 재고품을 민간시장에 판매했는데,

면직 오버코트를 입은 독일장교　　　　미국에서 유행한 여성용 트렌치코트 광고

참전용사들이 트렌치코트를 즐겨 입는 것을 본 민간인들에게도 인기가 많았다. 미국에서는 간호장교로 지원한 여군들이 서부전선에서 트렌치코트를 입었으며, 고국으로 이를 보내기도 했다. 미국인들은 남녀 군인들이 트렌치코트를 입는 것에 흥미를 느끼고 트렌치코트를 주문하기 시작했다. 이에 버버리 기업은 여성용 트렌치코트도 개발하였으며, 미국에 막대한 양의 트렌치코트를 수출했다. 때마침 미국은 전쟁특수로 돈이 많았기에, 여성들 사이에서 비싼 트렌치코트가 유행 패션이 되었다.

# 지퍼,
## 신속한 입탈의

공장에서 금속 체인들이 서로 맞물리는 것을 지켜보던 미국인 휘트컴 저드슨은 한 가지 아이디어를 떠올렸다. 그는 한 쪽 금속 갈고리가 다른 쪽 금속 눈과 맞물려 단단하게 고정되는 체인을 만들었는데, 이를 옷에 부착해 잠금장치로 활용했다. 하지만 미국의 발명가 휘트컴 저드슨이 개발한 지퍼는 생김새부터가 흉측하고 여닫는 도중 자주 걸렸기에 불편했다. 그는 버튼으로 입기 불편한 가죽신발에 지퍼를 도입했지만, 흉물 같은 생김새로 가죽신발의 아름다움을 훼손하였기에 사람들이 이를 선호

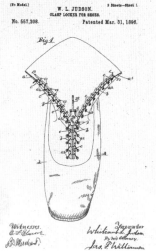

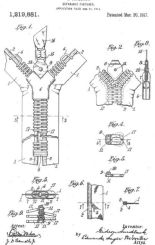

휘트컴 저드슨과
저드슨 지퍼

기드온 선드백과
선드백 지퍼

하지 않았다.

1913년 휘트컴 저드슨의 지퍼를 유심히 살펴본 스웨덴의 발명가 기드온 선드백은 잠금장치를 개량하여, 지퍼를 안감 안쪽에 넣어 흉측한 모습을 가려 미관상 보기 좋게 만들었다. 또 거추장스러운 고리를 깔끔하게 제거하여 고리 대신 박공으로 옷에 단단히 고정시킨 후, 두 금속 이빨이 정확히 맞물리게 해서 걸리는 불편을 줄였다. 전반적인 개량을 거친 기드온 지퍼는 편리하게 여닫을 수 있었서, 꽤 좋은 패션 아이템이 되었다. 그럼에도 이 당시 지퍼는 군이 사용할 이유를 찾지 못하면서 주목받지 못했다.

제1차 세계대전 초반 참전국 병사들은 똑딱이 단추로 옷을 간편하게 입고 탈의했기에, 지퍼가 그렇게 필요하지는 않았다. 하지만 1917년 미국이 전쟁에 참전한다는 여론이 나오면서, 미국 내 의류회사들이 갑자기 군복을 생산해야 했다. 이들은 군복을 급히 제작하다보니 주머니가 없는 군복을 만들었다. 특히 해군복인 세일러복에 주머니가 없어 선원들이 불편해했다. 기드온 선드백은 그 상황을 잘 간파하여 주머니를 만들어주는 대신 주머니에 지퍼를 달았다. 선원들은 지퍼가 달리자 처음에는 당황했지만, 지퍼는 단추와 달리 쉽게 열리지 않아 물건을 잘 보관할 수 있었다. 그래서 선원들은 돈을 지퍼 주머니에 보관했다.

1917년 지퍼 주머니가 보급되자 사람들이 지퍼의 효능을 인정하기 시작했으며, 단추보다 더 신속하게 여닫는 것이 가능하

제1차 세계대전
당시의 미해군
의 세일러복

1920년대 지퍼
달린 신발 광고

1920년대 지퍼
달린 점퍼 광고

1920년대 지퍼
달린 지갑 광고

면서도 철통보안을 자랑하는 지퍼를 선호했다. 특히 차가운 공기가 가득한 하늘 위를 나는 공군 조종사들은 따뜻한 옷을 입어도 옷 사이 틈새로 차가운 공기가 들어와 고생했다. 이에 1918년 미해군은 조종사들을 위한 지퍼 방한복을 제작했는데, 지퍼로 여닫는 방한복은 찬바람이 쉽사리 들어오지 않아서 따뜻했다.

1917년 지퍼로 많은 돈을 번 기드온 선드백은 민간시장으로도 판로를 확장하려고 했다. 1923년 불필요한 부분을 전부 제거해 더 간편한 지퍼를 개발한 선드백은, 간편하게 입탈의가 가능하고 게다가 따뜻하다는 장점을 살려 가죽신과 겨울옷에 지퍼를 달았다. 질긴 가죽에 버튼이 불편했던 사람들은 가죽신에 지퍼를 달자 빠르게 신고 벗을 수 있어서 환호했다. 이내 지퍼가 달린 가죽신은 유행이 되었다. 1924년부터 신발에 지퍼를 다는 것이 확대되어 가죽신뿐만 아니라 구두, 군화 등 질긴 신발에도 지퍼를 달았다.

한편 일상복에서는 먼저 아동복에 지퍼를 다는 것이 유행이 되었다. 버튼식이 익숙한 성인과 달리, 아동은 버튼을 누르거나 단추를 꿰기 힘들어 편리한 지퍼를 선호했다. 부모들이 지퍼 달린 아동복을 구매하면서 지퍼에 대한 인식이 완전히 달라졌다. 1927년부터는 성인용 방한복뿐만 아니라 셔츠, 바지, 치마 등 거의 모든 성인복에 지퍼를 단 의류들이 쏟아졌다. 간편하면서 디자인이 괜찮은 지퍼는 지갑에도 장착되었다.

# 05

# 오토바이,
## 자전거 상위호환

　1800년대는 엔진 기술이 비약적으로 증가하던 시기였다. 바퀴가 있으면 무조건 엔진을 달아보는 유행에 따라, 자전거에도 엔진을 탑재해 자동자전거가 개발되었다. 당대 세계 최고 엔진 기술을 보유한 다임러 기업에서 자전거에 엔진을 탑재한 라이트바겐Reitwagen이 개발되었다. 처음에는 사용이 조금 불편했지만 차세대 자전거로 주목받았다. 1894년 대영제국 엑셀시어 모터 기업은 애초에 엔진을 탑재한 이륜차 모터사이클Motorcycle을 개발하였다. 한편 1894년 독일제국은 오토바이의 개발에 성공하

세계 최초의 엔진형 바이크 라이트바겐

1894년 독일제국의 힐데브란트 앤 볼프뮐러

여 1895년부터 힐데브란트 앤 볼프뮐러Hildebrand & Wolfmuller라는 시리즈를 생산했다. 이를 보고 다임러 기업을 비롯한 여러 기업이 오토바이를 개발하고 생산했다. 그러나 당시 자전거의 가격대가 꽤 비쌌고 자동차도 있었으며, 하다못해 가까운 거리는 빨리 가거나 조금 먼 거리는 말 또는 마차로 이동하면 충분했기에, 오토바이까지 사용할 이유를 그다지 느끼지 못했다.

하지만 이 분위기는 제1차 세계대전 때 반전되었다. 제1차 세계대전 동안 국가 내 모든 말들이 수송마차와 돌격기병에 투입되는 바람에 전보를 전달할 말이 부족했다. 그래서 군대는 어쩔 수 없이 자전거로 전보를 전달했다. 최전방과 후방을 연결하는 전보는 자전거병이 직접 페달을 밟으면서 왔다갔다해서 전달되었다. 하지만 자전거는 인력으로 작동하다 보니 느렸으며, 더구나 적군은 자전거병이 보이면 집중 사격하여 사살했다. 자동차는 너무 비싸서 망설였다. 이때 등장한 것이 오토바이였다. 대영제국은 인도제국에 있는 할리데이비슨 기업에 오토바이 생산을 의뢰했으며, 할리데이비슨 기업은 스크랩 탱크 오토바이를 생산해 서부전선에 배치했다.

대영제국의 트라이엄프 기업은 페달 없이 손잡이로 조종하는 시스템을 세계 최초로 적용한 트라이엄프 모델 H 오토바이를 개발해서 실전 배치했다. 이전 오토바이는 자전거처럼 페달을 밟아서 엔진을 가동시켜 달렸지만, 트라이엄프 모델 H는 손잡이로 엔진을 가동하여 온전히 엔진의 힘으로 달렸다. 1915년 영국원정군의 트라이엄프 모델 H 오토바이는 빠르게 질주했기에, 적의 총탄 사이를 빠져나가 비교적 안전하게 지휘소에 전보를 전달할 수 있었다.

초창기 오토바이는 서스펜션이 부족해 지면의 충격이 그대로 전달되어 덜컹거렸으며, 엔진 역시 가동한 후 위력을 내려면 시간이 걸렸다. 1916년 미국 인디언파워플러스는 V8 엔진으로 순식간에 빠른 출력을 내면서 바로 높은 마력을 내는 오토바이를 개발했다. 1917년 할리데이비슨 기업은 인디언파워플러스 오토바이를 보완하여 강압 스프링으로 험지를 마음껏 주파할 수 있으면서, V8 엔진으로 고출력을 내는 J 시리즈 오토바이를 출시했다. 게다가 이 J 시리즈 오토바이는 힘도 강해서 과적에도 잘 견디면서 달렸다. 나아가 캐나다원정군은 J 시리즈 오토바이 옆에 보조 자리를 설치하여 기관총을 무장시켰다. 이는 사람 세

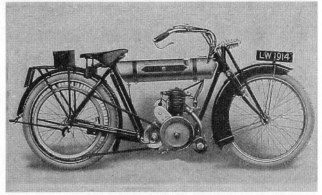

- 1907년 할리데이비슨 기업이 만든 스태랩 탱크 오토바이

- - 영국을 대표하는 클래식 바이크 트라이엄프 모델 H

- - - 미국의 인디언파워 플러스 오토바이

417

삼륜 오토바이를 탄
미국 가족

대영제국의 오토바이
집배원

명이 타는 삼륜 오토바이의 가능성을 열어주었다.

제1차 세계대전 동안 오토바이 기술은 발전했으며, 전쟁이 끝나자 오토바이는 비싼 자동차를 구매하기 부담스러운 중산층들에게 사랑받는 운송수단이 되었다. 국토가 드넓은 미국과 오스트레일리아 연방, 캐나다 자치령의 평범한 중산층들은 오토바이를 선호했다. 특히 두세 사람이 탑승할 수 있고 화물도 탑재 가능한 삼륜 오토바이가 사랑받았다. 대영제국과 영연방 국가는 우편집배원이 오토바이를 타고 다니면서 편지를 전달했는데, 이 통신운송문화는 곧 서유럽 전체로 퍼졌다. 제1차 세계대전 이후 오토바이는 서민들이 가장 선호하는 교통수단이 되어 일상 속으로 스며들었다.

# 06

# 방독면,
## 새로운 방패

제1차 세계대전 동안 동맹국과 연합국은 서로 인체에 치명적인 독가스를 개발해 살포하면서 공격했다. 독가스는 적뿐만 아니라 아군에게도 치명적으로 위험했기에 독가스를 막을 보호구 개발이 절실했다. 그래서 독가스 개발을 주도한 독일제국에서 염소 독가스를 연구한 프리츠 하버는 독가스를 개발하는 동시에, 그 독가스에 대한 저항성을 가진 방독면도 개발했다. 얼굴 전체를 감싸는 헝겊 앞 숨구멍 쪽에 염소 독가스를 걸러주는 필터를 끼운 방독면이었다. 저명한 화학자이기도 했던 그는 염소

독일제국의 화학자 프리츠 하버

의 화학적 성질을 변화시킬 물질을 찾았다. 그것은 바로 활성탄이었다. 산화되면서 어떤 물질이든지 잘 반응하는 활성탄은 염소와 화학적 결합을 일으켜 염소의 독성을 제거하고, 필터에 염소-활성탄 화합물이 남도록 작용했다. 그렇게 활성탄 필터는 유독한 염소 독가스를 걸러내면서 해가 없는 산소만 통과시켰다.

염소 독가스와 방독면에 관한 연구가 완료된 후, 1915년 독일제국은 제2차 이프르 전투 직전에 GM15라는 방독면을 개발했다. 독가스와 방독면으로 철저한 준비를 한 독일군과 달리, 연합군은 별다른 준비가 되어 있지 않았는데, 독가스가 발포되면 오줌으로 적신 베일로 코와 입을 막으며 저항했다. 그러나 눈을 보호하지 못하면서 극심한 고통을 느껴야 했다. 이에 대영제국은 재빨리 PH 헬멧이라는 방독면을 개발해 머리 전체를 덮게 했다. 이어 프랑스도 급히 M2라는 방독면을 개발해 독가스 공격에 대비했다. GM15, PH 헬멧, M2 모두 필터를 끼워 독가스를 거르는 방독면이었다. 문제는 급히 만든 방독면이어서 필터성능이 좋지 않았으며, 계속되는 독가스 공격에 결국 필터가 제기능을 발휘하지 못했다.

1915년 중순 러시아 제국의 화학자 니콜라이 드미트리예비치 젤렌스키는 활성탄으로 필터를 개발했다. 다만 실전에 사용

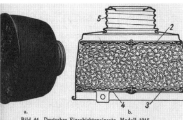

Bild 44. Deutscher Einschichteneinsatz, Modell 1915.
ilterschicht: Diatomit, getränkt mit 40prozentiger Pottaschelösung, überpude
tiver Kohle, 2 = Bodensieb, 3 = Siebdeckel, 4 = Verschlußdeckel, 5 = G
windeanschluß.

●
제1차 세계대전
당시의 독가스탄

●●
독일제국이 개발
한 GM15 방독면
과 필터

●●●
대영제국의 PH
헬멧 방독면

대영제국이 만든 가스 누출을 알리는 경보기

되는 독가스를 거르려면 활성탄이 많이 필요했는데, 그러다 보니 필터 크기가 커지고 무거워졌다. 젤렌스키 방독면에서 아이디어를 얻은 많은 나라는 필터를 개량했다. 필터는 점점 발달하여 정화통이라는 형태로 자리 잡았다. 전쟁 초반에는 필터가 방독면 안에 있던 것을 점차 머리 보호구에서 분리하여, 정화통에서 먼저 독가스를 거른 후 호스나 별도의 다른 정화기구를 거쳐 공기를 흡입할 수 있도록 개량했다.

　1915년 독가스 공격에 동맹군과 연합군 모두 잠도 제대로 자지도 못하고 늘 방독면을 착용해야 했다. 제1차 세계대전 당시 독가스는 색이 있었기에 낮에는 독가스 공격에 신속하게 대응이 가능했지만, 밤에는 독가스 색이 보이지 않아 독가스 냄새가 나면 방독면을 착용했다. 하지만 이미 때는 늦어 버렸다. 이 점을 동맹군과 연합군을 이용했으며, 독가스 공격의 희생자는 늘 일선 병사들이었다. 그래서 동맹군과 연합군은 밤이면 불침번을 서면서 탐조등과 조명탄으로 독가스 공격을 하러오는 적의 용태를 감시해야 했다.

그래서 1917년 대영제국은 가스 누출을 알리는 경보기를 개발했다. 하지만 당시로선 독가스 감지기술이 발달하기 전이라서 정찰병이 순찰 중에 독가스 공격을 발견하면, 가스 경보기를 흔들어 경보를 울렸다. 당시 가스경보기는 막대 끝에 달린 악기가 회전하면서 큰 소리를 내는 원리였다. 그 소리가 너무나 커서 시끄러운 전쟁터 상황에서도 가스 경보 소리가 뇌리에 잘 박혔다.

사실 동맹군과 연합군은 실전경험이 많았기에 독가스 공격이 언제 시작될지를 대충 짐작했지만, 1918년 4월 전쟁에 처음 투입된 미국원정군은 독가스 전시상황에 제대로 대응하지 못했다. 동맹국은 서부전선, 이탈리아 전선, 발칸 전선에 투입된 미국원정군을 상대로 무참하게 독가스 공격을 집중했다. 미국원정군은 처음 닥친 독가스 공격에 속수무책으로 당할 수밖에 없었다. 이에 영국원정군과 프랑스군은 가스경보기를 적극적으로 활용한 독가스 훈련을 미국원정들에게 시켰다. 이 덕분에 미국원정군은 가스경보기 소리를 듣고 바로 방독면을 착용하면서 독가스 공격에 적응해갔다.

제1차 세계대전 동안 정화통이 발전했고 유독가스에 대비하는 방독면 기술이 발전했다. 전후 방독면 개발사들은 바로 소방서에 납품했다. 화재현장은 유독가스로 위험했기에, 유독가스를 정화하는 방독면을 쓰는 것이 소방관에게 도움이 되었다. 하지만 방독면은 공기를 걸러줄 뿐 산소를 생성해주는 기능이 없었다. 그래서 방독면에 이어 산소통 개발이 시작되었다. 소방현장뿐만 아니라 생화학적 실험에서도 실험자의 안전을 위해서 방독면은 필수였다.

# 안전면도기,
## 면도를 더 편리하게

수염은 남성에게만 나는 체모로 동북아시아인, 아메리카 원주민은 수염이 잘 나지 않지만, 아프리카인과 코카서스인은 수염이 잘 난다. 이 때문에 코카서스인이 주류인 유럽과 중동, 인도에서는 수염이 곧 남성성을 의미한다. 유럽에서는 중세시대부터 18세기까지 길고 풍성한 수염을 선호했는데, 수염이 풍부한 남성을 미남으로 여겼다. 그래서 남성들은 수염을 깎지 않고 잘 관리하여 길고 풍성한 수염을 길렀다. 그러던 중 19세기 중반 프랑스의 생물학자 루이 파스퇴르가 수염을 현미경으로 보니 세균이 엄청 많다는 사실을 발견했다. 그가 수염에 많은 세균이 번식한다는 사실을 널리 알리자, 점차 남자들은 수염을 깎기 시작했다. 그럼에도 끝까지 수염을 포기할 수 없었던 남자들은 대신 짧게 깎은 후 자주 씻고 기름으로 관리했다. 그래서 19세기 후반부터 짧게 깎으며 멋을 부린 수염이 유행했다. 국왕도 일부러 수염에 멋을 강조해 나라를 지키는 듬직한 아버지임을 과시할 정도로, 잘 다듬어진 수염은 지위와 위신을 상징했다.

1914년 제1차 세계대전이 발발하자 많은 젊은이가 전쟁에 참전했다. 나이가 어린 병사들은 수염이 짧기도 했지만, 수염이 금세 자라 늘 긴 수염으로 지내야 하는 젊은 병사들도 있었다. 야전장교 등 계급이 높은 사람은 일부러 수염을 길러 나이가 많고 계급이 높다는 것을 과시했다. 남성들은 경쟁적으로 수염을

방독면 착용훈련을 하는 러시아군

오스트리아-헝가리군 야전 이발소

길렀다. 특히 긴 수염을 이상적인 남성성으로 여긴 러시아 제국
과 세르비아 왕국, 불가리아 차르국, 루마니아 왕국 등 정교회
국가들에서 이런 경향이 강했다. 그러나 1915년부터 독가스 공
격이 시작되고 전쟁터에서 방독면을 쓸 일이 많아지자 수염에
대한 관점도 달라졌다. 8초 이내에 방독면을 완전히 착용해야
했던 전장에서, 긴 수염은 방독면 사이 틈을 만드는 거추장스러
운 존재였다. 긴 턱수염은 방독면을 쓰는 것조차 불편하게 만들
었고 방독면과 얼굴 사이의 틈새를 유발했으며, 설상가상 긴 콧
수염은 숨이 더 막히게 했다. 그래서 병사들은 길게 기른 수염을
깎기 시작했다.

　그래서 1915년부터 면도문화가 자리를 잡았다. 당시에는 외

날 면도기만 있었는데, 외날 면도기로 면도하기에는 난도가 매우 높았다. 머리는 완만한 곡선이기에 쉬운 이발이 가능했던 것과 달리, 턱은 구조적으로 직선과 곡선으로 이루어져 있어 턱선을 따라 면도하기 어려웠다. 게다가 뼈가 없어 부드러운 목 부분의 면도는 더 어려워 실수로 베면 위험했다. 복잡한 곡선으로 악명 높은 콧수염은 면도하기 매우 어려워 대충 가위로 끝만 깎는 경우가 많았다. 그래서 외날 면도기로 깔끔하게 면도하는 이발사들이 생겨났으며, 전장에 투입되기 전 군인들은 이발소를 방문해 머리카락과 수염을 동시에 깎았다. 그래서 1915년 이후 군대는 이발사를 급히 모집했으며, 전쟁터에 있는 이발사들은 동료들을 면도해주거나, 따로 야전이발소를 차려 이발병으로 활동했다. 하지만 공세를 하거나 공세를 당하는 매우 급한 상황에서 병사들은 직접 면도를 하는 수밖에 없었다. 당연히 서툰 면도로 입 주변에 상처가 나 파상풍이나 패혈증에 걸려 사망하는 경우도 있었다.

면도기는 이미 독일제국의 캄페 형제가 1875년 미국 뉴욕에서 양날 면도기를 발명해서 시장에 처음 출시했었다. 그들은 이것을 STAR 안전면도기라 불러 안전하게 면도할 수 있다고 홍보했다. 이발소를 방문할 시간적·자금적 여유가 없는 남자들이 주로 이 면도기를 구매했지만, 여전히 면도기는 가난한 자들이 이용한다는 고정관념이 있었다. 이에 1901년 미국인 킹 캠프 질레트가 설립한 질레트 기업은 안전면도기를 개발하여 판매했다. 그는 안전면도기의 단가를 외날 면도기보다 저렴하지만, 품질은

질레트의 사진과 사용설명서가 들어간 질레트 면도기

더 좋으면서 튼튼한 면도기 개발에 힘을 쏟았다.

1917년 미국이 제1차 세계대전에 참전을 시작하자, 질레트는 미국 군대에 질레트 안전면도기를 독점적으로 납품했다. 1918년 백일전투에서 이발소를 차릴 여건이 되지 않자, 미국원정군은 질레트 안전면도기로 매일 수염을 편리하고 안전하게 깎았다. 이를 지켜 본 영국원정군과 프랑스군, 이탈리아군, 세르비아군도 질레트 안전면도기에 관심을 보였다. 곧이어 연합군 전체가 질레트 안전면도기를 이용할 정도로 질레트 안전면도기의 인기는 대단했다.

제1차 세계대전이 끝난 후에도 연합군 출신 남자들은 질레트 안전면도기를 선호했다. 이때 대부분 남자들이 면도기 상표명을 잘 몰랐기에, 질레트 초상화가 그려진 제품을 찾아다녔다. 질레트는 면도기 아저씨라고 불리면서, 그 자체로 면도기 마스코트가 되었다. 동맹군 병사들도 포로생활을 하면서 질레트 면도기에 감탄했기에, 면도기 아저씨 제품을 찾아다녔다. 질레트는 이 점을 적극 활용하여 자신의 초상화와 질레트 글씨를 면도기 케이스에 큼직하게 넣어 브랜드를 홍보했다. 그렇게 질레트 기업은 세계적인 면도기 기업으로 성장했다.

# 08

# 스테인리스강,
# 이상적인 철

지구에서 가장 흔한 광물인 철은 인류가 적극적으로 활용한 광물이다. 모든 단단한 골격은 철을 사용하면서 새로운 문명을 꽃피웠다. 특히 18세기 산업혁명 이후 인류가 사용하는 자원은 철과 나무 두 가지가 주류를 이루었으며, 철 사용량이 나무 사용량을 압도적으로 앞서기 시작했다. 모든 분야에서 철이 나무를 대체하면서 더 강하고 더 무거운 제품이 등장하자, 더 이상 나무로 회귀할 수 없는 지경에 이르렀다. 그래서 20세기에 철은 없어서는 안 될 자원으로 부상했다. 문제는 철이라는 원자는 불완전해 산소 등 다른 원자와 결합하려는 성향이 강하다는 것이었다. 그래서 철은 공기와 물에 노출되어 산소와 결합하면 산화철을 만들었는데, 그 산화철이 눈에 보이는 것이 바로 녹이다. 이 녹은 철의 강성을 약화시킨다. 그렇기에 철을 구조 지지물로 사용할 경우, 녹이 많으면 지지물의 강성이 약해져 지지력이 떨어지게 된다. 이 점이 철이 가진 약점으로 인류는 이를 해결하고자 윤활유를 발라서 철과 산소의 결합을 막으려 했다.

다행히 철은 다른 물질과 잘 섞이는 특성을 갖고 있어서, 철에 다양한 광물을 혼합하면 철의 강도가 높아지기도 했다. 철에 주철을 혼합해 합금을 제작할 수 있게 되면서 다양한 혼합법이 개발되었다. 철에 다른 광물을 혼합하면 그 광물의 특성이 나타났다. 1797년 프랑스 왕국의 화학자인 루이 니콜라 보클랭이 시베리아의 한 홍연석에서 크롬Chrome이라는 광물을 발견했다. 이후 독일제국이 산화철과 크롬이 함께 있는 크롬 철광에서 크롬을 채굴했다. 크롬은 반짝이는 빛이 바라지 않으면서 부식이나 변색이 되지 않는 성질을 가지고 있었다.

18세기 수많은 화학자는 철의 부식을 막고자 여러 광물을 혼합해서 합금을 제작했다. 그래서 순수한 철일 때보다 녹이 덜 생겼지만, 여전히 녹이 생기지 않는 것을 막지는 못했다. 19세기 크롬 채굴과 생산이 간편해지면서 많은 과학자들은 철-크롬의 합금을 연구했다. 프랑스 왕국의 화학자 피에르 베르티에가 세계 최초로 철-크롬 합금으로 식칼을 제작했지만, 당시에는 크롬

독일제국 화학자 한스 골트 슈미트와 대영제국 금속학자 해리 브릴리

제조비용이 너무 비싸서 경제성이 없다는 이유로 사장되고 말았다.

그러다 1895년 독일제국의 화학자 한스 골트 슈미트는 탄소를 차단하는 테르밋 공정을 통해서 강성이 높은 철-크롬 합금을 개발했다. 독일제국의 중공업 기업인 크루프에서도 크롬을 적극적으로 활용했는데, 1908년 요트 게르마니아의 선체를 크롬니켈 합금으로 제작하여 부식되지 않는 배를 개발했다. 1912년 베노 슈트라우스와 에드워드 마우러가 오스테나이트 철과 크롬의 합금을 개발해서 특허 출원할 정도로, 독일제국에서 철과 크롬 합금 연구가 활발했다.

한편 독일제국의 화학발전을 경계하던 대영제국도 화학자들을 대거 양성하면서 경쟁했다. 군사용 합금 개발사인 브라운퍼스 연구소의 해리 브릴리는 부식되지 않는 총열을 연구했는데, 1912년 그는 마르텐사이트계 철-크롬 합금을 발견했다. 그 합금

제1차 세계대전 당시 사용한 미원정군의 스테인리스강 보급품

을 녹이 생기지 않는 철이라는 뜻으로 스테인리스강Stainless Steel
이라 불렀다. 하지만 해리 브릴리의 스테인리스강은 열에 대한
저항성이 약해 총열에는 적합하지 않았다. 하지만 이 스테인리
스강은 다른 광범위한 분야에서 활용되는 연구가 활발해졌다.
항공기 엔진과 차량 엔진에서 민감한 부품들이 스테인리스강으
로 대체되었다.

　제1차 세계대전 동안 영국원정군은 갯벌을 메운 서부전선의
벨기에 이프르 지역에서 작전을 수행하면서 생활해야 했다. 이
프르 지역은 전쟁으로 하수처리 시설이 파괴되어 땅 위에 물이
차올랐으며, 겨울이 되면 북해기단이 들어와 사정없이 비가 내
렸다. 그래서 항상 물에 젖어 있는 곳이었다. 그런 상황에서 철
과 은으로 만든 영국원정군의 조리와 의료 기구는 1년을 채 버
티지 못하고 부식되었다. 관리하면 되긴 했지만 더러운 물밖에

없는 전장에서, 게다가 적의 침입을 대비하면서 은과 철을 깨끗하게 관리하기는 매우 어려웠다. 이에 대영제국 정부는 급히 스테인리스강으로 생필품을 제조하여 전장에 보급했다. 스테인리스강으로 만든 생필품 기구들은 대충 씻기만 하면 되었기에 사용과 보관이 편리하여, 영국원정군에 이어 미국원정군에게도 보급되었다.

스테인리스강은 높은 산화 대비성과 높은 온도에도 항상성을 띠면서, 가혹한 환경에서도 거의 부식되지 않았다. 더구나 생산과 유지 비용이 획기적으로 낮았으며, 항박테리아 성질도 있어 미생물들이 살지 못했다. 이런 최상의 성질을 가진 스테인리스 금속은 산업 전반에 활발하게 사용되었다. 선박, 차량, 비행기의 핵심 소재인 엔진 부품 일부도 스테인리스강으로 대체되었다. 의료계도 소독만 하면 전염에도 안정적인 스테인리스강으로 제작한 수술용 칼을 사용했다. 음식을 제조하는 조리기구는 항상 물에 노출되었기에 녹에 치명적이었다. 하지만 스테인리스강 조리기구가 등장하자 아무리 끓는 물에 담그고 음식을 해도 녹이 생기지 않았기에, 녹을 제거하고 기름을 바를 일이 사라져 편리했다.

09

# 손목시계,
## 패션에서 필수로

    인간은 언제나 약속이나 일을 시간에 맞춰서 했기에 시간을 확인했다. 그렇기에 시계 개발에 열성적이었으며, 예로부터 다양한 시계가 개발되었다. 하지만 중세시대까지만 해도 시계는 거대해 중앙정부가 관리하면서 종소리 등으로 민중에게 시간을 알렸다. 그러나 17세기 독일에서 회중시계가 개발되자, 개인이 시계를 들고 다니면서 시간을 확인할 수 있게 되었다. 회중시계는 주머니에 쏙 들어가는 작은 시계로, 부르주아들은 회중시계를 양복 주머니에 넣고 다니면서 시간을 확인했다. 특히 남성 부르

17세기 독일에서 사용된 회중시계

주아들이 회중시계를 먼저 사용했는데, 큰 크기와 무게 때문에 회중시계는 오랫동안 남성 전유물이 되었다.

그러던 중 손목시계가 발명되었다. 사실 손목시계는 시계에 팔찌를 찬 형태가 아니라, 팔찌에 작은 시계를 단 것으로 개발되었다. 다시 말해 시계는 다이아몬드처럼 팔찌의 장식품이었다. 당연히 시계의 크기도 작았으며 기능보다는 장식에 집중했다. 그래서 시계를 볼 수는 있지만 사실 바늘과 숫자를 잘 보지 않았기에, 그저 장식용으로 착용했다. 그래서 손목시계의 실용성은 떨어지는 편이었다. 나중에는 손목시계가 팔찌의 한 종류처럼 취급받기까지 했다. 결국 손목시계는 귀걸이 같은 장식품이라는 개념이 오랫동안 자리 잡으면서, 남성들조차 손목시계를 착용하는 것에 부담스러워했다.

1914년 제1차 세계대전이 발발하자, 야전장교들은 회중시계로 공격과 임무 시간을 확인하면서 전투에 임했다. 하지만 포격이 참호를 뒤집어엎을 정도로 강했기에, 살기 위해서는 참호 안에서 바짝 엎드려야 했다. 엎드려 회중시계로 시간을 확인해야 했는데, 이것이 여간 어려운 게 아니었다. 게다가 포격 충격으로

1880년 제라드 페리고 스위스 시계　제1차 세계대전 당시에 사용된 군용 참호시계
회사가 제작한 손목시계

회중시계끈이 끊겨 사라지는 경우가 허다했다. 그래서 야전장교
들은 거추장스러운 시계끈을 빼고 시계만 손에 들고 다녔다. 오
히려 시계를 잃어버릴 확률은 더 커졌던 것이다. 그래서 전투를
제대로 수행하지 못하기도 했다.

　그런 상황에서 독일제국은 손목시계를 보급했다. 사실 독일
제국은 이미 1880년 스위스의 제라드 페리고 시계회사에서 개
발된 손목시계를 해군에 보급했으며, 해군 장교들은 손목시계
로 시간과 방위를 확인해서 임무를 수행했다. 이것이 꽤 쓸모 있
자, 1914년 육군이 회중시계의 불편함을 호소하자, 독일제국은
재빨리 손목시계를 보급했다. 덕분에 독일군 야전장교들은 손목
시계로 시간을 확인했으며, 통신병 등 시간확인이 필요한 병사
들도 손목시계로 시간을 수시로 확인했다. 독일제국 육군은 시

제1차 세계대전 당시
독일 육군의 손목시계

제1차 세계대전 당시
공군비행사의 손목시계

간에 맞춰 포격과 돌격을 하면서 작전을 거침없이 수행할 수 있었다. 연합군도 독일군 포로가 갖고 있던 손목시계를 분석하여 재빨리 손목시계를 개발하여 도입했다. 이에 연합군은 파편이 튀는 전쟁상황 속에서도 시계가 고장 나는 것을 방지하고자 덮개를 만들어 시계를 보호했다.

제1차 세계대전 동안 동맹군과 연합군은 모두 손목시계를 착용해 시간을 보면서 전투를 수행했는데, 특히 공군들이 손목시계를 가장 잘 활용했다. 좁은 비행기 안에서 언제나 적의 공격을 대비해야 했던 조종사들은 작전수행 중 한가하게 시간을 확인할 여유가 없었다. 무엇보다 실수로 회중시계를 떨어뜨리면 시간확인 자체가 불가능했다. 그래서 공군에게 손목시계가 필수품이었다. 독일제국 공군은 손목시계로 자정 시간을 확인해 하늘 높이 날아서 일출 시간에 태양을 등지면서 고공낙하로 연합군 전투기들을 공격했다. 연합군은 태양 빛에 독일제국 공군 비행기가 가려지는 바람에 제대로 대처도 못한 채 일방적으로 당해야 했다.

전쟁이 끝난 후에도 손목시계는 편리성 덕분에 애용되었다. 회중시계는 돈 많은 부르주아의 사치품으로 전락했던 것에 반해, 손목시계는 남녀노소 모두에게 실용적인 시계로 인정받았다. 사람들은 누구나 손목시계를 차고 다니면서 약속을 잡았으며 수시로 시각을 확인했다. 1930년이 되면서 손목시계는 고급화되면서 회중시계의 고급화 이미지를 위협했다. 노동자들도 여윳돈이 있다면 고급 손목시계를 구매해 재력을 과시했으며, 자본가들도 보석과 송아지 가죽으로 제작한 고급 손목시계를 선호했다. 심지어 1929년 대공황 시기에도 고급 손목시계는 최고의 사치품으로 살아남았다.

# 안전벨트,
## 조종사를 살리는 생명줄

20세기 초반 개발된 비행기에는 조종 좌석만 있을 뿐 별도의 안전장치가 전혀 없었다. 초창기 비행기는 일직선 비행으로 회전각도가 매우 작았기 때문이었다. 그러나 항공기술이 발달하고 비행회전각도가 커지자, 점점 조종사들이 비행기에서 추락할 가능성이 커졌다. 이에 블레리오 11 항공기에 벨트를 달아 조종사가 벨트로 몸을 감쌀 수 있었다. 하지만 벨트의 성능이 좋지 않아서 조종사들은 불편한 벨트를 선호하지 않았다. 그래서 비행기 조종은 늘 위험 그 자체였다.

제1차 세계대전 당시 다양한 회전비행이
많았던 도그파이트

제1차 세계대전 당시 기관총 사수가 일어서서
사격한 브와쟁 전투기

　사실 1914년까지만 해도 항공기는 정찰용이나 액티비티 용
도로만 이용되었기에, 위험한 곡예비행이란 없었다. 또 비행기
크기가 거대해지면서 조종석의 구멍 크기를 작게 만들어, 비행
기가 많이 기울어져도 조종사는 동체에 몸을 기대어 조종할 수
있었다. 그래서 아무도 이를 문제 삼지 않았다. 심지어 1915년
연합군이 푸셔식 전투기를 개발하여, 기관총 사수가 비행 중에
서서 기관총 사격을 해야 하는 상황에서도 아무도 이를 문제 삼
지 않았다. 애초에 기관총 사수는 자원병으로 운용되면서, 담력
이 대단한 사람만이 정면 기관총을 담당했다. 문제는 기관총 사
수가 기관총 사격할 때는 전투기가 수평비행을 해야 했으며, 조
금만 흔들려도 기관총 사수가 추락했다는 점이다.

　그래서 연합군 전투기를 상대한 독일제국의 전투기 포커 아
인데커도 연합군 전투기의 날개를 집중공격하여 비행기를 흔들
어댔다. 그렇다고 서서 360도 방면으로 사격해야 하는 기관총
사수가 안전벨트를 맬 수도 없는 상황이었다. 대신 낙하산을 지

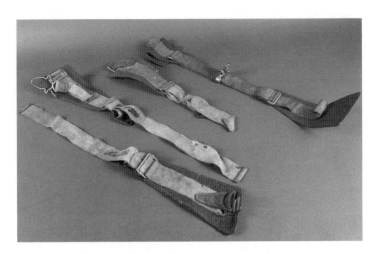

독일제국이 개발한 안전벨트

급해 추락해도 안전하게 착지하도록 유도했다. 하지만 포커 아인데커가 연합군 푸셔식 전투기를 일방적으로 공격하자, 다른 방도가 필요했던 연합군도 동조장치를 개발하여 조종석에서 조종과 공격을 동시에 할 수 있도록 했다. 그러자 동맹군과 연합군 전투기 모두 동체를 회전하면서 회피기동을 할 수 있었다. 특히 도그파이트에서 전투기들은 다방면으로 회피기동하면서 움직임이 다양해졌다. 그러다 보니 조종사들은 180도 회전과정에서 그대로 추락할 가능성이 커졌는데, 일부러 적 전투기가 180도 회전하는 상황을 유도하는 곡예비행 전략이 늘었다.

하지만 조종사는 고급 인재였다. 비행기는 정찰과 제공권 장악, 지상지원, 폭격 등 광범위하게 사용되는 전략자산이었으며, 이를 책임지는 조종사는 함부로 소모되어서는 안 될 자원이었다. 그래서 1915년 도그파이트로 많은 조종사가 추락사하자, 조종사를 살리기 위한 안전장치를 개발하기 시작했다. 블레리오 11 항공기에 시도됐던 벨트를 다시 한 번 꺼냈다. 먼저 동맹국은 허리띠를 크게 해서 조종사를 감싸는 안전벨트를 개발하기로 했다. 처음에는 허리띠처럼 허리를 감쌌지만 실험결과 추락방지에 도움이 되지 않았다. 그래서 멜빵처럼 어깨와 허리를 감싸는 방법을 도입했다. 어깨를 고정하니 180도 회전에도 조종사가 잘 떨어지지 않았으며, 조종사의 움직임에도 그렇게 방해되지 않았다. 그러자 독일제국은 어깨와 허리를 감싸는 안전벨트를 채택했다. 독일제국 조종사들은 안전벨트 덕분에 180도 회전비행과 역동적인 기동력으로 연합군 전투기들을 사냥할 수 있었다.

전쟁이 끝나자 독일제국 항공기술자들은 자동차 기술회사에 취업했다. 제1차 세계대전 동안 개발된 항공 엔진 기술은 그대로 자동차에 적용되었으며, 자동차의 기술과 속도는 이전보다 비약적으로 발전했다. 처음에는 경주용 스포츠카에 신형 엔진이 탑재되다, 나중에는 일반 차량에도 고출력 엔진이 탑재되어 시속 100km 넘게 달릴 수 있었다. 그러다 보니 시속 60km가 빠른 편이었던 이전 자동차 속도와 비교되지 않을 정도로 스피드는 빨라졌지만, 그와 함께 충돌 시 충격량 역시 엄청 늘어났다. 이전보다는 교통사고 시 탑승자가 사망할 확률이 비약적으로 증가한 것이다. 이 점을 간파한 바이마르 공화국의 자동차 기술자들은 자동차에 안전벨트를 다는 법을 연구했다. 비행기용 멜빵 벨

허리를 감았던 세계최초 차량형 안전벨트

트는 착탈이 불편해서, 허리만 감싸는 방식으로 하차할 때에도 간편하게 벨트를 풀 수 있도록 개발했다. 처음에는 이 안전벨트는 자동차와 여객기 승객석에 적용이 되었지만, 여객기와 달리 자동차에 탄 사람들은 굳이 높은 속도로 달리지 않았기에 안전벨트를 불편하게 여겼다. 그래서 민간용 자동차에는 안전벨트가 사라졌고, 레이싱용 스포츠카에만 안전벨트가 적용되었다.

# 11

# 낙하산,
# 보급과 안전을 위해

아주 오래전부터 넓은 천인 돛이 바람을 타면 배를 앞으로
나아가게 한다는 것을 알고 있었으며, 이 돛을 머리 위에 매달아
높은 곳에서 뛰어내리면 그 저항으로 천천히 내려가지 않을까
하는 생각을 누구나 품었다. 그런 기술적 확신을 얻은 르네상스
시대의 천재 레오나르도 다 빈치는 낙하산을 연구하기도 했다.
하지만 그런 실험들이 번번이 추락사로 끝나는 실패를 거듭하
면서, 낙하산은 만만치 않은 기술임을 보여주었다. 19세기에도
열기구 사고 시 탑승자가 낙하산을 타고 무사히 지상에 내리려

고 노력했지만 성공한 사례가 없었다.

　계속되는 실패에도 불구하고 낙하산의 필요성에 대한 인식은 증가했다. 1900년 이후 비행기까지 등장하자 낙하산은 정말 필수품 중 하나가 되었다. 조종사의 생명을 살리기 위해, 물건을 하늘에서 지상으로 안전하게 착지시키기 위해 낙하산이 정말 필요했다. 많은 개발자가 낙하산에 관해 연구했으며, 조종사가 직접 하늘에서 뛰어내려 낙하산의 안정성을 확인하는 실험을 수행하기도 했다. 1911년 러시아 제국의 과학자 글레브 예브제니비치 코텔니코프가 백팩식 낙하산 개발에 성공한 데 이어, 비행기에서 떨어뜨리는 화물용 낙하산 개발에도 성공했다. 1년후 1912년 3월 1일, 대서양 반대편인 미국 미주리주의 세인트루이스에서 조종사 앨버트 베리가 세계 최초로 비행기에서 낙하산으로 지상에 안전하게 착지하면서, 낙하산의 현실화는 성공했다.

　이를 계기로 낙하산은 널리 보급될 것이라고 생각했다. 하지만 문제는 낙하산의 천이 튼튼하면서도 가벼워야 하는데, 당시로선 그런 재료가 비단을 제외하고는 없었다. 비단은 가격이 너무 비싸 낙하산으로 제작하는 데 어려움이 많았다. 낙하산이 안전하게 착지하기 위해서는 천의 크기가 커야 했는데, 천의 크기가 커면 무게까지 무거워졌다. 출력이 약하고 크기가 작은 비행기 안에 낙하산을 탑재하면 비행공간과 무게제약 때문에, 비행기 조종에 방해를 받았다. 게다가 당시 낙하산을 펴는 절차가 복

●
1783년 프랑스 발명가 루이 세바스티앙 르노르 망이 발명한 우산 모양 의 낙하산

●●
러시아 제국의 과학자 글레브 예브제니비치 코텔니코프의 백팩식 낙하산

●●●
1912년 미국에서 세계 최초로 비행낙하에 성공 한 앨버트 베리

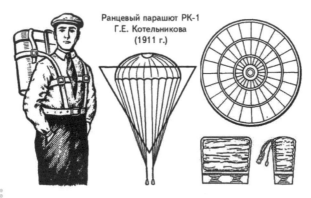

Ранцевый парашют РК-1
Г.Е. Котельникова
(1911 г.)

초창기 줄을 매달아 뛰어내리면 자동으로 펼치게 한 낙하산 원리

잡했다. 이 때문에 장교들은 오히려 조종사들에게 낙하산을 메지 말 것을 명령했고, 조종사들도 무겁고 효과도 기대되지 않는 낙하산 없이 조종했다.

대신 참호를 정찰하는 정찰기구병들이 낙하산을 선호했다. 정찰기구는 수소가스로 상공에 올라 적 참호를 실시간으로 감시하던 정찰장비였는데, 각국의 공격기는 상대편 정찰기구를 파괴해야 했다. 허구한 날 정찰기구가 파괴되었기에, 정찰기구에 탄 정찰기구병은 수시로 땅으로 추락해야 했다. 그래서 그들에게 낙하산을 제공했는데, 정찰기구병은 우선 등에 멘 낙하산을 정찰기구 윗부분에 달린 줄에 매달았다. 정찰임무 수행 중 위험하면 정찰기구병이 그냥 뛰어내리면, 윗부분에 달린 줄이 낙하산을 당겨서 낙하산이 펼쳐지면서 안전하게 착지했다. 한편 낙하산을 이용해 전쟁물자를 보급할 때, 낙하산의 품질이 좋지 않아서 물건이 파손되는 경우가 허다했다. 그래서 무거운 물건 대신 가벼운 물건만 제한적으로 공중보급이 가능했기에 당시 낙하산은 큰 효용성이 없었다. 이처럼 제1차 세계대전 중반까지 낙하산은 애물단지였다.

제1차 세계대전 초반인 1914년, 비행기 조종사들은 안전하게 조종만 하면 무탈하게 귀환하는 경우가 많았다. 조종사들 사이의 싸움 자체가 드물었으며, 그들 주된 임무는 정찰이었기에 지상에서 비행기를 상대할 수단이 전혀 없었다. 비행기의 결함이 아니면 웬만해서 조종사는 사망하지 않았다. 하지만 1915년 전투기 시대가 개막하고 공격기와 폭격기까지 등장하자, 사방에서 비행기를 공격하는 무기가 등장했다. 우선 하늘에서는 비행기를 잡는 전투기가 등장했고, 지상에서는 기관총과 기관포로 응사하는 대공병기가 발전했다. 정찰기라 하더라도 사방에서 공격을 받으면서 조종사의 생존율이 급감했다. 특히 조종사 양성에 열성을 다한 독일제국은 베테랑 조종사의 필요성을 잘 알았기에, 1916년부터 전투기 조종사에 무조건 낙하산을 보급했다. 연합국 역시 1917년부터 조종사에게 낙하산을 제공했으며, 더 나은 낙하산 기술을 연구하기 시작했다.

제1차 세계대전 당시의 비행사들의
낙하산

초창기 소련군 공수부대원은 비행기 날개에 메달렸다

　그러던 중 1918년 7월 스코틀랜드 항공부대 장교인 프랭크
미어스 경은 낙하산 안전줄을 낙하가방에 숨겨두었다가 위급상
황에 그것을 당겨서 낙하산이 펼치는 방식을 제안했다. 항공부
대는 좋은 의견이라고 생각하여 바로 낙하산을 급히 제작하여 전
장에 일부 보급했지만, 낙하산의 성능을 제대로 측정하기도 전에
전쟁이 끝나고 말았다. 대신 러시아 내전, 튀르키예 독립전쟁, 리
프 전쟁 등 수많은 전쟁에서 낙하산 성능이 검증되었으며, 1920
년에 제대로 된 낙하산이 완성되었다.

　안전한 낙하산이 등장하자, 많은 군사개발자는 낙하산으로
많은 작전을 수행할 수 있다는 생각을 했다. 그래서 하늘에서 적
진 후방으로 낙하하여 후방을 교란하는 공수부대라는 개념이

제시됐다. 하지만 대부분의 나라는 많은 낙하인원을 탑승시킬 만한 대형 비행기를 보유하지 않은 데다, 군이 위험천만한 후방 침투를 할 필요가 없다며 공수부대 창설을 거절했다. 그러나 러시아 내전으로 많은 교훈을 얻은 소련군은 공수부대의 필요성을 실감했으며, 공수부대의 임무를 수행할 병력도 많아서 이들이 추락사해도 별반 문제없다는 태도를 갖고 있었다.

그래서 비행기 날개에 공수부대원들을 매달아서 낙하를 시켰다. 당연히 비행기 날개에 매달린 공수부대원들 중에서 공기 저항을 못 이기고 추락한 병사도 많았는데, 이런 무모한 공격이 오히려 공수부대용 비행기를 설계하기는 전기를 마련했다. 폭탄 탑재함에서 폭탄을 모두 치우고, 그 자리에 공수부대원을 탑승시켜서 병력손실을 최소화했다. 이들에게 가장 중요한 안전장치가 바로 낙하산이었다.

# 12

# 드론,

## 무인비행 시대를 향한 첫걸음

　화약병기 중 유명한 병기인 로켓은 역사가 정말 오래된 병기다. 12세기 중국 송나라에서 화약을 처음 상용화한 후 개발한 병기가 지뢰地雷와 화창火槍이었다. 이 중 화창은 창의 끝에 화약을 달아 화약폭발의 추진력으로 창을 날려버리는 병기다. 이는 시간이 지나 창 대신 화약 자체를 날려 적진을 폭파하는 병기로 발전했다. 이 화창은 한국, 유럽, 아랍, 인도로 퍼져 적진을 흩트려놓는 병기가 되었다. 세월이 지나 유럽 군대는 엄청난 위력을 발휘하는 로켓을 발전시켜서 다양한 용도로 사용했다. 어두운

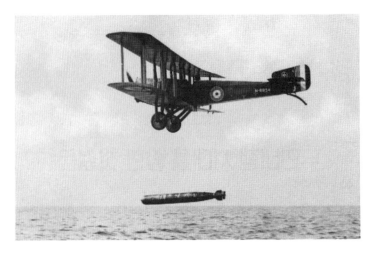

제1차 세계대전 당시에 사용된 항공어뢰

밤을 밝히는 조명탄, 독가스를 품은 독가스탄, 적진을 불바다로 만드는 백린탄을 즐겨 사용했다.

　여기서 문제는 로켓은 대포보다 소모되는 탄약량이 훨씬 많음에도 조준이 너무 낮았다는 데 있었다. 그래서 군대 기술자들은 조준도가 높은 다른 대체수단을 마련했다. 최초로 등장한 수단은 열기구에 폭탄을 달아 원격폭파하는 방법으로, 1849년 오스트리아-헝가리 제국에서 개발되어 전쟁에서 사용되었다. 그러나 열기구는 속도가 느려 적에 노출되면 바로 격추될 위험이 있어서, 야간기습 용도로 자주 사용되었다. 이후 미군은 남북전쟁에, 프랑스군은 프로이센-프랑스 전쟁에 폭탄기구를 실전에 사용했다. 폭탄기구도 속도가 너무 느리고 적의 눈에 너무 잘 띄었으며, 바람이 불면 엉뚱한 곳으로 날아가 버리는 단점을 안고

독일제국이 개발한 케터링 항공어뢰　　　대영제국의 무인전투기 퀸비

있었다.

　1917년 연합국이 수많은 미군 조종사를 요구하자, 많은 미군 조종사들이 이탈리아 전선, 발칸 전선은 물론, 특히 서부전선에 집중적으로 투입되었다. 문제는 실전경험이 전혀 없는 미군 조종사에 비해, 그들의 적인 독일군 조종사들은 오랜 전쟁으로 실전경험을 풍부하게 쌓은 베테랑들이었다. 독일군 조종사들에게 미군 조종사들은 집중적으로 처참하게 패배했다. 심지어 한 번 출격한 미군 조종사들 가운데 생환한 조종사는 절반에 미치지 않을 정도였다.

　숙련도가 낮은 미군 조종사들이 주로 맡은 임무는 적 참호까지 비행해 폭탄을 떨구고 귀환하는 것이었다. 그래서 조종사 없이 적 참호까지 날아갈 무인비행기가 필요했다. 미군은 이것을 항공어뢰Aerial Torpedo라고 부르면서 개발에 착수했다. 미국의 저명한 항공기술자 피터 쿠퍼와 엘머 스페리는 무인수평비행장치를 연구했는데, 그 장치를 작은 비행기에 달아 날렸다. 그 결과, 수평 저공비행에는 성공했지만 적 참호를 그냥 지나치고 말았다.

한편 찰스 케터링이 이를 업그레이드하여 케터링 항공어뢰를 개발했다. 케터링 항공어뢰는 엔진 추진으로 지상을 달리다 바퀴와 동체가 분리되면서, 동체가 하늘을 날고 특정 시간이 지나면 날개가 분리되어 추락하면서 지상을 타격하는 병기였다. 이 아이디어는 좋았지만 폭격시간을 정확히 맞춘다는 것이 어려웠다. 결과적으로 폭격 명중률이 높지 않아서 단순 포격만도 못한 병기가 되고 말았다. 하지만 케터링 항공어뢰는 무인항공기의 핵심기술을 완성하는 데 기반이 되었다.

이후 대영제국은 무인기를 전투기로 실험하면서 무인기의 실전감각을 익혔는데, 그렇게 등장한 무인기가 퀸비Queen bee였다. 드 하빌랜드 타이거 모스De Havilland Tiger Moth 전투기를 무인화한 퀸비는 지금의 드론Drone의 원조격으로, 모든 무인항공기의 어머니인 셈이다. 1930년 이후 각국 공군은 무인기로 표적 연습을 했다. 제2차 세계대전 때까지 표적 연습용 더미였던 드론은 베트남 전쟁 당시 정찰기로 발전했다. 수시로 출격하여 전장상황을 파악한 무인 정찰기는 병력 소모를 막으면서 큰 효과를 발휘했다.

베트남 전쟁 이후 많은 나라에서 드론을 개발했는데, 특히 사방이 적이고 인구와 영토가 압도적으로 부족한 이스라엘이 드론 연구에 적극적으로 나섰다. 냉전 후 드론은 민간용으로 전환

되었다. 미국은 여전히 군사용 드론에 집중했지만, 유럽은 민간용 드론 개발에 앞장섰다. 가장 먼저 사용된 분야는 바다 환경을 측정하는 과학탐사용이었다. 이후 중국의 DJI사가 개인도 쉽게 사용할 수 있는 작은 드론에 헬리캠을 달아 판매하면서, 전 세계 민간 드론 시장의 절대 강자로 등극했다.

# 13

# 항공교통관제,
# 하늘길을 통제하다

제1차 세계대전은 비행기 수요가 급증한 전쟁이었다. 1914년에는 정찰기만 날아다녔으나, 1915년 전투기들에 이어 폭격기들까지 하늘에 등장했다. 그래서 제1차 세계대전 동안 수많은 비행기가 우후죽순으로 등장했다. 이에 따라 비행기를 보관하는 비행장도 발전했다. 전쟁 초반에는 그냥 풀밭 위가 비행장이었다. 기껏 비행기를 보관하고 수리하는 큰 막사 하나, 그리고 조종사들이 대기하는 막사나 간이숙소 하나가 끝이었다. 비행기들은 부드러운 풀밭에 이륙하고 착륙했는데, 풀밭의 탄성 덕분에 충격을 흡수하면서 안전하게 이착륙할 수 있었다. 게다가 비행기도 많지 않았으니 비행기수만큼 비행기 보관용 막사를 마련하면 충분했다.

하지만 비행선은 천 재질이라 찢어지기 쉬웠으며, 비에 취약했기에 철골로 제작된 튼튼한 창고에 보관되었다. 그러다 큰 창고 안에 여러 비행기를 보관하자는 요구가 생기자, 나무로 대형 창고를 만들어 비행기들을 보관했다. 그래서 버려진 비행선 창고를 비행기를 보관하는 곳으로 재활용했다. 이 덕분에 비행기는 비바람을 맞지 않으면서 우수한 상태로 보관되었다. 하지만 이는 어디까지나 후방의 안전한 곳에 보관된 예비 비행기에 해당된 것으로, 전선에서는 그런 사치란 있을 수 없었다. 전시상황에서는 당장 신속한 출격이 중요했기에, 창고에 보관하고 꺼내는 번거로운 일을 할 여유가 없었다. 그래서 비행기를 그냥 밖에 두었다가 명령이 하달되면 조종사가 바로 비행기에 탑승해 이륙했다.

정찰기 시대에는 정찰기만 다녔기에 별로 많은 비행기가 필요하지 않았다. 그러나 1915년 전투기가 등장하고 하늘에서 제공권을 두고 전투가 벌어지자, 제공권 장악을 위해 더 많은 전투기가 필요해졌다. 그래서 많은 전투기를 배치할 수 있으며, 전투기들이 탄약과 폭탄을 신속하게 보급할 수 있는 비행장의 필요성이 대두되었다. 드디어 비행장에 탄약과 폭탄을 저장하는 창고와 조종사들이 머무는 임시 숙소들도 생겨나기 시작했다.

제1차 세계대전 초창기     비행선과 비행선 창고
독일제국의 비행장

비행기 격납고와 비행기들, 조종사 대기소

1915년 말 전투기 기술이 비약적으로 발달하자, 서부전선에서 제공권 장악을 위한 공대공 전투가 빈번하게 일어나면서 많은 전투기가 출격하고 착륙을 반복했다. 이에 따라 전투기 조종사들의 상황판단만으로 전투기를 이착륙할 수 없게 되자, 이 임무를 공군장교가 맡게 되었다. 그래서 비행장의 기능은 단순히 보관과 보급을 넘어서 점차 복잡해져 갔다.

게다가 1915년부터 폭탄을 탑재한 비행기들이 동시에 이착륙을 하다가 서로 충돌하거나 격추당하는 일이 생기면서, 정해진 순서대로 이착륙을 하는 초기 관제 시스템이 마련되었다. 아무것도 없는 허허벌판에 표식을 해서 이륙장과 착륙장을 구분하여 비행기들 끼리의 충동을 방지했다. 비행장에 이착륙 길과 비행기 보관고, 조종사 대기소가 배치되면서, 제1차 세계대전 동

제1차 세계대전 당시의 비행기 이착륙장          제1차 세계대전 서부전선의 비행장

안 초기 관제 시스템이 조금씩 체계화되기 시작했다. 이는 민간 공항에도 그대로 적용되었다.

제1차 세계대전 이전에 이미 무선통신기술이 완성되었으나, 무선통신기는 너무 무거워 비행기에 탑재하기 어려웠다. 그래서 무선통신기를 비행기에 탑재할 수 있도록 크기와 무게를 경량화하는 연구가 집중적으로 이뤄졌다. 1915년 모스부호로 통신하는 항공기 통신기가 개발되어 비행기에서 무선통신을 할 수 있게 되었고, 1917년에는 가벼운 전화기가 개발되어 목소리로 통신이 가능해졌다. 작고 가벼운 항공기용 안테나도 개발되어 비행기에서 정보를 지상으로 즉각 전송이 가능해졌다. 이처럼 무선통신이 발달하자, 작전지휘 장교들은 정찰기가 무선통신으로 보낸 내용을 파악하여 작전을 세울 수 있게 되었으며, 비행장에서는 비행기의 보고로 비행기의 위치와 전투지역의 현황을 즉각적으로 파악할 수 있게 되었다. 심지어 비행기가 추락해도 마지막 통신 인근으로 구조 병력을 파병하여 조종사를 구출할

비행기의 이착륙을 관제했던 항공통신기 　 세계 최초 항공유도원 아치 리그

수도 있게 되었다.

　제1차 세계대전 동안 참전국들이 항공통신을 발달시키는 동안, 미 공군도 이 기술을 즉각 유입해 훈련에 적극적으로 활용했다. 1915년 미 공군은 샌디에이고 비행장에서 비행기와 통제실 사이의 양방향 무선통신 훈련을 수행하면서, 비행기의 이착륙, 비행기의 위치, 비행기들 사이의 위치 등을 공유하면서 통제했다. 이것이 세계 최초 항공교통관제 시스템이 되었다.

　1918년 제1차 세계대전이 끝나자, 비행기는 정찰임무를 수행하는 군사용과 부르주아들을 위한 교통수단으로 구분되었다. 긴박한 전시상황이 아니었기에, 전쟁 기간 동안 누적된 데이터 덕분에 공항 시스템은 혁신을 일으켰다. 먼저, 공항 비행장에 표식을 해서 공항의 이름과 이착륙의 길이 명확해졌으며, 비행기 수

납공간이 개량되었다. 1920년 런던 크로이던 공항에는 세계 최초로 관제탑이 설립되어, 하늘에 떠 있는 비행기와 공항이 착지한 비행기를 통제하는 항공교통 시스템이 마련되었다. 당시 비행기는 저공비행이 주였기에 관제탑의 높이는 낮았지만, 충분히 항공교통통제가 가능했다.

1930년에는 전 세계 모든 공항에 관제탑이 필수적으로 설치되었으며, 관제탑은 공항의 눈이 되어 안전을 책임졌다. 더 나아가 관제탑의 명령이 완벽하지 않다는 것을 체감하면서, 여객기 조종사를 돕는 항공유도원이라는 직업이 따로 생겼다. 항공유도원은 활주로에서 큰 깃발을 흔들며 비행기 주변 교통상황을 알리고, 관제탑의 명령을 조종사에게 전달하는 역할을 했다. 특히 비행기가 커지면서 조종사의 사각지대도 커지자, 날개 등 비행기 동체가 다른 곳과 부딪히는 일이 잦았다. 그래서 항공유도원이 비행기의 운행방향을 잡아줬다. 이처럼 제1차 세계대전 동안 발전한 비행장 데이터는 민간공항에서 활용되며 안전을 책임졌다.

# 14

# 전투식량,
## 전쟁과 식량

1804년 나폴레옹 전쟁 중 프랑스군 장교들은 개인 화덕을 마차에 싣고 돌아다니면서, 화덕 음식을 즐겼고 병사들은 병조림으로 끼니를 해결했다. 한편 미국에서 남북전쟁 동안 병사들은 통조림을 따서 수저로 퍼먹기만 했는데, 맛이 없어 도저히 못 먹겠다는 항의가 많았다. 하지만 전쟁 중에 이는 사치라고 생각한 지휘부는 별다른 관심을 보이지 않았다. 그러던 중 1892년 독일제국의 카를 루돌프 피즈레르가 마차에 태워 어디에서나 따뜻하게 조리해 먹을 수 있는 야전부엌을 개발했다. 이를 굴라쉬 대포라는 뜻으로 굴라쉬카노네Gulaschkanone이라 불렀다.

굴라쉬카노네는 땔감만 있다면 어디에서나 따뜻하게 요리해 먹을 수 있어, 군대가 대량으로 구매했다. 프랑스 군대 역시 바로 야전부엌Cuisine de campagne을 개발했다. 독일제국과 프랑스 제3공화국이 야전부엌을 설치하자 유행처럼 모든 군대에 야전부엌이 번졌다. 야전부엌은 간단한 화덕과 장작 보관고, 솥, 굴뚝으로 간편하게 제작할 수 있었기에, 유럽을 넘어 강대국이면 어느 나라든 야전부엌을 배치했다. 후방의 병사들에게 야전부엌으로 만든 음식이 제공되었지만, 최전방은 여전히 통조림으로 끼니를 해결해야 했다. 1917년 참전한 미국원정군은 처음에는 프랑스군의 야전부엌을 이용했지만, 이내 트럭에 모든 조리기구와 식재료를 싣고 다니면서 병사들에게 음식을 해서 나눠줬다. 이는 19세기 미국 텍사스 등 척박한 환경에서 길거리에 트럭을 세우고 간편한 음식을 파는 푸드 트럭에서 착안한 밥차였던 셈이다.

1914년 제1차 세계대전이 발발하자, 유럽 참전국들은 통조림을 전투식량으로 보급했다. 하지만 통조림에 관한 연구가 거의 없어 영양학적으로도 최악이었고 맛도 너무 없었다. 그나마 나은 것이 프랑스군의 전투식량으로, 미식에 민감한 프랑스군은 바게트와 포도주, 식초, 비스킷, 소고기 염장 고기, 소시지, 설탕, 커피, 담배를 보급받았다. 심지어 전쟁에 대한 공포를 잊으라고 럼주도 병사들에게 제공되었다. 프랑스군은 나폴레옹 전쟁과 프

1800년대 남북전쟁 당시의
토마토 통조림

제1차 세계대전 당시의 독일군의
야전부엌 굴라쉬카노네

랑스-프로이센 전쟁의 경험을 살려 다양한 통조림 제품을 생산
했다. 프랑스군의 통조림 수프는 맛이 없었지만 액체 상태로 보
관되어 있었기에 그냥 먹어도 그럭저럭 먹을 만했다.

한편 영국원정군과 캐나다원정군, 앤잭은 매커너치Maconochie
라는 통조림을 일괄적으로 보급받았다. 매커너치 통조림은 소
고기와 강낭콩, 토마토를 넣어 끓인 스튜를 차갑게 식힌 후 통
조림에 담은 전투 식량이었다. 원래 끓여서 녹여 먹어야 하지만
불을 피우면 저격수의 공격과 포격을 당하는 전시상황 때문에,
그냥 차갑게 먹을 수밖에 없었다. 매커너치는 기름 덩어리가 너
무 많아서 맛이 없었다. 오죽하면 매일 루타바가만 먹는 독일군
도 영국원정군 참호를 점령한 후 매커너치를 먹고는 버릴 정도
였다고 한다.

제1차 세계대전 초반 동맹국은 갈리치아 대평원에서 나는 식품으로 식량을 보급하려고 했다. 하지만 세계대전이 시작되자마자, 러시아군이 갈리치아를 점령한 것에 당황한 오스트리아-헝가리 제국이 식량가격 상한제를 적용하면서 식품보급을 통제했다. 이에 작물이 전부 가축 먹이로 흘러가는 바람에, 1914년 연말부터 대대적인 식량위기에 처했다. 독일제국과 오스트리아-헝가리 제국은 스웨덴 왕국과 루마니아 왕국에서 식량을 수입해 겨우 버텼지만, 1916년 루마니아 왕국이 연합국에 가담해 적이 되면서 식량보급이 끊겼다.

1916년 식량위기에 처한 독일제국과 오스트리아-헝가리 제국은 불가리아 차르국에서 농산물을 수입하려 했지만, 차르국도 자국 병력을 감당하기에도 벅찼다. 그래서 독일제국과 오스트리아-헝가리 제국은 별수 없이 대체식품으로 콩으로 만든 소시지로 육류 섭취를 대신했다. 1917년 콩마저 부족해지자 독일군은 스웨덴 왕국이 떨이로 판매하는 루타바가와 어디에나 흔한 치커리로 음식을 만들어 먹었다. 루타바가를 갈아 즙과 가루를 분리하고 즙은 끓여 버터를 만들었으며, 가루는 다시 뭉쳐 빵을 만들었다. 당연히 맛 자체가 존재하지 않는 버터와 우수수 부서지는 톱밥 덩어리 같은 빵의 맛은 최악이었다. 치커리는 볶아 커피를 내렸는데 맛 자체가 없던 루타바가 음식과는 달리, 치커리 커피는 꽤 진짜 커피맛이 났다고 한다. 1918년 새해부터는 달걀마저 동나 모든 음식이 루타바가와 콩으로 대체되었다. 심지어 독

제1차 세계대전 당시 전투식량을 먹는 군인들

일제국 정부는 어느 물에서나 빠르게 번식하는 녹색조류 클로렐라를 식량으로 개발하여 전 국민에게 먹이려고 했다. 다행히 클로렐라가 끔찍하게 맛이 없는 바람에, 클로렐라 식량화는 제1차 세계대전 종전 후에도 끝내 실현되지 못했다.

1917년 미군은 미국원정군이 맛없는 매커너치를 먹지 않자, 프랑스군의 전투식량을 모방해 리저브 레이션Reserve ration 을 개발해 연합군 전투식량으로 보급했다. 휴대성을 높이기 위해 전투식량은 가루로 제작되었다. 볶은 밀가루와 소고기 가루를 끓는 물에 섞은 후 압축한 전투식량에 초콜릿을 넣어서 혈당이 떨어지는 전시상황에서 병사들의 혈당을 유지하도록 만들었다. 이를 이머전시 레이션Emergency ration 라고 불렀다. 한편 미국은 미국원정군이 도넛을 찾자, 구세군 여성들이 직접 도넛을 요리해서 보급할 정도로 미국원정군의 사기를 충전시켰다. 이를 지켜본 독일군은 전의를 잃었을 정도라고 한다.

19세기 말에 급성장한 일본제국은 무진전쟁과 청일전쟁을 겪으면서 전투식량의 필요성을 체감하게 되었다. 그래서 대영제국의 전투식량인 비스킷을 도입했다. 당시 일본제국은 밀가루가 부족해서 밀에 찹쌀을 섞은 중소면포重燒麵包라는 전투식량을 개발해서 보급했다. 하지만 맛도 이상하고 잘 부서졌으며, 수분을 머금으면 곰팡이가 쉽게 폈기에 전투상황에 사용하기 부적합했다. 이에 일본제국 군부는 유럽산 강력분 밀가루에 감자전분과 찹쌀, 소금, 참깨, 설탕을 섞어 맛과 보존성을 높였다. 그러던 중 1905년 한 제과점이 중소면포 반죽에 계란과 이스트를 넣고 발효한 빵 같은 과자인 갑면포甲麵包를 만들었다. 이것이 바로 건빵乾パン이다. 이 건빵은 1916년부터 일본 수병들에게 먼저 보급되었으며, 1919년 일본군이 러시아 내전에 개입하면서 건빵에 별사탕으로 넣어서 대대적으로 보급하였다.

# 15

# 인스턴트커피,
# 커피의 대중화

    지금도 커피는 전 세계 사람들이 사랑하는 음료이다. 이는 1900년대에도 마찬가지였다. 그러나 당시 커피는 생원두를 갈아서 내려 마시는 드립 커피였기에 가격이 비싸고 커피 추출시간이 길었다. 그래서 커피는 시간과 돈이 많은 부유한 자들이 즐기는 사치품이었다. 특히 오스만 제국의 카흐베하네قهوه خانه 문화가 프랑스 제3공화국과 오스트리아-헝가리 제국에서 카페 문화로 정착되면서, 카페는 주로 부유층의 사교모임 장소로 이용되었다. 물론 서민들 역시 커피를 즐겼지만, 커피 원두 자체가 비쌌기에 커피 원액이나 가루에 물을 타서 차를 마시듯이 계속해서 우려내 마셨다.

사실 커피는 우선 원두를 갈거나 커피 가루를 구해 뜨거운 물에 우려 마셔야 했기에 여간 불편한 것이 아니었다. 그래서 커피를 간편하게 먹으려는 시도가 있었다. 1910년 미국의 조지 워싱턴은 커피 원액을 열풍으로 건조해 분말로 만든 가루 커피를 만들어서 레드 이Red-E라는 이름으로 시장에 출시했다. 이 인스턴트커피는 원두의 산패를 걱정할 필요도 없었으며, 만드는 법이 말도 안 되게 간편했다. 그래서 조지 워싱턴은 사람들이 인스턴트커피를 즐기리라 기대했지만, 당시 커피 공정기술로 만든 인스턴트커피는 커피향이 전부 사라진 상태여서 맛이 없었기에 사람들의 외면을 받았다. 심지어 서민들도 맛도 없는 인스턴트커피 대신 커피 원액을 사서 마시자, 인스턴트커피 사업은 존폐 위기에 처했다.

그러다 제1차 세계대전 동안 병사들은 피곤한 전쟁터에서 커피로 카페인을 보충하면서 심신을 달래고 졸음을 쫓았다. 그러나 전쟁터에서 마음 놓고 원두를 갈고 물을 끓여 커피를 마시는 것은 사치였다. 연기가 나면 바로 적군의 포격이 쏟아졌기에 병사들은 커피를 맘대로 마시지 못했다. 대신 보급된 커피 원액으로 커피를 즐겼다. 그러나 커피 원액이 든 대용량의 병이나 통은 크고 무거워, 전쟁터에서 마음껏 들고 다니기 힘들었다. 또한 커피 원액을 여러 병사가 나눠 마시면 금세 바닥이 났다. 결국, 커

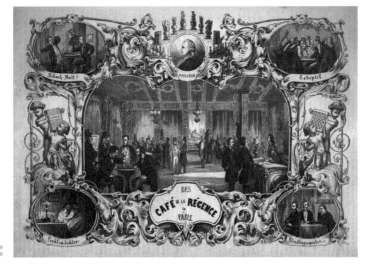

오스만제국의 카흐베하네 문화

프랑스 제3공화국의 부유층의 사교모임이 된 카페 문화

피를 제대로 즐기려면 최전방에서 근무를 마치고 후방에서 휴식할 때 뿐이었다.

이때 조지 워싱턴은 레드 이를 군납품으로 신청했다. 우선 독일제국 해군의 무제한 잠수함 작전으로 유럽에 커피를 팔지 못한 브라질 커피기업의 커피를 대량으로 구입했다. 이것을 레드 이로 생산하여 연합국에 군납을 했는데, 최전방 참호에서는 이 인스턴트커피를 즐겨 마시기 시작했다. 그냥 물에 가루만 타서 먹으면 커피맛이 났기에 커피 흉내는 낼 수 있었으며, 물을 끓이지 않고 찬물에 인스턴트커피를 넣고 저어도 마실 수 있었기에 간편했다. 무엇보다 불을 피우지 않아도 되었기에 적에게 노출될 염려가 없었다. 게다가 가루이다 보니, 작은 캔으로도 많은 병사들이 여러 번 나눠 먹을 수 있어서 전시상황에 딱 맞는 커피였던 것이다.

레드 이는 연합군 보병 사이에서 크게 인기를 얻자, 다른 미국 커피기업들도 인스턴트커피 개발에 나섰다. 캔비 커피기업은 미해군용 커피인 배틀쉽 커피를 개발해서 미해군에 군납했는데, 원두가 산패되기 쉬운 바다 환경 때문에 커피를 제대로 즐기지 못한 미해군 장병들은 이 인스턴트커피에 열광했다. 곧이어 인스턴트커피는 최전방뿐만 아니라 후방 카페도 장악했다. 특히 1918년 미국원정군은 고향에서 즐겨 먹던 도넛과 커피를 그리워했다. 이에 미국 정부는 도넛걸을 파병해 도넛을 튀기고 인스턴트커피를 제공해 병사들의 심신을 위로했다. 정부도 무겁고

• 제1차 세계대전
당시 커피 원액을
마시는 병사들

•• 군납용 인스턴트
커피 레드-이
광고

••• 1917년 인스턴트
커피 보급을 받는
미국 원정군

비싼 커피 원액보다 싸고 대용량인 인스턴트커피 덕분에 전쟁 비용을 절감할 수 있어서 환호했다.

# 16

# 티백,
## 어디서나 티타임을

　전 세계 대다수의 물은 석회가 섞여 있어서 그냥 마시면 몸에 좋지 않다. 물은 모든 생명체가 생존하기 위한 필수품이기에, 사람들은 석회수를 어떤 방식이로든 처리해서 마셔야 했다. 그래서 메소포타미아와 이집트에서 보리를 발효한 맥주를 마시면서 수분을 보충했으며, 지중해에서는 포도를 발효하여 포도주로 수분을 보충했다. 한편 중국에서는 뜨거운 물에 찻잎을 우려내 차를 마시면서 차 문화가 등장했다. 차는 맥주나 포도주와 달리, 알코올이 없어 정신이 온전하게 유지해주었으며, 찻잎이 석회석

1914년 서민들이 즐겼던 티볼

을 침전시켜 물을 깨끗하게 처리해주었다. 중국의 차 문화는 석회수에 고통 받던 동남아시아를 거쳐 유럽에 알려졌으며, 동아시아에 있는 한국과 일본에서도 차 문화가 자리 잡았다.

한편 인도와 중앙아시아, 아랍은 주로 우유와 요구르트를 즐겨 마셨기에 중국식 차 문화는 유입되지 않았지만, 이란의 귀족들은 중국에서 유입된 차를 가끔 즐겼다고 한다. 그러다 15세기 포르투갈 왕국이 대항해시대를 열면서 중국과의 교류가 활발해지자, 중국의 강하게 볶은 홍차를 유럽으로 도입했다. 그래서 포르투갈 왕국에서 홍차가 먼저 등장했으며, 포르투갈 왕국의 왕비 캐서린 브라간자가 대영제국에 시집가면서 홍차가 전래되었다. 이후 유럽 전체에 차 문화가 전해지게 되면서, 중국은 홍차 최대 수출국이라는 혜택을 누렸다.

대영제국은 홍차로 더러운 석회와 물냄새를 제거했는데, 그 덕분에 대영제국에서 홍차는 생존 필수품이 되었다. 그러다 보니 차를 우려내는 방법이 연구되기 시작했는데, 1896년 A.V. 스미스는 티볼Tea Ball이라는 제품을 개발하여 어디에서나 차를 우려낼 수 있게 되었다. 하지만 대영제국 상류층들은 어디에서나

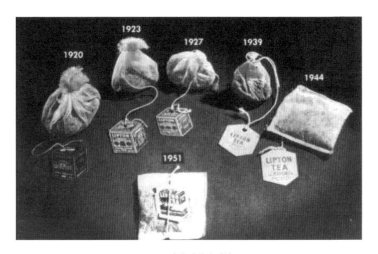

1920 1923 1927 1939 1944 1951

1900년대 티백의 변천

차를 우려낸다는 것은 저급하다고 생각하는 바람에, 티볼은 상류층을 대상으로 성공을 거두지 못했다. 반면 찻잎 하나를 계속 우려내 여러 차례 마시는 것을 선호했던 서민층은 티볼을 환영했다. 그래서 티볼은 서민들 사이에서 찻잎도 재활용해서 아껴 사용할 수 있다는 이미지가 생기면서, 유럽 서민들의 차 문화의 대명사가 되었다.

한편 식민지 시절 대영제국이 과도하게 부과한 홍차 세금에 부담감이 심했던 미국에서는, 홍차에 대한 반감이 심했다. 그래서 1800년대 미국인들은 홍차에 병적인 거부감을 보였으며, 홍차를 즐기는 자는 매국노로 취급받기도 했다. 그러다 시간이 흘러 1900년대에, 유럽의 선진적 차 문화를 받아들이면서 미국인들은 홍차를 소비하기 시작했지만. 처음에는 홍차 사용법을 잘

몰랐다. 1904년 뉴욕의 홍차 판매상 토머스 설리반은 홍차를 중국제 비단에 싸서 판매하면서 홍차가 명품제품이라고 홍보했다. 처음에는 미국 소비자들이 홍차 사용법을 잘 몰라서 비단 주머니 통째로 우려내 마셨다고 한다. 1908년 여기서 아이디어를 얻은 토머스 설리반은 비단 대신 면 거즈에 차를 담아 판매했다. 이것이 세계 최초의 티백Tea Bag이었다.

사실 1908년 등장한 티백은 의외로 사람들의 반응이 좋지 않았다. 면 거즈 티백은 물에 젖으면 무거워지고 촘촘해져 차를 우리는 데 시간이 많이 소요되어, 가정에서 사용하기에는 좋지 않았기 때문이다. 그 때문에 항상 홍차를 대접해야 했던 식당에서만 티백이 사용되었다. 게다가 헝겊 티백의 경우 차 냄새가 잘 나지 않아서, 티백을 열어 내용물을 보지 않는 이상 어떤 차인지 구분할 수 없었다. 이처럼 초창기 티백은 불편했다. 그러다 1910년 대영제국 최대의 차기업인 립톤이 이 티백을 개량했다. 립톤은 티백 줄 끝에 종이로 된 사용설명서와 립톤 브랜드 상표를 찍었는데, 이를 티백 태그Tea bag tag라 불렀다. 이 덕분에 소비자들은 차 종류를 파악하여 티백을 사용할 수 있게 되었을 뿐만 아니라, 립톤 기업을 홍보하는 효과를 덤으로 얻었다. 그런데도 티백은 여전히 시장에서 외면을 받다가 조금씩 마니아들이 생겨나기 시작했다. 그러다 제1차 세계대전이 발발하고 전쟁이 오래 지속되자, 전쟁터에 있던 병사들은 티백 홍차를 마시기 시작했다.

제1차 세계대전이 발발하고 장교들은 병사들의 요구에 따라 홍차를 보급했다. 특히 홍차 없이는 못 사는 영국원정군과 러시아군이 홍차를 강력하게 요구하자, 각 군대는 군대사기를 증진하기 위해서 홍차 세트를 병사들에게 보급했다. 영국원정군은 홍차 다과 도구 전체와 티볼을 한 바구니에 담아 소대별로 보급하자, 그야말로 티볼은 전쟁특수를 누렸다. 영국원정군은 전투가 없는 날이면 오후에 티타임을 즐겼다. 반면 러시아 제국은 보급이 엉망이어서 겨우 찻잎 더미를 병사들에게 보급했다. 그래서 병사들은 헝겊 주머니에 차를 담아 수시로 우려내서 마셔야 했다. 후방 부대의 군인들은 대놓고 탈영해 민가에 가서 차를 훔쳐 와도 장교들은 모른 척 했다고 한다. 독일제국 드레스덴에 있는 티칸네Teekanne 기업이 급히 가내수공업으로 면 거즈 티백을 제작해 전선 병사들에게 보급했다. 이 티백 홍차가 무거워 독일군은 차폭탄Teebombe라 불렀는데, 그 무게만큼이나 여러 명이 여러 번 나눠 마셔도 될 정도의 양이었다.

전후 유럽과 미국에서는 간편한 티백이 인기를 끌었으며, 티백은 어느새 차 시장에서 가장 선풍적인 인기를 끄는 상품이 되었다. 부르주아들은 여전히 찻잎을 고수했지만, 서민들은 불편한 티볼 대신 간편하게 즐기는 티백을 선호했다. 티백 소비가 증가하자, 차 기업들은 티백을 보다 간편하게 사용할 방법을 연구하기 시작했다. 1920년 샌프란시스코의 조셉 크리거는 식당에서 음식을 걸러내는 천으로 즐겨 사용하는 모슬린에 차를 담은 티백을 개발했다. 헝겊이 아닌 얇은 모슬린에 담은 이 티백은 차를 더 잘 우려내면서 동시에 향도 잘 났다. 게다가 통풍이 잘되어 보관이 수월해지자, 차가 잘 상하지 않았다. 무엇보다도 물에 젖어도 가벼워서 사람들이 선호했다. 모슬린 티백은 헝겊 티백을 완전히 대체하면서 더 많은 사람이 티백을 즐겼다.

# 17

# 아세톤,
## 뜻밖의 선물

    나폴레옹 전쟁 때까지만 해도 모든 나라는 황, 숯, 초석<sub>질산칼</sub>

룸으로 제조한 흑색화약을 사용했는데, 흑색화약은 불완전하게

연소하면서 뿌연 연기를 냈다. 그 때문에 시야가 가려지면서 전

쟁에 애로사항이 많았다. 이를 해결한 것이 무연화약으로 니트

로글리세린과 니트로셀룰로스를 배합한 물질이었다. 무연화약

을 제조하는 데 가장 필요한 물질은 폭발력이 강한 액체인 니트

로글리세린이었다. 니트로글리세린에 니트로셀룰로스, 여유가

있다면 니트로구아니딘도 섞어 화약을 제조하기도 했다. 니트로

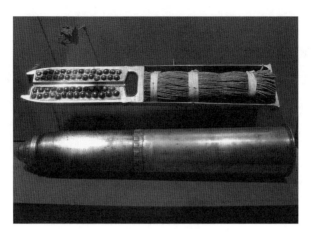

실뭉치처럼 보이는 것이 코르다이트

글리세린은 1847년 이탈리아 왕국의 화학자 아스카니오 소브레로에 의해 최초로 합성된 후, 스웨덴의 기업가인 알프레드 베른하르드 노벨이 규조토에 니트로글리세린을 섞어 안전한 다이너마이트를 개발했다. 이어 윌리엄 머렐 의학박사는 아질산아밀이 협심증 완화에 좋음을 발견하고, 니트로글리세린을 희석해 의약품으로 사용했다.

　다이너마이트 개발로 니트로글리세린이 폭탄 재료로 부각되자 많은 연구가 진행되었다. 1899년 대영제국은 니트로글리세린 58%, 니트로셀룰로스 37%, 바셀린 5%을 배합해 실처럼 뽑아낸 코르다이트Cordite가 가장 효과적인 폭파물임을 발견하고 특허를 냈다. 코르다이트는 대영제국 폭약의 표준이 되었으며, 코르다이트를 제조하기 위해서는 서로 잘 섞이지 않는 니트로글리세린과 니트로셀룰로스, 바셀린을 아세톤으로 강제 용해해야 했다. 아세트산을 정제한 아세톤은 무극성 물질을 잘 용해했는데, 덕분에 자연적으로 불가능한 코르다이트를 제조할 수 있었다.

1914년 제1차 세계대전이 발발하자 대영제국은 동맹국을 해상을 봉쇄했다. 대영제국의 목표는 남아메리카의 구아노를 동맹국이 수입하지 못하게 차단하는 것이다. 질산인 구아노는 니트로글리세린의 원재료였기 때문이다. 그러나 독일제국의 프란츠 하버는 1914년 전에 이미 공기 중의 질소를 암모니아로 합성해서 재료를 얻는 질소 고정법을 개발했다. 그 덕분에 질소를 고체 형태로 얻어내 이를 다시 녹여 니트로글리세린과 니트로셀룰로스를 무리 없이 생산했다.

대영제국은 1914년 해상봉쇄를 시행한 후, 1년 동안 동맹국이 포탄을 더 이상 생산하지 못하자 전쟁에서 승리를 자신했다. 하지만 1915년 연합군보다 더 많은 포탄으로 공격하는 동맹군에 대영제국은 당황했다. 오히려 곤궁해진 쪽은 대영제국이었다. 코르다이트 생산을 위한 아세톤을 얻으려면 자연에 있는 아세트산을 채굴해서 공기와 차단한 채 가열해야 했는데, 하필이면 천연 아세트산은 독일제국과 오스트리아-헝가리 제국에 풍부했던 것이다.

대영제국이 독일제국과 오스트리아-헝가리 제국의 해상을 봉쇄하자, 동맹국도 역으로 아세트산 수출을 금지했다. 그래서

독일제국 과학자 하임 아즈리엘 바이츠만   제1차 세계대전 당시의 아세톤 제작공장

대영제국은 아세트산과 아세톤이 부족해지자, 캐나다 자치령에 있는 노벨 공장에서 아세톤을 공수했다. 하지만 전쟁에 필요한 양의 아세톤을 생산하기에는 역부족이었다. 그래서 1915년 대영제국은 포탄 위기Shell Crisis에 빠졌다. 대영제국은 프랑스 제3공화국에서 보급받은 포탄을 아껴야 하는 지경에 이르렀고, 유럽전선, 아프리카 전선, 중동전선 등 모든 전선에서 소극적 전투를 치를 수밖에 없었다. 이 틈을 노려 동맹군은 맹렬하게 공격했다. 아세트산 확보에 실패한 대영제국에게 어느새 전쟁 패배의 그림자가 드리워졌다.

이 시기에 과학자 하임 아즈리엘 바이츠만은 합성고무에 대한 연구를 하고 있었다. 합성고무의 주재료 중 하나인 이소프렌은 이소아밀 알코올이 있어야 제조할 수 있었는데, 당시로선 이소아밀 알코올의 대량생산이 현실적으로 매우 어려웠다. 그는 저온 박테리아 발효로 대량생산하려고 했지만, 박테리아들은 아세톤과 부타놀만 생산해냈다. 이렇게 그의 연구는 묻혀버렸다.

그러던 중 대영제국이 아세트산 혹은 아세톤 합성법을 연구할 연구원을 모집한다는 공고를 내자, 이 공고를 본 하임 아즈리엘 바이츠만은 대영제국에 자신이 실패한 연구결과를 제시했다. 대영제국은 생각하지도 못한 결과에 놀라며, 그를 대영제국 왕립해군 연구소의 수석 연구장으로 임명했다. 비로소 대영제국은 본격적인 아세톤 대량생산에 대한 연구에 들어가게 되었다. 그 결과, 대영제국은 인공적으로 아세톤을 대량생산함으로써 코르다이트 폭탄을 재생산할 수 있었다.

이후 무극성 물질을 용해하는 아세톤은 다른 무극성 물질보다는 상대적으로 독성이 낮은 덕분에 다양한 공정에서 널리 사용되었다. 공장의 기름때를 씻는 데도 아세톤을 사용했으며, 무엇보다도 비누로도 잘 지워지지 않는 곳을 아세톤이 첨가된 매니큐어 리무버로 지울 수가 있었다.

# 18

## 생리대와 휴지,
## 여성용품의 출발

제1차 세계대전의 야전병원은 수많은 부상병들이 피를 다량 출혈하는 곳이었다. 그래서 우선 피를 멈추게 하기 위해서는 흐른 피를 닦고 피가 나오지 않게 지혈하는 법이었다. 오래 전부터 전쟁터에서 부상병을 치료하는 용도로 목화솜으로 만든 붕대가 널리 사용되었다. 동맹국은 이란과 오스만 제국, 오스트리아-헝가리 제국에서. 연합국은 인도제국, 오스트레일리아 연방, 아프리카 플랜테이션 농장, 미국에서 목화를 유입했다. 하지만 제1차 세계대전 동안 동맹국과 연합국이 서로 해상을 봉쇄하자 목화

1910년대 오스트레일리아의 목화공장

가 부족해졌다. 그래서 이미 한 번 사용한 목화 붕대를 빨아 재
사용하는 등 만성적인 목화 부족과 위생 위험에 시달렸다.

　미국의 종이 제조회사인 킴벌리-클라크 코퍼레이션은 전
쟁물자를 고민했다. 그러던 중 참전국들이 목화 부족에 시달
린다는 것을 알고, 적은 양의 목화에서 대량의 면직 붕대를 뽑
아낼 방법을 연구했다. 연구개발진은 종이를 만들듯이 소량의
목화에 나무 펄프 섬유소를 섞어 셀루코튼이라는 새로운 화합
물을 개발했다. 그들이 개발한 셀루코튼은 딱 한 번만 제 성능
을 발휘할 수 있는 대신 비용이 매우 저렴했다. 그래서 연합국은
저렴한 셀루코튼을 환영했으며, 야전병원의 의사와 간호사 들
도 일회용으로 사용가능하면서 위생에도 좋은 셀루코튼을 선호
했다. 또한 저렴한 셀루코튼은 방독면의 활성탄을 감싸는 것으

로 사용되면서, 방독면의 무게를 감소하고 그 사용력을 높였다.

한편 전쟁터 야전병원에서 간호사들은 제때 휴식을 취할 여유도 없었지만, 매달 주기적으로 찾아오는 생리현상을 참을 수가 없었다. 그래서 근무 도중에 생리하는 일에 잦았는데, 이런 비상상황을 대비해 간호사들은 셀루코튼을 임시로 차고 다녔다. 셀루코튼은 웬만한 면직물보다 가볍고 피를 흡수하는 능력이 뛰어났다. 셀루코튼 생리대는 빨아야 하는 기존 생리대보다 훨씬 사용이 간편해 간호사들 사이에서 인기를 얻었다.

세계대전이 끝나자 킴벌리-클라크 코퍼레이션에게 수익이 뚝 끊겼다. 병원들은 다시 품질이 더 좋은 면직 붕대를 사용했기 때문이다. 위기감을 느낀 킴벌리-클라크 코퍼레이션은 1920년 코텍스 생리대를 출시하면서 생리대 사업에 본격적으로 진출했다. 이후 셀루코튼을 얇게 편 후 화장을 지우는 휴대용 천을 종이박스에서 쉽게 꺼내 쓰게 하는 혁신을 선보였다. 이를 크리넥스Kleenex로 명명해서 판매했다.

하지만 크리넥스는 너무 얇아 화장을 지우다 찢어지자 여성 소비자들은 다시 손수건으로 화장을 지웠다. 이를 파악한 크리넥스 개발자들은 개인 휴지로 방향성을 틀었다. 때마침 스페인독감에서 갓 벗어난 시점이라, 감염에 대한 공포증이 만연했다. 그래서 크리넥스 회사는 밖에서 기침이나 재채기를 할 때 크리넥스 휴지로 코와 입을 가릴 것을 당부하는 광고를 냈다. 또한 무엇이든지 쉽게 청소할 때 크리넥스로 닦으라고 홍보했다. 이

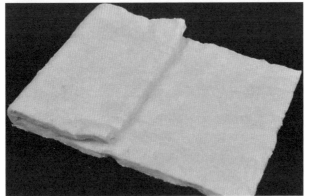

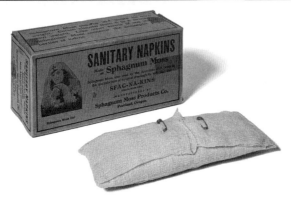

1910년대 미국의 종이
제조회사인 킴벌리-
클라크 코퍼레이션

야전병원 간호사들의
생리대였던 셀루코튼

1920년대 생리대

1920년대 휴대용 화장지 크리넥스 광고

홍보는 적중했다. 여성 소비자들은 청소를 할 때, 외출할 때 크리넥스를 이용했다. 이후 크리넥스는 전 세계 휴지를 대표하는 고유명사가 되었다.

# 19

# X선,
## 몸을 투영하는 기적

    독일제국의 물리학자 빌헬름 콘라트 뢴트겐은 기체의 방전 현상을 연구했다. 1895년 그는 크룩스관 내 기체 방전현상을 연구하던 중, 백금시안화바륨이 도금된 마분지가 발광하자 호기심이 생겼다. 그래서 책을 마분지 차폐막으로 끼워 마분지 발광현상을 조절하려고 했다. 그런데 책을 마분지와 크룩스관 사이에 끼우자 책에 낀 열쇠와 책을 든 손의 뼈가 보이자 그는 질겁했다. 평소 편집증 수준의 신중함을 가진 그는 오랜 연구실 생활로 정신이 나가버렸다고 생각했으며, 바로 실험을 중단하고 깊

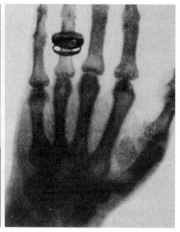

방사선을 발견한 독일제국의 물리학자 빌헬름 콘라트 뢴트겐과 부인의 손 X선 사진

은 고민에 빠졌다.

철저하게 물리학적으로 설명 가능한 현상만 믿는 인간이었기에, 그는 얼마 후 다시 아내의 손을 촬영해봤다. 그러자 아내의 손뼈와 반지가 찍혔다. 결국 자신이 발견한 빛은 밀도가 높은 뼈와 금속을 투과를 못한다는 물리학적 증명을 하고서야, 새로운 빛이 존재한다는 것을 믿었다. 그 새로운 빛을 X선이라 명명하고 학계에 발표했다. 한편 그의 아내는 갑자기 자신의 손에서 뼈만 보이자, 이를 죽음의 메시지로 생각하고 다시는 남편의 연구실에 가지 않았다고 한다.

한편 폴란드가 프로이센 왕국, 러시아 제국, 오스트리아-헝가리 제국에 의해 강제 분할당한 후, 프랑스 왕국으로 이동한 피에르 퀴리와 마리 퀴리 부부는 소르본 대학에서 수학하는 인재

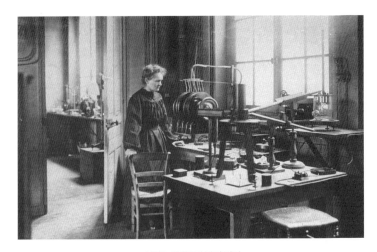

소르본 대학교의 마리 퀴리

였다. 마리 퀴리는 소르본 대학교의 교수인 남편 피에르 퀴리와 함께 방사선을 연구했다. 그러던 중 연구실의 조교 베몽이 우연히 스스로 빛을 내는 라듐을 발견하고 이어서 폴로늄도 발견했다. 이 발견 덕분에 1903년 퀴리 부부는 방사선 연구로 노벨상을 받았다. 그렇게 부부는 프랑스 제3공화국의 유명인사가 되었다. 하지만 1906년 남편 피에르 퀴리가 마차사고로 사망하자, 마리 퀴리가 남편을 죽였다는 음모론이 돌았다.

그럼에도 마리 퀴리는 꿋꿋하게 연구에 매진했다. 소르본 대학교는 피에르 퀴리가 부재하자, 방사능 교수 자리로 마리 퀴리를 임명했다. 마리 퀴리는 빌헬름 콘라트 뢴트겐이 발표한 방사선을 더 쉽게 사용할 수 있는 법을 연구했다. 교수 시절 내내 마리 퀴리는 남편 피에르 퀴리와 끊임없이 비교 당했으며, 그녀의 조교이자

유부남이었던 물리학자 폴 랑주뱅과의 불륜 의혹으로 수많은 질타를 받았다. 그럼에도 마리 퀴리는 꾸준히 방사선 연구를 하면서, 라듐을 이용해 X선을 더 쉽게 사용하는 방법을 연구했다.

1910년 마리 퀴리는 광물에서 순수한 라듐만 추출하는 법을 발견하는 업적을 세웠으며, 1911년에 노벨화학상을 수상했다. 그러나 노벨화학상 수상 이후로도 사람들의 비난은 끊이지 않았으며, 그녀는 자살을 고민할 정도로 정신이 피폐해졌다. 이때 그녀를 존경한 알베르트 아인슈타인이 그녀가 연구에 전념할 수 있도록 기자들과 입씨름했다. 마리 퀴리는 알베르트 아인슈타인 덕분에 연구에 더 집중할 수 있었으며, X선 투영장치를 개발하는 데 성공했다.

그녀는 라듐에서 방출되는 X선을 누구나 쉽게 사용할 수 있도록, 마차에 X선 장치를 달아 실험하면서 연구를 이어갔다. 그러던 중 제1차 세계대전이 발발하자, 그녀는 재빨리 X선 장치를 설치한 차량인 프티트 퀴리Petites Curies를 개발해 전쟁터에 직접 운전해갔다. 마리 퀴리는 더 많은 프티트 퀴리를 보급하고자 노벨상을 판매해 자금을 마련하려 했다. 하지만 은행에서 거부하는 바람에, 노벨상으로 전쟁채권을 구매하여 프티트 퀴리 20대를 제작하는 데 힘썼다. 그녀는 라듐 연구기계 전부를 프티트 퀴리에 넣은 X선 구급차를 개발하여 서부전선에 배치했다. 아무도 돕지 않자, 그녀는 큰딸과 함께 직접 전선 전체에 이 구급차를 보급했다.

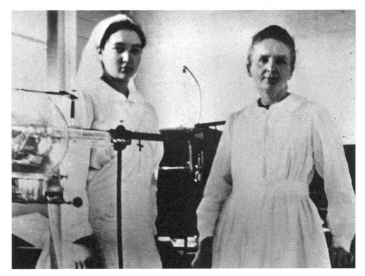

마리 퀴리가 개발한 X선    마리 퀴리와 큰딸 이렌 퀴리
구급차 프티트 퀴리

그녀가 개발한 프티트 퀴리는 총탄이 몸에 박힌 부상병의 몸을 촬영해서 총탄의 위치를 파악했다. 그 전에는 총탄이 몸 어디에 박혀 있는지 몰라서 일단 절개하고 몸을 헤집어봐야 했는데, 이는 부상병의 생명에 큰 위협이 되었다. 프티트 퀴리의 X선 촬영기 덕분에, 몸안의 총탄 위치를 파악해 그 부위만 절개해 치료할 수 있었다. 마리 퀴리와 큰딸 이렌 퀴리는 간호사들을 교육했으며, 직접 프티트 퀴리를 몰고 전장을 뛰어다니면서 수많은 부상병들을 치료했다. 군의관과 간호사들도 마리 퀴리의 교육 덕분에, X선으로 빠르게 촬영하여 상처 부위만 정밀하게 치료할 수 있게 되었다. 퀴리 모녀의 헌신 덕분에, 제1차 세계대전 동안 약 100만 명의 프랑스군이 안전하게 수술을 마치고 목숨을 구했다.

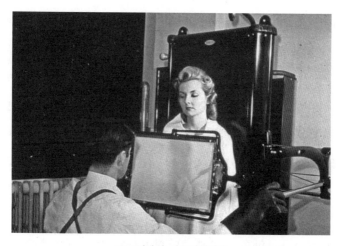

1920년대 의료용 X선 촬영법

마리 퀴리는 전 세계적인 라듐 권위자이면서도 X선 치료법 특허를 내지 않았는데, 의사라면 누구나 무료로 X선 촬영기술을 언제나 활용할 수 있도록 허용했다. 그녀는 "라듐은 하나의 원소이며 만인을 위한 것이며, 누구나 평등하게 기술 혜택을 누리는 것이 당연하다"고 생각했다. 이 덕분에 수많은 병원에서 무료로 X선 치료법을 배우고 활용했다. 그녀의 대의를 위한 희생은 높이 평가받았으며, 마리 퀴리는 의학아카데미에 바로 가입되었다.

한편 X선을 처음으로 발견한 빌헬름 콘라트 뢴트겐에게도 X선 촬영법을 특허로 내라는 제의가 들어왔다. 하지만 그 역시 본인은 X선을 발견한 사람일 뿐, X선을 활용하는 법은 마리 퀴리의 업적이라고 못 박으면서 특허 제안을 거절했다. 마리 퀴리와 빌헬름 콘라트 뢴트겐의 신념으로, 인류는 X선 촬영을 매우 저렴한 가격으로 사용할 수 있게 되었다. 그저 환자들은 X선 기계 유지비만 지불하면 되었다.

마리 퀴리의 라듐을 이용한 X선 촬영은 제1차 세계대전 동안 엄청난 효과를 증명했다. 몸을 직접 절개해서 열어보지 않고도 몸 안의 모습을 관찰할 수 있는 X선은 제1차 세계대전 이후 미국의 언론을 통해 그 가능성이 전 세계에 알려졌다. 이에 미국과 유럽 국가들은 의학에 X선 촬영기술을 도입했으며, 모든 나라들이 병원에 X선 촬영을 하기 시작했다. X선은 환자들이 안전하게 진단하고 치료받을 수 있게 하는 혁신적인 발명품이었다.

# 수혈과 수술,
# 생명을 살리는 기술

전쟁은 수많은 부상병을 낳았으며 이들을 치료하기 위해서는 수술이 필요했다. 문제는 수술을 하기 위해서는 절개를 하고 피를 흘리는 것을 피할 수 없었는데, 그 과정에서 과다출혈로 사망하는 경우가 많았다. 전쟁터에서 이미 과다출혈로 병원에 이송되기 전에 사망하는 병사들도 많았다. 이를 막기 위해 끈이나 고무줄로 묶어 지혈했으나, 이는 한계가 있었다. 그래서 부족한 피를 수혈로 보충해 어떻게든 생명을 살리려고 했다. 1800년대에 이미 수혈 개념이 있었지만, 피를 수혈하면 대부분 사망하는 바람에 다들 그 사망 원인을 몰랐다. 그래서 수혈을 하고 싶어도 수혈하지 못해 수많은 목숨을 살리지 못하는 경우가 많았다.

1818년 위암 환자에게 수혈을 했지만 환자가 사망하는 바람에, 어떤 경우에 수혈이 성공하고, 어떤 경우에 실패하는지에 대한 원인을 아무도 밝혀내지 못했다. 1891년 오스트리아-헝가리 제국의 병리학자 카를 란트슈타이너는 빈 대학교에서 의학박사로 졸업하고, 취리히, 뷔르츠부르크, 뮌헨에서 화학을 전공한 후 1896년 빈 대학교에서 조교로 활동하고 있었다. 그는 병리생태학에서 인체혈액에 대해 연구했는데, 적혈구 표면에 A항원과 B항원이 존재하며, 혈액에는 A항체와 B항체가 있다는 것을 발견했다.

그는 사람 혈액을 연구하면서 A항원과 B항체를 보유한 A형, B항원과 A항체를 보유한 B형, A&B항원을 보유한 AB형, A&B항체를 보유한 O형으로 구분했다. 항원과 항체가 결합하면 응고한다는 사실을 밝혀낸 그는, A형 혈액과 B형 혈액이 만나면 응고해버린다는 것을 발견했다. 그래서 그는 서로 섞여도 응고되지 않는 혈액을 연구하면서, O형은 모든 혈액을 수혈 가능하며 A형과 B형은 AB형을 수혈할 수 있음을 밝혀냈다. 1901년 카를 란트슈타이너는 이 수혈법을 논문으로 발표했다.

제1차 세계대전이 발발하자, 군대는 란트슈타이너의 수혈법을 적용해 전선의 과다출혈 병사들을 치료했다. 이 당시에는 혈액을 상온에 오래 보관하면 혈액이 공기와 만나 딱지처럼 굳어

제1차 세계대전 당시의
오스트리아-헝가리 의무병

오스트리아-헝가리 제국의
병리학자 카를 란트슈타이너

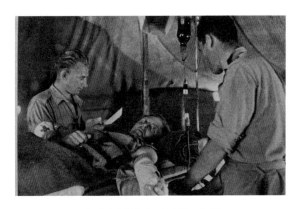

제1차 세계대전 당시 수혈하는 의무병

버렸기에, 직접 사람과 사람이 수혈하는 직접 수혈법으로 응급 치료를 했다. 전쟁 동안 수혈법도 발전했다. 혈액 안에는 여러 물질이 있으며 피가 바깥 차가운 공기와 만나면 응고되기 쉬웠기에, 수혈 도중 피가 응고해서 환자 혈관을 막기도 했다. 또한 혈액 기부자와 수혈자 혈액을 튜브로 바로 연결하면, 혈액이 잘 전달되지 않기도 했다. 그래서 우선 피를 거를 겸 압력을 제공해 피를 빠르고 수월하게 전달하는 법이 연구되고 적용되었다. 그 방법은 유리병 안에 빨대 길이를 다르게 하여, 유리병에 거즈를 대 먼저 거즈가 응고된 핏덩어리를 거른 후 병 안 기압으로 피를 밀어내는 방식이었다.

제1차 세계대전 동안 혈액 기부자와 수혈자가 옆에 붙어서 혈액을 직접 수혈했는데, 환자들이 넘쳐나자 야전병원에서 직접 수혈자가 턱없이 부족했다. 처음에는 의무병과 군의관이 수혈

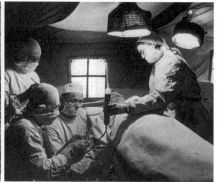

1920년대 수혈은행                   1920년대 수술과 수혈 장면

하다가, 수혈자 수가 부족하면 간호사들도 수혈에 뛰어들었다. 이마저 부족하자 수혈만 하는 병사나 여성 자원자를 모집했다. 또한 피가 굳는 수혈의 불편함을 해결하려면 항응고제가 필요했다. 사실 1914년 벨기에의 의사 알베르 휴스탱과 아르헨티나의 의사 루이스 아고테가 시트르산염으로 항응고제를 개발했지만 여전히 불완전했다.

1916년 안전한 항응고제 개발에 성공했으며, 혈액을 액체 상태로 보관할 수 있는 혈액은행이 생겼다. 1917년 미국의 의사 오스왈드 홉 로버트슨이 제3차 이프르 전투 중에 수많은 환자를 치료하는 과정에서 혈액은행을 적극적으로 활용하여 수많은 연합군 병사들의 목숨을 살렸다. 전쟁 동안 수혈법은 나날이 발전했다. 전쟁이 끝난 후에도 수술이나 빈혈 등 여러 가지 문제로 혈액 부족에 시달리는 환자를 수혈로 치료했다.

대영제국의 화학자 헨리 드리스데일 데이킨은 원래 방부제를 연구했는데, 독일제국과 미국에 있는 대학교 연구실에서도 방부제를 연구했다. 제1차 세계대전이 발발하자, 미국 연구실에서 그는 연구생활을 중단하고 조국 대영제국으로 귀국해서 화학물을 제조했다. 한편 1912년 프랑스 제3공화국의 외과의사이자 생물학자였던 알렉시스 카렐은 생화학의약품 부분에서 노벨상을 받을 정도로 저명한 과학자였다. 그는 전쟁 전에는 미생물을 연구하고 미생물을 박멸하는 소독약에 대해 연구하다가, 제1차 세계대전이 발발하자 프랑스군 부상병의 치료를 위해 야전병원으로 뛰어들었다.

제1차 세계대전 동안 두 사람이 동시에 직면한 문제는 치명적인 독성을 가진 미생물의 감염을 막는 것이었다. 여러 종류의 유해 미생물은 병사들의 상처 부위를 빠르게 파고들어 내부를 휘저었다. 그래서 병사들은 패혈증과 파상풍 등 다양한 감염으로 사망했다. 알렉시스 카렐은 그동안 사용된 소독약으로 치료를 시도했지만 소용이 없음을 깨달았다. 그래서 많은 병사들을 살릴 수 있는 새로운 소독약에 대한 연구를 정부에 제안했고 허가받았다.

알렉시스 카렐의 요구에 따라, 프랑스 제3공화국은 대영제국에 소독약 전문가를 요청했으며, 대영제국 정부는 헨리 드리스데일 데이킨을 추천했다. 알렉시스 카렐은 그에게 필요한 화학물질을 요청했고, 헨리 드리스데일 데이킨은 하이포아염소산 나

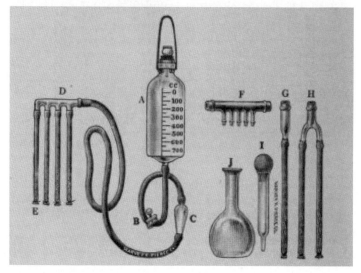

대영제국의 화학자 헨리
드리스데일 데이킨과
프랑스의 외과의사 알렉시스 카렐

카렐-데이킨 소독법 도구

트륨 용액에 추가로 다른 용액을 섞은 후 희석해서 독성 박테리아에게 유해한 소독약을 개발했다. 알렉시스 카렐은 이 소독약의 성능에 만족했으며, 소독약만 바르는 것이 아닌 소독약을 효과적으로 사용하는 법을 연구했다.

그가 연구한 소독법은 신체 일부가 잘려나간 사람들, 혹은 더러운 파편이 박혀 이미 내부로 치명적인 박테리아가 침투한 사람들을 위한 치료였다. 이 치료를 위해서 파편화된 신체 깊숙이 소독해야 했다. 그래서 알렉시스 카렐은 신체 깊숙한 부분까지 소독해서, 박테리아가 혈관을 타고 전신을 돌기 전에 박멸하는 법을 연구했다. 그는 상처 부위 부위마다 파이프를 주입해 전체를 꼼꼼하게 소독했으며, 파이프 위생도 신경을 썼다. 이러한 소독법은 시간이 지날수록 상처난 근육과 피부가 아물 수 있도록 도와주는 역할을 수행했다. 잘려나가기 직전의 팔다리나 자상 등의 내부 깊숙이 난 상처는 카렐-데이킨 치료법 덕분에 자연적으로 치료되었다. 전쟁 후 카렐-데이킨 치료법은 정형외과, 응급외과, 야전병원에서 기본적으로 사용하는 치료법이 되었다.

# 21

## 성형수술,
## 회복의 경지

    참호전이었던 제1차 세계대전에서 병사는 서로 머리만 내밀고 총구를 겨누고 있었기에, 총격에 가장 취약한 부분이 머리였다. 또 포탄이 떨어지면 신체에서 가장 높은 부위인 머리에 수많은 포탄 가루와 먼지들이 쌓이면서 머리에 부상을 입기 쉬웠다. 실제로 야전병원에 옮겨진 부상병 대부분은 머리에 외상을 입은 병사들이었다. 이들은 간신히 살아났지만 강력한 포탄으로 머리 일부가 제거되는 등 심각한 부상을 입었다. 예전에는 머리 부상이면 곧 사망이었다. 그래서 머리가 망가진 사람은 살지 못

하고 곧 죽었는다. 실제로 제1차 세계대전에서도 영국원정군과 프랑스군을 제외한 다른 나라 군대의 병사들은 머리 부상을 입은 후 회복되지 못한 채 영구장애를 얻거나 사망했다. 하지만 서부전선의 영국원정군과 프랑스군은 미국의 외과의사 하비 윌리엄 쿠싱 덕분에 심각한 머리 손상에도 생존했다. 쿠싱은 1917년 처음 서부전선에 투입된 후 경막관통 총상 부상병들과 머리 부상병들을 치료하면서, 상세한 기록을 남겨 다른 사람들도 배우면서 더 많은 사람을 살려내는 데 이바지했다.

한편 뉴질랜드 자치령에서 태어난 해롤드 길리스는 대영제국에서 의학을 공부하고 이비인후과 의사가 되었다. 제1차 세계대전 당시 서부전선에서 야전의사로 활동하면서, 길리스는 프랑스 제3공화국의 치과의사 샤를 발라디에에게서 뼈 이식과 턱 손상 치료법을 배웠다. 그 후 그는 대영제국 본토로 돌아가 수많은 영국원정군의 얼굴을 재건하는 데 힘을 쏟았다. 그는 대영제국에서 병원을 차려 얼굴재건 성형외과 수술법을 개발하여, 전쟁 중에 상처 입은 수많은 환자들의 얼굴을 되찾게 해주었다. 우선 병상 기록을 꼼꼼히 살피면서 화가 헨리 통크스에게 얼굴을 그리게 하여 기록을 남겼다. 그 얼굴 그림을 바탕으로 그는 본격적인 얼굴재건 성형을 시작했다.

• 대영제국의 성형의사    •• 해롤드 길리스의
  해롤드 길리스             얼굴재건 과정

그의 성형 원리는 피부의 다른 조직을 얼굴 상처 부위에 연결해 그 세포로 얼굴을 회복한다는 것이었다. 목과 등, 두피 피부만 절개해 튜브로 만들어 손상 부위에 붙이면, 혈액이 진해져 그 피부세포들이 손상 부위에 재생했다. 신기하게도 피부와 근육이 완전하게는 아니지만 유의미하게 복원되었다. 하지만 뼈만큼은 복원이 불가능했다. 척수 안에 있는 골모 세포가 석화된 것이 뼈로, 피부와 근육의 생성과정과 완전히 달라서 뼈 복원은 사실상 불가능했다. 하지만 뼈는 철골이나 세라믹 등 다른 인공구조물로 대체하여 얼굴을 복원했다.

전쟁은 얼굴뿐만 아니라 신체도 처참하게 파괴했다. 특히 돌격할 때 적의 포격으로 팔다리가 날아가거나 총탄이 팔다리를 관통해서 감염을 막기 위해 절단해야 하는 일이 많았다. 다행히 제1차 세계대전 동안 소독기술이 발달해서 사지을 절단하는 일은 많이 줄었지만, 여전히 포격 등으로 신체 일부를 상실하는 일은 빈번했다. 그래서 많은 병사들은 전쟁 중에 장애로 생활의 불편함을 겪었으며 우울증에도 시달렸다. 제1차 세계대전 초반 장교들은 부상당한 병사들의 고통을 그다지 신경 쓰지 않았다. 1916년 이후 장교와 정부는 인공신체를 집중적으로 연구하여, 불구가 된 병사들에게 인공신체로 치료하여 자신감을 되찾도록 유도했다.

제1차 세계대전이 끝난 이후 얼굴 일부를 잃고 자신감을 상실해서 사회진출에 어려움을 겪는 사람들이나, 금전적·시간적

1920년대 얼굴재건 마스크

여유가 없는 사람들을 위해 얼굴재건 마스크가 등장했다. 미술가와 의사 들은 부상병의 얼굴을 본떠 재건할 부위를 정하고, 그 부위를 사기 등 단단한 물질로 만든 후 피부색과 동일하게 색칠해서 자연스럽게 얼굴 보형물을 만들었다. 이 덕분에 많은 부상병들이 자신감을 되찾고 사회로 진출할 수 있었다. 제1차 세계대전 동안 발전한 성형 재건술은 전쟁이 끝난 직후, 정식 외과술로 인정받았으면서 한층 더 뛰어난 성형수술로 발전하게 되었다.

성형수술은 구순개열이나 턱뼈 불균형 등 얼굴 형태 기형에 시달리는 이들의 얼굴을 되찾아 주는 것은 물론, 화상으로 얼굴이나 피부를 잃은 이들에게 옛 모습을 되찾게 해주는 역할을 수행했다. 여기서 더 나아가 더 정교하고, 더 아름다운, 더 이상적인 비율을 실현해주면서 아름다움을 창조하는 기술로 발전했다. 이렇게 성형수술은 기술의 발전과 인간의 욕망이 결합해서 미용시술로 발전했다.

▰▰▰▰▰▰▰▰▰▰▰▰▰▰▰▰▰▰▰▰▰▰▰▰▰▰

# 기술은 가능성을 넓히고, 기술을 어떻게 사용할지는 사람이 결정한다

1769년 제임스 와트가 증기기관을 발명한 이후 공학자들은 신기술을 개발했으며, 그 기술들을 삶을 더 윤택하게 만드는 데 이용했다. 쏟아져 나오는 신기술들은 이전에는 꿈도 꾸지 못한 것들을 가능하게 만들면서, 우리의 삶을 더 편리하고 안전하게 만들었다. 1800년대에는 신기술이 인류에게 이로움을 제공했으며, 인류는 기술이 제공한 편리를 이용하며 앞으로 더 편리해지고 좋은 시대가 도래할 것이라고 낙관했다. 이 시기를 아름다운 시절이라는 뜻으로 벨 에포크Belle Époque 라고 부른다. 그렇게 인류는 기술발전이 유토피아를 실현할 것으로 생각하며 밝은 미래를 꿈꿨고 기술발전을 낙관했다. 하지만 그 무모한 낙관은 제1차 세계대전으로 철저하게 그리고 무참히 배신당하고 만다.

아이러니하게도 제1차 세계대전은 벨 에포크를 찬란하게 꾸민 기술을 이뤄낸 인류를 파멸시킨 대사건이었다. 인간이 편리하고자 발전시킨 기술은 오히려 인명살상을 편리하게 수행하면서, 인간 목숨은 기술 앞에서 한없이 작고 무가치한 존재가 되었다. 각국의 지휘관들은 인해전술로 기술에 정면으로 대항했지만, 고효율과 대량을 자랑하는 기술 앞에서 인간은 추풍낙엽처럼 무너졌다. 결국, 지휘관들은 가공할 기술에 대항할 수단은 무력한 인간이 아닌, 또 다른 가공할 만한 기술임을 인지하면서, 남들보다 나은 기술발전에 매진했다. 이전에 못했던 일을 가능하게 하는 기술, 전쟁수행을 방해하는 것들을 해결할 수 있는 기술을 더 절실히 원했으며, 그러한 수요에 따라 제1차 세계전쟁 동안 기술문명은 눈부시게 발전했다.

1914년부터 1918년까지 5년의 지옥 같은 제1차 세계대전 동안 무수한 기술들이 끊임없는 연구와 실험을 통해서 불가능했던 것을 가능하도록 만들어냈다. 그렇게 광기가 지배했던 지옥 같은 전쟁이 끝난 후, 그동안 인간에게 해를 안겨준 기술은 민간에게 퍼져 인간에게 유용한 가능성을 보여주었다. 기술은 전쟁승리라는 목표가 끝난 뒤에도 편리제공이라는 목표를 위해 이용되었다. 그것도 매우 쉽고 빠르게 발전되었다. 결국 기술의 양면성이라고 말하는 부분을 자세히 들여다보면, 기술을 어떻게 이용하는지는 전적으로 인간의 선택에 달려 있음을 알 수 있다.

제1차 세계대전은 기술에 대한 낙관이 무너지고 기술이 불러오는 잔인한 현실을 깨닫게 해주면서, 정신적·물질적 대반전을 보여준 사건이었다. 그래서 학자들은 제1차 세계대전을 '근대의 종말'이자 '현대의 등장'으로 평가한다. 맹목적인 희망과 낙관이 지배한 근대가 무너지고, 비판과 성찰을 요구하는 현대가 비로소 열린 것이다.

우리는 그런 현대에 살고 있다. 지금도 인공지능을 비롯한 수많은 기술이 등장하면서 세상을 바꾸고 있다. 심지어 기술발전이 너무도 빨라 사회가 따라갈 수 있을지를 염려할 수준이다. 기술이 세상을 빠르게 변화시키는 현실에서, 필자는 부디 인류가 기술의 유용한 가능성을 넓히면서, 다양한 기술의 쓰임을 현명하게 선택하기를 원한다. 기술이 세상을 아무리 변화시킨다 해도 결국은 사람이 사는 세상이지 않은가.